D1051608

Con los pies en la tierra

GISELLE BLONDET

Con los pies en la tierra

Grijalbo

CON LOS PIES EN LA TIERRA

Primera edición, 2004

D.R. 2004, Random House Mondadori, S.A. de C.V.
Av. Homero No. 544, Col. Chapultepec Morales,
Del. Miguel Hidalgo, C.P. 11570, México, D.F.

www.randomhousemondadori.com.mx

ISBN 1-4000-8477-6

Impreso en México / *Printed in Mexico*

Índice

Dedicatoria *9*
Agradecimientos *15*
Prólogo por Jorge Ramos *11*
Introducción *19*

1. Hablemos de tú a tú 31
2. Esto de ser mamá no es tan fácil 53
3. El divorcio 74
4. Tu cuerpo y tu nuevo yo 85
5. Dietas sin hacer dieta 101
6. Tu ropa 126
7. Trucos de belleza 144
8. ¡Fuera con el estrés y a darnos "cariñito"! ... 159
9. Autoestima, tu mejor herramienta 176
10. Ahora vamos a buscar trabajo 185
11. Cuidemos nuestra economía 197
12. Invierte y ganarás 207
13. Ahora pensemos en el amor: no hay nada más rico 222

14. La primera cita 235
15. Llegó la hora del encuentro cercano 252
16. ¿Juntos para siempre? 263
17. ¿Te das cuenta de que tú puedes? 273

Dedicatoria

Dedico este libro al ser que me dio la vida, quien siempre está a mi lado incondicionalmente y es en gran medida responsable de lo que yo soy hoy.
Ese ser a quien admiro por su espíritu alegre y luchador: a ti, mami, te dedico este libro porque te adoro y porque me siento muy orgullosa de tus logros y feliz con tu compañía.
Y a mis hijos, mi motivación más grande en esta vida, quienes siempre están a mi lado envolviéndome con sus locuras, dándome la oportunidad de amar de la forma más pura. Los adoro, mis niños: Andrea, Gabriella y Harold Emmanuel.
Mi vida no estaría completa sin ustedes.

Agradecimientos

Cuando comencé mi trabajo en "Despierta América" se me presentó un gran reto. Aunque tenía la experiencia de casi veinte años de hacer novelas, teatro y otro tipo de programas, nunca estudié periodismo. Esto me hizo mucha falta, amigas, cuando tuve que entrevistar por primera vez a un personaje importante dentro del programa. Afortunadamente, Mari García Márquez, mi jefa, me ayudó bastante, dándome la confianza y convirtiéndose en mi guía. Además de los consejos de Mari, necesitaba un ejemplo vivo en la pantalla, quien me mostrara todo lo quería lograr. Esa persona la encontré en Jorge Ramos. Para mí, verlo trabajar ha sido una lección fascinante: con ese estilo suyo al entrevistar, siempre con una seguridad increíble, puede ser incisivo, humano, humorístico, y cuando tiene que serlo, implacable. Además, admiro su inteligencia, su dulzura y su calidez humana.

Como siempre me he sentido apoyada por él, y porque sabía que para ustedes, mis amigas, la opinión de una persona como Jorge sería muy importante, me dije: "Giselita, ¿por qué no le pides a él que te dé su opinión sobre la belleza de la mujer para uno de tus capítulos? Me encantó lo que escribió, lo que me llevó a hacerme otra pregunta: "Giselita, ¿te atreves a pedirle que te escriba el prólogo?". Toda temerosa, practiqué por varios días lo que iba a decirle para convencerlo. Al fin lo llamé y antes de poner en práctica mi discursito, él como siempre me sorprendió con un "Sí, por supuesto, ¡con mucho gusto!". Le mandé algunos capítulos para que me diera su opinión y para mi alegría fue muy positiva. Nunca olvidaré sus palabras cálidas y bonitas para mí. ¡Gracias, Jorge!

También quiero agradecer a todos los que de una u otra manera me han acompañado en esta aventura. A mis expertos: la doctora Gladys Granda Rodríguez; la doctora Silvina Belmonte; Alma Ben David; el doctor Rubén L. Arroyo; la nutricionista Claudia González; Fernando Orfila; René Ferrait; Jane Morales; las Mentes Gemelas Nelly y Norelia; Sammy; Elena Brouwer; Víctor Florencio, mejor conocido como "El Niño Prodigio"; el juez Eddie A. Ríos y el doctor José Rosa. A Sixto Nolasco, excelente fotógrafo y amigo, quien tomó las hermosas fotografías para el libro. A todos mis compañeros que gentilmente tomaron parte de su ocupado tiempo para compartir con nosotras en este libro sus secretos de belleza, y otras opiniones... También a mi agente Raúl Mateu, quien es el verdadero responsable de que yo haya escrito este libro. Una cosa es soñar con un libro y otra es abrir los ojos para recibir de Raúl prácticamente una computadora en mano y un compromiso con Grijalbo. Gracias también a Eric Rovner, el asistente de Raúl, porque nunca recibí un no a todas las cosas en las que le pedía me ayudara, y fueron muchas. A Joe Bonilla, mi publicista, quien, además de ser un gran amigo, por muchos años ha sido un apoyo para mí y una grúa a cien millas por hora empujándome para que no piense dos veces lo que me conviene hacer para mi familia y mi carrera. A Stella Hastie, mi conciencia, a quien le consulté todas mis dudas y tuvo las palabras correctas, brindándome su apoyo incondicional. A Viviana Falcón, quien es como mi hermana, por su apoyo y cariño. A Tracy Soto, que más de una vez me tuvo que ayudar a imprimir ¡porque lo mío no son las computadoras! A mis adorados hijos Andrea, Gabriella y Harold Emmanuel, porque sacrificaron su tiempo con mamá para que pudiera concentrarme en esta aventura y, aunque no lo crean, los tres me ayudaron con ideas y más de una vez también a manejar este monstruo conocido como computadora. A mi mamá, porque ella es la verdadera protagonista de este libro y, como siempre, me apoyó doscientos por ciento. A Sonia, la mejor negociante que he conocido en mi vida, gracias por su cariño y ayuda. A Don Francisco, porque me abrió las puertas en Univisión, recibiéndome en su programa durante un año en el segmento de "Las Alegres Mentirosas" y ahora me apoya cien por ciento para la presentación de este libro. Lo quiero mucho. También agradezco a Ray Rodríguez, el mero mero de Univision, o sea el presidente más guapo de la industria, como yo le digo respetuosamente, por su apoyo incondicional. A mi editora, mi querida Gilda Moreno, que fue quien puso en orden las piezas de este rompecabezas. Gracias por tu dedicación y tu cariño. A Daniel, Ariel y a todos en la familia Grijalbo, por ayudarme a hacer realidad mi sueño de transmitir toda mi energía, optimismo y amor por la vida por medio de este libro.

Prólogo

Por Jorge Ramos

La estoy viendo por televisión en "Despierta América". No puedo creer que Giselle tenga esa energía y se vea tan bien a las siete y media de la mañana. ¿Qué desayuna? ¿Cómo coordina su trabajo en la televisión y de actriz con el de madre de tres? ¿Qué obstáculos venció para estar donde está?

La sigo viendo por Univision. Entrevista, comenta, baila, bromea. Obviamente se la está pasando muy bien. Giselle, por televisión, te hace sentir como si la conocieras de toda la vida, que la puedes sacar de la pantalla y hacerte su amigo. Pero, aun así, me intriga.

¿Cómo hizo para esconder el cansancio si se tuvo que levantar a las cuatro de la mañana? Antes de irse a dormir, seguramente tuvo que lidiar con las tareas de sus dos hijas, Andrea y Gabriella, y de su hijo, Emmanuel. ¿Cómo salta de las preocupaciones de una *teenager* como Andrea a los juegos de un niño de siete años como Emmanuel? ¿A qué hora se prepara para sus entrevistas? ¿Cómo escoge en la oscuridad de la madrugada lo que se va a poner? ¿Cómo balancear las exigencias de la televisión —que exige más de veinticuatro horas al día— con sus tareas de madre soltera? ¿En qué sueña? ¿Qué le falta por hacer?

Giselle me intriga porque detrás de esa imagen dulce que muchos le atribuyen ella se describe como "dominante". Me intriga porque nunca antes dejó entrever que tenía la inquietud de escribir. Me intriga porque actúa como si todo fuera fácil en su vida cuando, en realidad, nos damos cuenta de que cada paso ha sido una batalla.

Y aún así, Giselle sigue sonriendo.

Antes de leer su libro, yo creía que conocía a Giselle. Pero, en honor a la verdad, cruzarnos en los pasillos, coincidir en distintos viajes o eventos, y compartir varios segmentos del programa matutino no es conocerse. Al menos, no a fondo. Pero luego, sí, luego comencé a leer su libro. Y no lo pude soltar. Así la conocí mejor.

La Giselle que se nos aparece por la televisión —o, antes, en el cine y el teatro— esconde cosas que nunca había dicho en público. Hasta ahora que se puso a escribir. En este libro, creo, Giselle se da a conocer tanto que a veces me parece que se va a arrepentir. Pero ya es demasiado tarde. Este libro está publicado y lo tenemos ya en las manos. Y todos ganamos con él.

Es, sencillamente, la historia de una luchadora. Me gusta decir que en los medios de comunicación no trabajamos, necesariamente, los más inteligentes sino, sobre todo, los más persistentes. Ella y este libro son una muestra más de persistencia.

Quienes la vean todas las mañanas por televisión —agradable, sonriendo, con poco maquillaje, segura— pudieran tener la falsa impresión de que todo en su vida ha sido fácil. Ésa es una generalización que se da mucho entre quienes trabajamos en los medios de comunicación. Pero no hay nada más ajeno a la verdad. Giselle está donde está —en el cine, en las telenovelas, en su programa diario— por el esfuerzo que ha hecho para superarse. Ha sido una batalla tras otra.

Este libro tiene, desde mi punto de vista, tres grandes logros: el primero es que conocemos una parte de Giselle que, a pesar de su largo camino en el mundo del espectáculo, no se había hecho pública; el segundo es que está escrito de una forma sencilla y directa; y el tercero es que, al final de cada capítulo, Giselle comparte algunas de las cosas que hizo para tener éxito, desde recetas hasta consejos sobre cómo tratar a los niños.

Creo que en este libro Giselle encuentra su verdadera voz. A veces, cuando uno lee un libro, te queda la impresión de que el escritor o escritora no es honesto(a) con el lector, es decir, que esconde lo que no le conviente y que exagera lo que le hace ver bien. Éste no es el caso. Giselle encontró su voz desde las primeras páginas y no deja de sorprender que éste sea su primer libro. Es como si siempre hubiera escrito.

Giselle forma parte de un creciente número de mujeres que están convencidas de que lo pueden hacer todo en la vida: ser madre, profesionista, compañera y viajera. No hay tema tabú para ellas. Hablar de sexo es tan común como hablar de la economía, de psicología infantil o de política exterior. Gozan los buenos restaurantes y las discotecas de moda pero no se olvidan de las organizaciones caritativas. Pero el costo personal es alto: se mide en estrés, en relaciones fallidas, en una carrera contra el reloj y en ese sutil pero persistente sentimiento de nunca estar plenamente satisfechas.

Siempre hay algo más que lograr, que hacer, que crear. Son las nuevas supermujeres que no necesitan de un hombre para tener éxito pero —y esto es importante— disfrutan y agradecen cuando conviven con un hombre que no es machista. Lo quieren todo —éxito profesional, intimidad, fama, dinero, independencia, flexibilidad laboral, viajes, contactos de alto nivel…— y están convencidas de que es posible tenerlo todo.

Giselle, estoy seguro, jamás se describiría como una "supermujer". Sería una descripción demasiado arrogante para alguien como ella que presume —y con razón— de ser muy sencilla y accesible. Pero en muchos sentidos lo es.

Además, Giselle no lo tenía todo: le faltaba escribir un libro. Y ahora ya lo tiene.

"Quiero que el libro sea un mensaje", me dijo hace poco, sin ocultar su origen puertorriqueño. "Quiero que la gente sepa que si yo pude ellos pueden también; quiero que el mensaje resalte lo importante que es *echar p'alante*".

Echar p'alante. Eso es lo que Giselle ha hecho con su vida. Pero no es hasta hoy, en estas páginas, que nos enteramos cómo.

Dejo el libro a un lado, subo la mirada, y ahí está Giselle, otra vez, en la pantalla de televisión; sonriendo, contenta, como si nunca hubiera tenido un solo problema en su vida. ¿Cómo lo hace? La respuesta está en las siguientes páginas.

Introducción

Este libro, queridas lectoras, está pensado para ustedes y dirigido a ustedes. Pensé en él durante largo tiempo, trabajé en él con ahínco, con amor, y me complace ver por fin el resultado. En estas páginas comparto mi presente y mi pasado, lo que he aprendido, lo que me han enseñado, los consejos y sugerencias míos y de expertos a quienes aprecio.

En esta introducción decidí presentar un cuestionario que signifique un recorrido por nuestro ser y por nuestra vida. El propósito es que identifiquen en qué condiciones se encuentran respecto de los temas que abordaremos en los diversos capítulos, respondan el cuestionario y, después de leer el libro, consulten de nuevo esta sección para comprobar cómo ha cambiado su manera de ver las cosas.

Entonces, amigas mías, las invito a ser honestas consigo mismas y a responder las siguientes preguntas antes de empezar a leer el libro.

Capítulo 1

En este capítulo hablaré de mi infancia y mis inicios en el medio en el que ahora me desenvuelvo. Deseo que ustedes recuerden a su vez su infancia y contesten estas preguntas

1. Cuando hablo de mi vida: ( )

    a. Tengo recuerdos claros y precisos.
    b. Confundo las situaciones y las personas.
    c. Prefiero no tocar mi infancia. Es muy doloroso.

2. La relación con mis padres fue: ( )

    a. Cariñosa y afectiva.
    b. Tengo gran resentimiento al respecto y no soy capaz de comentarlo con ellos.
    c. He preferido olvidarla y alejarme de ellos.

3. Mis vivencias han influido: ( )

    a. De forma positiva en mi vida y mis relaciones. He superado los malos ratos y aprendido de la experiencia.
    b. De forma negativa en mi vida y mis relaciones. Temo que se repitan situaciones penosas.
    c. De ambas formas. A veces me soprepongo a las circunstancias y otras me siento prisionera de ellas.

Capítulo 2

En este capítulo veremos cómo he logrado balancear adecuadamente mi dos intereses principales: el profesional y el de mi papel de madre. Contesten las siguientes preguntas y al final del capítulo decidan si mi experiencia puede ayudarlas a realizar mejor sus labores.

1. El balance entre mi trabajo y mis labores maternales es: ( )

   a. Satisfactorio.
   b. Abrumadoramente difícil.
   c. Adecuado.

2. Durante mi horario de trabajo: ( )

   a. Me concentro en mis actividades, las hago con gusto.
   b. Mientras laboro, pienso en el quehacer que me espera al llegar a casa.
   c. Me limito a hacer lo que me toca y salgo corriendo para tener tiempo de lavar, planchar, hacer la cena, revisar tareas, etcétera.

3. Cuando la familia está reunida por la noche, yo: ( )

   a. Me intereso por conocer sus actividades.
   b. Me dedico a las labores domésticas pendientes.
   c. Llego de mal humor por los problemas de la oficina y no deseo que me molesten.

Capítulo 3

Terminar una relación siempre es amargo, sobre todo cuando se han compartido tantos sueños. Algunas de ustedes seguirán casadas, otras quizá todavía no se hayan casado. Sin embargo, creo que puede serles útil leer sobre una de las decisiones y experiencias más terribles: el divorcio. Aquí les van unas preguntitas para ver cuán bien lo manejarían.

1. Cuando me siento herida: ( )

   a. Expreso lo que realmente siento.
   b. Reacciono sin pensar en lo que digo.
   c. Finjo que no siento nada y me quedo callada.

2. Cuando las cosas salen mal, yo: ( )

    a. Culpo a los demás.
    b. Asumo mi responsabilidad.
    c. Finjo que todo está bien.

3. Una diferencia de opinión con mi pareja se convierte en: ( )

    a. Un intercambio de opiniones.
    b. Una batalla campal.
    c. Dejamos las cosas como están, no las aclaramos.

4. Cuando termino una relación: ( )

    a. Lo hago en los mejores términos.
    b. Siento que odio a mi ex pareja y no quiero verlo más.
    c. Me arrepiento porque creo que nunca mas volveré a tener una relación.

Capítulo 4

Aquí nos concentraremos en nuestro cuerpo, que es nuestra tarjeta de presentación, y en él los demás verán cómo cuidamos de nosotras mismas. Si se sienten bien emocionalmente y lo aprecian, lo cuidarán y mantendrán en forma para que les sirva mucho tiempo. Pero si todavía no le dan importancia a esta área, ahora es el momento de comenzar. Contesten estas preguntas para ver en qué podrían estar fallando.

1. Hacer ejercicio me parece: ( )

    a. Una rutina maravillosa en mi vida, por nada del mundo dejaría de hacerlo.
    b. Me da pereza. No me importa tener grasita de más.
    c. Siempre empiezo entusiasmada y poco después lo dejo.

2. Me parece que mi cuerpo: ( )

   a. Está en forma, tiene elasticidad y buen tono.
   b. Está pasado de peso pero muy pronto me pondré a dieta.
   c. Está como está porque siempre he sido así y no hay forma de cambiarlo.

Capítulo 5

Una buena alimentación es la base para una vida sana. He aprendido que comer bien significa tener energía, buen cutis, un cabello sedoso y buena dentadura pero, sobre todo, conciencia de que lo que entra a mi cuerpo es muy importante. Y a ustedes, ¿cómo les va en esta área?

1. Mis hábitos de alimentación son: ( )

   a. Sanos.
   b. Prefiero los antojos y la comida chatarra.
   c. Intermitentes, a veces son buenos y otras pésimos.

2. Sé que debo beber ocho vasos de agua al día, pero: ( )

   a. Prefiero los refrescos.
   b. Sustituyo el agua por café.
   c. Tomo mucho menos de los que debo.

3. Cuando tengo que bajar de peso: ( )

   a. Soy rigurosa hasta alcanzar mi objetivo.
   b. Me desanimo a los dos días o a las dos semanas.
   c. Soy de las que siempre están a dieta pero nunca llegan a su objetivo.

Capítulo 6

Dicen que como te ven te tratan. Hay que elegir con cuidado el vestuario con el que nos presentamos ante el mundo. Antes no sabía reflejar mi personalidad en mi ropa y cometía errores que arruinaban mi imagen. Ahora sé qué me va mejor. Veamos cómo están ustedes.

1. Mi vestuario lo elijo: ( )

   a. De acuerdo con la moda.
   b. Comprando de la moda sólo lo que me acomoda
   c. No me importa, uso el mismo estilo hace diez años.

2. En mi guardarropa: ( )

   a. Prefiero cantidad que calidad. Hay muchas cosas pero poco combinables.
   b. Prefiero calidad que cantidad.
   c. Hay de todo y siempre logro combinar mi ropa de manera adecuada.

Capítulo 7

Aquí les hablaré de mis secretitos de belleza. Todas hemos heredado algunos de nuestras madres, abuelas y bisabuelas. ¿Cuál es su caso?

1. Tengo una rutina de belleza y la llevo a cabo: ( )

   a. Una vez al mes.
   b. Cada quince días.
   c. Dos veces al año.

2. Lo que piensan los demás de mí: ( )

   a. Va de acuerdo con cómo me siento.

b. Es diferente de cómo me siento.

c. A veces es igual y otras diferente.

Capítulo 8

La vida de hoy genera mucho estrés. Tenemos que correr por todos lados. Llegó el momento de poner un alto y pensar en nosotras, para obtener el mejor rendimiento. Les comentaré cómo he logrado equilibrar mi vida y realizar todas mis actividades... Ustedes, ¿cómo resuelven el problema?

1. Durante el día: ( )

   a. Dedico un tiempo exclusivo para mí que no cambio por nada.

   b. Corro por todos lados y siempre termino agotada.

   c. Procuro regalarme un tiempo y acabo pensando en todo lo que me falta por hacer.

2. Mi familia: ( )

   a. Respeta mi tiempo.

   b. Es muy demandante y no me deja tiempo para mí.

   c. Siento culpa cuando no me dedico a ellos ciento por ciento.

Capítulo 9

Oímos hablar de la autoestima, pero ¿qué es? Es la valía propia que adquirimos cuando nos queremos y que nos da seguridad y coraje. Todas sufrimos baja autoestima en la adversidad, pero nuestro gran espíritu nos lleva a no dejarnos vencer. Con estas preguntas verán qué hay en su interior.

1. Siento que: ( )

   a. No valgo nada, no sé por qué los demás están conmigo.
   b. Soy perfecta, tengo pocos defectos y todo me lo merezco.
   c. Soy igual a los demás, ni más ni menos.

2. En mi relación con otros: ( )

   a. Sé poner límites.
   b. Nunca pongo límites y siento que abusan de mí.
   c. ¿Qué son los límites?

Capítulo 10

En estos días no es nada fácil conseguir un puesto en el que nos sintamos realizadas, pero nunca es tarde para buscarlo. Aunque comencé a trabajar muy chica, todavía me pongo nerviosa cuando acudo a una audición, de modo que sé lo que se siente al estar frente a un posible empleador. Aquí les van unos consejitos, pero antes... ¡el cuestionario!

1. El empleo ideal para mí debería ser: ( )

   a. Satisfactorio e interesante.
   b. Metódico y programado.
   c. Nunca lo he pensado, lo importante es el cheque al final de mes.

2. Seguir estudiando me parece: ( )

   a. Una pérdida de tiempo a mi edad.
   b. Algo que me gustaría hacer pero para lo cual no tengo el tiempo ni los recursos.
   c. Nunca le di importancia.

Capítulo 11

¿Quién no ha padecido por falta de planeación financiera? Los gastos son muchos y el dinero poco. Yo también he enfrentado problemas para alcanzar la seguridad financiera. Aquí narro cómo logré asegurarme un futuro sin presiones económicas. En tu caso, ¿cómo has manejado tus finanzas?

1. Mi situación financiera es: ( )

   a. Vivo al día.
   b. Estoy endeudada y no sé cómo salir del problema.
   c. Acostumbro ahorrar y soy cuidadosa con mis gastos.

2. Mi futuro económico:

   a. Está asegurado.
   b. Es incierto.
   c. Espero que mi marido o mis hijos me mantengan.

3. Mis gastos mensuales: ( )

   a. Son fijos y los tengo registrados.
   b. Son variables y de pronto no tengo un centavo.
   c. Llevo las cuentas en la cabeza pero a veces no sé qué pasa y sobra o falta dinero.

Capítulo 12

Invertir el dinero de forma inteligente no es cosa de ricos, ni sólo de hombres. Nos atañe a todos. Invertir es pensar en nosotras, tener una base sólida para un futuro sin complicaciones. Así que ¡manos a la obra!

1. Para darle valor a mi dinero: ( )

   a. Lo invierto en el banco.

b. Lo invierto en un bien raíz.

c. Lo gasto de inmediato.

2. Mi sueño es: ( )

a. Tener una casa propia.

b. Hacer un viaje maravilloso con el hombre que amo.

c. Sacarme la lotería y resolver todos mis problemas presentes y futuros.

Capítulo 13

El amor es principio y fin de todo en la vida. Pero a menudo la emoción de que alguien nuevo se presente nos ciega y de pronto nos encontramos con un palmo de narices. Así que seamos cuidadosas para que al enamorarnos lo hagamos con plenitud y seguridad.

1. Cuando conozco a un hombre nuevo pienso: ( )

a. Que es lo máximo, aunque poco después se acaba el encanto.

b. Veo con claridad sus defectos y virtudes y los acepto sin problema.

c. Preparo una lista de lo que espero de él y si no cumple mis expectativas, no le doy oportunidad.

2. Cuando comienzo una relación: ( )

a. Me esmero en mi arreglo personal y luego me descuido.

b. Soy igual que siempre. ¡Que me conozca como soy!

c. Me siento insegura y no sé si le gustaré como soy.

Capítulo 14

La primera vez que lo viste. La primera vez que te invitó a salir... el pánico. ¿Qué hago, qué me pongo, qué digo? Sientes incertidumbre, mariposas en el estómago y una gran necesidad de que todo sea perfecto. ¿Cómo enfrentas al que puede convertirse en el hombre de tu vida?

1. Cuando salgo con un hombre por primera vez: ( )

    a. Me pongo ropa super sexy.
    b. Me visto igual que todos los días.
    c. Me pongo algo casual y cómodo.

2. Durante la primera cita: ( )

    a. Me siento relajada y segura.
    b. Me invaden los nervios y no se me ocurre de qué hablar.
    c. Dejo que él lleve la conversación.

Capítulo 15

Ya salimos, ya nos conocimos y ahora viene la hora de la verdad, de la intimidad, para ver qué sucede después... Ustedes, ¿cómo manejan esta situación tan delicada?

1. Cuando salgo con un nuevo hombre tenemos sexo: ( )

    a. En la primera cita..
    b. En la tercera cita.
    c. Después de dos o tres meses, cuando ya me siento cómoda y en confianza.

2. El primer encuentro sexual: ( )

    a. Es precipitado.

b. Lo planifico para difrutarlo al máximo y que sea inolvidable.
c. Dejo que él decida cuándo y cómo.

Capítulo 16

Después de las cenas románticas, las miradas que lo dicen todo... se acerca el momento donde la relación se define: el compromiso. Entonces sentimos que es algo permanente y él es el hombre indicado. Pero no siempre las cosas suceden como en los cuentos de hadas. Tú, ¿cómo reaccionas?

1. Cuando la relación se pone seria yo: ( )

   a. Siento pánico y quiero huir.
   b. Lo presiono para casarnos o vivir juntos.
   c. Empiezo a hacerle preguntas para saber sus intenciones.

2. Ante la posibilidad de casarme yo: ( )

   a. Analizo la situación y preparo una lista de los aspectos buenos y malos de la relación.
   b. Me emociono tanto que no pienso en otra cosa.
   c. Siento miedo, pero pienso que puedo hacer que cambie ciertas actitudes para que las cosas funcionen.

Capítulo 17

Hemos llegado al final del libro y es hora de hacer un recuento. Te invito a que revises tus respuestas a las preguntas y anotes qué cosas cambiarías después de haber leído este libro. Espero que mi experiencia te haya sido de utilidad y deseo con todo el corazón que disfrutes una vida intensa, amorosa, feliz y satisfactoria.

1. Hablemos de tú a tú

¡Hola! Soy Giselle Blondet y, para quienes no me conocen, me dedico a la conducción de programas de televisión y la actuación. En la actualidad trabajo en "Despierta América", programa en el cual manejo diversas secciones: temas relacionados con la familia, entrevistas médicas, políticas, segmentos de humor, baile... Participar en él me ha brindado enormes satisfacciones, aunque, sin duda, la más importante es sentirme parte de las familias de las y los televidentes y recibir su cariño.

Justo fueron sus muestras de afecto y el gran número de preguntas que mis amigas del otro lado de la pantalla me plantean en forma constante los que me motivaron a escribir este libro. Imagínense, ¡yo aprovechando la valiosa oportunidad de dirigirme a ustedes a través de estas páginas! De verdad, muchas gracias. Son tantas las vivencias que sin darnos cuenta compartimos que decidí buscar en este libro una forma de comunicarnos con franqueza y de intentar dar respuesta a algunos de esos múltiples cuestionamientos. Muchas veces la gente se me acerca y me pregunta:

¿Cómo, siendo tan joven, has llegado a ser todo un personaje de la televisión en lengua española en toda América?
¿Qué factores influyeron en tu éxito?
¿Cómo puedes trabajar y a la vez atender a tus hijos?
¿Cómo mantienes tu figura?
¿Cuáles son tus trucos de belleza?
El amor, ¿cómo conseguirlo y retenerlo?
¿Qué puedo hacer para manejar mejor mis finanzas?
¿Cómo puedo elevar mi autoestima?

Ante el cúmulo de dudas como éstas y muchas más, yo me cuestionaba: "¿Cómo responder a intereses tan variados? ¿Cómo explicar asuntos que muchas veces yo misma no domino bien a bien? ¿Cómo no pecar de *sabelotodo*?". Un día di con la fórmula que me pareció ideal, y que espero que les sea útil: "Si siempre presento en el programa a expertos en distintas áreas y converso con ellos, ¿por qué no invitarlos a hablar de lo que saben aquí, en este libro?". Entonces decidí que, a la vez que brindaría lo mejor de mí, que compartiría mis experiencias, sentimientos y conocimientos, recurriría a amigos que estoy segura despejarán todas sus dudas acerca de los importantes temas que abordamos.

Por fin, mi sueño se materializó y aquí pongo en sus manos a mi nuevo "bebé"; tomen lo mejor de él y confío en que les resultará de gran valor. Mi propósito, queridas lectoras, es transmitirles, con claridad y firmeza, este mensaje: siempre fíjense metas y nunca se dejen vencer por los obstáculos que se les presenten en el camino hacia las metas trazadas. Soñar hace la vida más interesante, como dice Paulo Coehlo. Todo lo podemos solucionar si luchamos por nuestros sueños y objetivos, si escuchamos los consejos de las personas a quienes respetamos y reflexionamos para tomar decisiones en momentos de crisis. Créanme, eso lo he aprendido con mucho sufrimiento.

Quiero que entremos en confianza, que éste sea un libro amigable para ustedes; y para ello, pienso que es importante que nos conozcamos bien, que les hable de mi niñez y adolescencia, de mis principios y peripecias en la carrera artística, hasta mi llegada a "Despierta América", el cual, sin duda, ha constituido la experiencia más importante en mi vida profesional.

Nací en Nueva York un 9 de enero hace treinta y pico de años (fíjense cómo no pienso decirles el año, pero les doy una idea). Mi niñez fue bonita, aunque a veces también triste y difícil.

Mi madre, Alba I. Gómez, una bella rubia, fue, y sigue siendo, una mujer luchadora. Siendo muy joven se mudó a vivir a Nueva York con mi abuela y sus cuatro hermanos. Trabajaba como peluquera en un salón de belleza, y, según me cuentan, destacaba siempre por su carácter alegre y por sus cambios de color de cabello. A veces era rubia, otras pelirroja, y le decían "La Flaca" porque era, como hasta ahora, muy delgada. Fue en los Nuevayores donde conoció y se casó con Víctor Blondet, conocido como Tito. Yo le llamo cariñosamente *Papa*. Es un hombre guapísimo, alto, con la piel quemada y una voz elegante y elocuente. Le fascina escribir y recitar poesías, lo cual contrasta con su carácter fuerte.

Los pocos recuerdos que conservo de mis primeros tres años de vida en Nueva York son felices. Jugaba con los collares de mi mamá, escuchaba los discos de mi tío Enrique, un argentino muy apuesto casado con mi adorada tía Myrna, mi tía favorita y madrina —una de los seis hermanos de mi papa—, con quien he llevado una relación especial. Mi tía, que es muy joven de espíritu, me enseñó muchas cosas: a ser más paciente, a no darle tanta importancia a los formalismos, los cuales no debemos ignorar pero tampoco ser esclavos de ellos. Esto me ayudó después con mis hijos, a ser exigente sólo en las cosas importantes, como cumplir con sus tareas escolares, pero sin agobiarlos porque la vida es muy frágil y hay que disfrutarla. Mi filosofía es hacer las cosas bien sin ser demasiado severa con una misma.

De esos años en Nueva York recuerdo muchas risas, fiestas, y muñequitos en la televisión. Sin embargo, esta etapa feliz no duró mucho ya que la unión de mis padres terminó. Mami acusa a papa de haber sido un picaflor. Me cuenta, por ejemplo, que en una ocasión fueron a una fiesta a casa de una amiga. Mientras ella ayudaba a su amiga en la cocina, mi papa "hablaba" con los demás invitados en la sala. Poco después, entró a la cocina una mujer soltera muy guapa y esbelta, a contar, emocionada, sobre la conquista que acababa de hacer. Mi mamá preparaba una bandeja con entremeses y escuchaba a la encantada.

—Mija —decía ésta—, he hecho un fantástico levante, me la he pasado bailando con un tremendo galán. ¡Qué hombre! Es alto, huele a hombre, es un maravilloso morenazo.

Con esa intuición que tenemos las mujeres, y que yo definitivamente heredé, mi mamá se dio la vuelta y con una sonrisa algo nerviosa, le pidió a la mujer que le mostrara a su conquista. Tal como adivinó, la mujer señaló al machazo: mi papa. El vozarrón de mami no se dejó esperar:

—¡Ese sinvergüenza con el que la estás pasando tan bien es mi marido!

Ese día se formó tremendo revolú*, pero el incidente, y los que siguieron, acabaron con el matrimonio y con mi etapa feliz en Nueva York.

Después del trago amargo del divorcio, mami y yo regresamos a Puerto Rico, la isla del encanto. Mami adora su tierra y pensó que allí tendríamos una vida mejor. Solitas, comenzamos una nueva vida y pasamos días muy difíciles. Mami padeció mil sacrificios para darme lo que ella entendía era lo mejor para mí, que en esos tiempos representaba estudiar en un colegio privado. Aunque Titi Grany y abuelo Pepito, mis abuelos de crianza, que para mí eran mis abuelos, nos ayudaron muchísimo, mami era independiente y se propuso criarme sola. Entonces, tan pronto regresamos fuimos a vivir a un apartamentito alquilado, construido en el patio de la casa de otra familia. Allí comenzó nuestra vida y la lucha de mi mamá para echarme adelante.

Primero asistí a una escuelita pública para mi *kindergarten*. Pero mami no estaba conforme; quería que estudiara en un colegio

---

* Revuelo.

privado y para conseguir el dinero necesario empezó a trabajar largas horas en un salón de belleza. Y lo logró. A los cinco añitos comencé mi primer grado de primaria en el Colegio Lourdes, una institución católica privada. Las adorables monjitas eran una gran ayuda cuando mami me recogía tarde. Nunca olvidaré a la madre Celina, muy seria, española, que me hacía leer en voz alta ante la clase. Quizá fue quien me enseñó a enfrentarme a un público sin temor. Conscientes de la situación, mientras yo esperaba, me daban un sándwich de jamón y queso, un guineo* y un vaso de leche.

Y es que en aquella época, por la escasez de recursos económicos, mi mamá compraba automóviles viejos con sólo doscientos o trescientos dólares. Naturalmente, los cachivaches, en muy mal estado, solían descomponerse y lo que se supone era un buen paso, es decir, contar con un medio de transporte, se convertía en un dolor de cabeza. La pobre tenía que caminar más de media hora desde la peluquería hasta el colegio para recogerme. A menudo eran ya las nueve de la noche cuando llegaba, muchas veces bajo la lluvia. Yo la veía cansada, luchando, y pensaba que cuando "fuera grande" trabajaría mucho para que ella descansara.

Una cosa sí les digo: pese a que no teníamos mucho dinero, me sobraba amor. Todavía conservo mi primera muñeca, la "Baby Tender Love", con su vestidito roto, despeinada, pero llena de bellos recuerdos. Tampoco olvido cuando por las noches me acurrucaba en la cama con mi mamá, siempre tan calientita y con el radio encendido toda la noche. Aun pasando trabajos, mami era, y será siempre, tan alegre que yo creía que bailaba en sus sueños.

A pesar de las largas horas que pasaba con las monjas, nunca me pasó por la cabeza serlo yo. Mi ilusión, quizá porque mis padres se divorciaron, era tener una familia. Quería ser psicóloga, pero mi motivación, mi meta principal, era casarme, pasar toda mi vida con una sola persona, y tener muchos hijos. El destino

---

* Plátano, banana.

jugó de una forma diferente conmigo. En efecto, me casé, pero lo he hecho más de una vez, no he tenido tanta suerte en este aspecto. Lo que nadie podrá quitarme son mis hijos, que son el alimento de mi vida.

Pocos meses después de habernos mudado nosotras a Puerto Rico mi papa vino también a vivir a la isla y eso me alegró sobremanera. Yo lo adoraba y me encantaba quedarme en su casa. Me preparaba unos desayunos riquísimos con pancakes* y en las tardes comíamos pasta. Sin embargo, me entristecía no verlo con frecuencia porque la relación de mis padres después del divorcio no fue buena. De hecho, no mejoró ni al volverse a casar mi madre, cuando yo tenía unos nueve años.

Yo compartía bastante con las familias de mi mamá y de mi papa, más incluso que con él, por los problemas mencionados, lógicos quizá dada la época que vivíamos. Antes la gente se divorciaba y no volvía a dirigirse la palabra. Si bien ahora aún ocurre lo mismo, en lo personal —tal vez por lo que viví con mi mamá—, creo que no debe ser así y mi experiencia ha sido otra.

La etapa de ajuste posterior al divorcio de mis padres fue muy dura —y aparentemente interminable— porque, como todo niño, quería que estuvieran juntos. La relación entre ellos mejoró ligeramente al casarse él en segundas nupcias con Tati —¡cómo la quería yo!— cuando tenía unos seis años. Pero, en realidad, aun después de divorciarse de ella y casarse con Laura, su esposa actual —ya para entonces yo había cumplido dieciséis años—, la situación siguió tensa.

Así pasó el tiempo. Yo me casé y cuando nació mi primera hija, Andrea, se esperaba que todo mejoraría. Mi papa estaba feliz. Llegaba constantemente a mi casa con cajas de pañales para su nietecita y tenía muchos detalles cariñosos para con ella. Pero cuando estábamos preparando el bautizo, mi mamá me puso un ultimátum:

---

* Panqueques.

—O Tito o yo.

Estrujada de tristeza, me vi obligada a pedirle a mi papa que no fuera. Imagínense cuán duro fue ese momento para ambos.

Ah, pero cuando llegó el momento de celebrar el primer añito de Andrea, tomé una decisión. Pensé en mi hija, en que deseaba que tuviera a sus dos abuelos siempre y no viviera algo injusto para ella.

Entonces, me enfrenté a ellos y les dije:

—Miren, voy a hacer una fiesta de cumpleaños para Andrea y los dos están invitados. Si quieren ir, las puertas están abiertas para ustedes, para mí sería lo más importante y para Andrea también; mi hija no tiene por qué sufrir la ausencia de sus abuelos. Lo que sí les pido es no escuchar nunca más a alguno de ustedes hablar mal del otro.

Eso fue suficiente. Mi papa apareció en la fiesta, mi mamá estaba ahí también y todos compartimos como seres humanos civilizados. Un gran logro si se toma en cuenta que cuando niña sufrí mucho con los "diálogos" que escuchaba entre mi mamá y mi papa, que no se ponían de acuerdo.

Mi padrastro, que en paz descanse, a quien adoraba, no estaba contento con esa situación y se enojaba mucho cuando mi papa se presentaba. Una situación, un problema de adultos, que padecía yo, que era una niña.

Con el paso del tiempo mi papa y mi mamá se han convertido en los mejores amigos; me da risa verlos y apenas lo creo. Comparten mucho, ella lo visita. Como ya mencioné, él ha estado casado largos años con Laura, su tercera esposa, que es encantadora. Después de tanta tragedia, mis hijos pueden gozar a sus dos abuelos, como era mi deseo.

Un recuerdo feliz de mi niñez es el de las reuniones que organizaba la familia de mi papa en el campo. Todos ellos son muy alegres, de vena artística. Mi papa escribe poemas, mi mamá toca la guitarra, lo mismo que una tía; todos cantan, les fascina. A veces hacíamos una fiesta a la que nada más iba la familia y los vecinos me decían:

—Oye, tuviste tremenda fiesta ayer en tu casa, gran cantidad de gente.

Y yo reía porque la gran cantidad de gente eran mis papás, tíos, primos y se acabó, no había nadie más.

También pasaba mucho tiempo en casa de mi tía Mirriam, hermana de mi mamá, y sus hijos, una niña y seis varones. La pasaba muy bien porque vivían en el campo y compartía con ellos la responsabilidad de limpiar y darle de comer a los cerdos. Era precioso; bajábamos la montaña hasta llegar a una quebrada donde atrapábamos sapitos, a los que ahora les tengo fobia.

Esa linda familia me hace pensar que eso es lo que quiero vivir cuando mis hijos sean más grandes: sueño con que mi casa se llene de nietos y mis hijos estén ahí conmigo, disfrutando, como a mí más me gusta, la fiesta y el relajo. Quiero cocinarles y verlos crecer sanos, buenas personas, alegres. Ése es mi anhelo.

Fue durante mi adolescencia en Puerto Rico que me propuse ser una gran artista (y es que cuando comencé a trabajar en el medio, apenas con catorce años, decidí dar lo mejor de mí). Ya desde los ocho o nueve años gozaba quedarme sola en mi cuarto, tomar un cepillo para el cabello e imitar a artistas famosos. Me miraba al espejo y bailaba al son del disco que sin permiso le había tomado prestado a mi mamá. Más de una vez ella y mi padrastro abrieron la puerta y me encontraron bailando, imitando a Iris Chacón, al cantante español Raphael o a Rocío Dúrcal. ¡Qué vergüenza!

Años después fui yo la que encontré a Michelle, mi única hermana, once años menor que yo, haciendo sus imitaciones sobre la cama de mamá y mirándose al espejo. Ella tenía sus propios sueños, así que no imitaba a artistas sino a karatecas. Hoy es cinta negra y maestra de esa excelente disciplina.

Michelle era divina y muy traviesa, hacía barbaridades. Recuerdo que yo tenía un noviecito que vivía en Cabo Rojo; era bien niña, tenía como catorce años y él diecinueve. Un fin de semana vino a visitarme; como era su cumpleaños, quise hacerle un pastel de sorpresa, así que mi primo se fue con él de paseo. Después de un trabajo enorme porque nunca había hecho nada parecido, el pastel me quedó de lo más bonito. Y cuando él llegó a la casa, lo primero que hizo mi hermanita fue llevarlo a la cocina e informarle:

—No digas nada, pero mi hermana te tiene una sorpresa.

Me puse furiosa. Era tremenda, pero divina, la adoro. Ahora es veterinaria, está casada, todavía no tiene niños y estoy desesperada porque quiero que me dé unos sobrinitos.

Mientras tanto, yo seguía bordando mis ilusiones. Tanto fue mi interés que logré desarrollar mi vida profesional a muy temprana edad. Pienso que el primer papel que me dieron fue obra del destino.

A los catorce años estudiaba en la Escuela Libre de Música, que manejaba un programa académico normal —español, inglés, matemáticas, ciencias— y un programa de música, en el que estudiaba armonía, solfeo, piano, clarinete, y formaba parte de la banda. Era una vida interesante, divertida, sana y muy dedicada a los estudios.

Una anécdota simpática de entonces me remonta al séptimo grado, en la clase de ciencias. Nos tocó disecar un sapo, animal al que le tengo pánico, fobia. Lo primero que hizo la maestra fue obligarnos a tocar al sapo y yo no pude, me solté llorando y ella me quitó no sé cuántos puntos de la calificación. Entonces, se asomó a la ventana Arturo McDonald, un muchacho más grande que yo, que me gustaba y acostumbraba mirarme desde afuera del salón. Al explicarle lo que sucedía, se las arregló para entrar y confundirse con mis compañeros. A mí me tocaba anestesiar al sapo y cuando la maestra miró, ¿quién lo estaba haciendo? Arturo, no yo, así que me gané una buena F. Pero, ¿saben?, no importa, porque por nada del mundo iba a tocar a ese sapo que, con sólo mencionarlo, se me ponen los pelos de punta.

El grupo que se formó en mi escuela era especial; como todos eran músicos, todos artistas, se respiraba un ambiente increíble. Al llegar, mis compañeros practicaban con sus instrumentos por los pasillos y era precioso. De hecho, Gilberto Santarrosa, el gran cantante, el caballero de la salsa, estudió conmigo; yo iba en séptimo grado y él en octavo. Él ya tenía su grupo, con el que se formaban lo que llamábamos "los rumbones", grandes fiestas en el patio de la escuela, donde ellos tocaban y nosotros bailábamos y cantábamos. Valoro los recuerdos de esa época.

Un día, estaba en clase de historia cuando una compañera que acostumbraba participar como extra en las novelas que producía Telemundo en Puerto Rico se acercó a decirme:

—Luis Abreu [un actor famoso] quiere verte.

—¿A mí? —pregunté sorprendida.

—Sí, a ti —confirmó mi amiga—, te vio un día que visitaste los estudios.

Con el corazón dando tumbos, fui al canal donde, ciertamente, Luis Abreu me pidió ser la niña protagonista que necesitaba en una obra de teatro llamada "Pluff, el fantasmita". Mami se opuso, pero al fin la convencí y comencé los ensayos de lo que sería mi primer trabajo profesional.

Siempre me gustó el teatro, participaba en todas las obras de la escuela y estaba en el departamento de drama. Sin embargo, nunca me fijé la meta de ser actriz, sino psicóloga, y especializarme en el área infantil porque me encantan los niños. (En la escuela siempre intervenía en problemas que no me correspondían. Digo que nací trabajadora social por excelencia; si alguien tenía un problema, iba a la oficina de la trabajadora social con la persona e intentaba ayudarla. Siempre me gustó mucho involucrarme en esos menesteres.)

Pero el ambiente artístico me esperaba de manera inexorable. Al ir a grabar un anuncio de mi primera obra de teatro profesional a los estudios de Telemundo, me topé con Martín Clutet, director argentino maravilloso recién fallecido, quien se encantó conmigo y me propuso que audicionara para una novela, protagonizada por la actriz puertorriqueña Gladys Rodríguez y Juan José Camero, el actor argentino. Pese a que mi mamá y mi padrastro no querían por mi escasa edad, yo estaba empeñada en progresar en mi carrera, así que pronto comencé a trabajar en mi primera telenovela, "Ariana", junto a Gladys Rodríguez y Arnaldo André.

Era un gran comienzo, el nuevo ciclo de las telenovelas en Puerto Rico, que estuvo cerrado mucho tiempo. Era la tercera que se producía después de haber reabierto esos talleres, como les llamamos.

Aún no cumplía quince años, y mi vida había cambiado por completo. Al principio era muy confusa y, aunque mi mamá se propuso no dejarme sola en ningún momento, también debía encargarse de mi hermanita, Michelle, mucho menor que yo, y no podía quedarse todo el tiempo conmigo.

Al salir del colegio, caminaba hasta los estudios de televisión con el uniforme puesto y cargando mis libros con las tareas pendientes. Niña al fin, jugaba por los pasillos. Cuando más adelante grabé mi tercera novela, "Modelos, S.A.", con Fernando Allende, éste me regaló unos patines y, como él siempre será un niño por dentro, los dos nos poníamos a patinar en los pasillos de Telemundo. Una vez pasaba por ahí Bilín Ruiz, presidente de la empresa en ese tiempo. Por poco me muero cuando nos pescó patinando, pero se echó a reír. Era una gran persona y me trataba con cariño y respeto.

Esta etapa de mi vida fue exitosa y dura a la vez, porque era una niña en un mundo de adultos. ¡Y qué adultos! Los artistas no somos fáciles. Siempre podemos encontrar personas inseguras que piensan que otro va a quitarles su lugar. Igualito que en sus trabajos, ¿verdad, amigas? Bien, pues había una actriz bastante mayor que yo, quien, al ver que a la gente le agradaba mucho mi trabajo, que los productores pensaban que yo tenía eso que llaman "ángel" o carisma, decidió hacerme sentir mal. Me decía que no era talentosa, que lo único que tenía era belleza. En muchas ocasiones, cuando me acercaba a algún grupo, hacía señas para que se callaran y cambiaran el tema de la conversación.

No obstante, también hay gente buena. Recuerdo de manera especial a Arnaldo André, el galán paraguayo con quien actué en "Ariana". Él me cuidaba y me aconsejaba que no le prestara importancia a esas cosas, que me concentrara en mi meta. Así lo hice, con muy buenos resultados.

Creo que el trabajo en los estudios de televisión, en los que hacía mis tareas y estudiaba para los exámenes, hizo que empezara a vivir de forma apresurada. Tiempo después me cambié a mi primer apartamento (cuyo contrato firmó mi mamá porque yo no podía alquilarlo; ganaba bastante dinero con las telenovelas, pero era una niña). En el edificio conocí a Luis Iglesias, un joyero con el que me casé después de cumplir dieciocho años.

Me fui de mi casa cuando tenía dieciséis años por problemas que enfrenté con mi padrastro, que padecía el terrible mal del alcoholismo. No deseo entrar en detalles porque éstas son cosas muy duras; quizá lo hable cuando escriba mi autobiografía. Lo menciono sólo para que vean, amigas mías, que la vida de nadie es perfecta. Todos enfrentamos circunstancias que no son las mejores. No obstante, mi padrastro fue un hombre increíble, muy buen papá para mí. De hecho, falleció aquejado de cirrosis hepática, una enfermedad relacionada con el alcoholismo, y lo extraño, lo adoro, guardo muchos recuerdos bonitos de él. Me ayudaba a hacer mis tareas, me acompañaba a todos los acontecimientos importantes como un padre. Dios hace las cosas por una razón; mi hermanita era muy pequeña cuando él murió y no pudo vivir con ella lo que vivió conmigo; por ejemplo, fue quien me acompañó en mi baile de quince años. Si bien tenía dos hijos mayores de un primer matrimonio, eran varones y él, que se volvía loco con las niñas, lo vivió todo conmigo.

Fueron tiempos duros. Yo le reclamaba a mi mamá por qué estaba con él a pesar de ese problema y ella respondía que algún día la comprendería, que lo quería muchísimo. Pero un buen día se separaron. Y cómo es la vida: cuando él enfermó, mi mamá lo llevó a su casa para atenderlo. Y yo, que ya tenía a Andrea —a quien él adoraba y solía cuidar—, me había divorciado y estaba sola con mi niña, me fui también a casa de mami para ayudarla a cuidarlo. De momento él perdía la conciencia, se iba como en un trance; es una enfermedad horrible. Teníamos que cargarlo para llevarlo al baño. Yo lo regañaba porque al principio no dejó de fumar y era la única a la que le hacía caso. Le cantaba *Rock around the clock*, una canción que él me cantaba cuando era chiquita, y se reía. No olvido el día en que ya estaba tan enfermo que pedí una ambulancia para llevarlo al hospital y él se cubrió la cara con las manos.

Sabía que llegaba el final. Pero se fue en paz porque una semana antes tuvo la oportunidad de hablar con mi papa. Le ofreció disculpas por los conflictos que tuvieron, se abrazaron, compartimos en un cumpleaños de mami, como siempre soñé que podríamos hacerlo.

Y sucedió, no importa que haya sido al final de su vida.

Por eso pienso que no debemos guardar rencores, que hay que sanar las heridas y salir adelante. La vida es muy corta como para vivirla peleadas con otra persona, mucho menos si se trata de alguien a quien se quiso o se quiere, que puede ser desde un familiar hasta la pareja.

Pues bien, una semana después de conocerme, Luis me pidió matrimonio y le dije que sí. Él viajó a España a visitar a su familia y a su regreso nos casamos. Salimos por primera vez un 15 de mayo y el 3 de septiembre celebramos nuestra boda. Pasamos un tiempo bonito pero, quizá debido a mi inmadurez —era muy jovencita y él diez años mayor—, no supe manejar ciertos aspectos de nuestra relación.

Él no comprendía mi trabajo y surgieron problemas que se les presentan a muchas parejas, pero ni yo, ni él, supimos resolverlos. Y es que las dificultades no son de una sola persona; era responsabilidad de ambos mantener, cuidar y proteger nuestro matrimonio, y no lo hicimos.

En un principio yo quería que buscáramos ayuda profesional, pero, en general, los hombres no aceptan esta posibilidad, piensan que los psicólogos son para los locos. No es así; son como árbitros, personas neutrales, que están para escuchar y orientarte. No toman las decisiones por ti, pero sí te brindan la posibilidad y el vehículo para expresar todo lo que sientes y, en el caso de una pareja, ver qué pasa por la mente y el corazón del otro y descubrir si pueden ponerse de acuerdo.

No obstante, es algo muy difícil. Nosotros no lo logramos y yo me quedé sola con Andrea, pero él siempre se ocupó de su hija, la iba a buscar cada dos semanas y a veces entre semana también. Asistía a todas sus actividades y pagaba su manutención, yo le guardo un gran cariño a Luis. Hace unos años se volvió a casar con una mujer espectacular, divina, que quiere mucho a Andrea. Y como mi hija ya está grande —tiene diecinueve años—, no me involucro en su relación.

En un principio me encargaba de que la mantuvieran, de que se vieran lo suficiente, sobre todo cuando salí de Puerto Rico, una etapa dura porque Andrea es la única hija de su papá y fue una separación muy fuerte. Entonces, me aseguraba de que la niña lo llamara con constancia y le contara sus cosas. Ahora ellos llevan su relación solitos.

En el ámbito profesional, mi siguiente novela como protagonista, "Julieta", obtuvo un gran éxito, a partir de lo cual firmé un contrato de exclusividad con Telemundo. Pronto, cuando las envidiosas que tan mal me habían tratado quisieron ser mis amigas, recordé el consejo de Arnaldo. Ahí aprendí que se puede ser amable con todos sin confiar en todos.

Eso sí, por poco me "desconcentro" cuando protagonicé la telenovela "La verdadera Eva", con un actor argentino. Él andaba de romance con una bella y talentosa actriz y estaba como loco. A veces no se presentaba en la grabación. Incluso, en una revista argentina publicaron un artículo con fotografías que nos tomaron para una revista de Puerto Rico, en el que decían un montón de mentiras: que él y yo éramos amantes; que mi nombre verdadero era Ramona; que tenía veintiséis años, aunque en realidad apenas había cumplido los dieciocho; que tenía un hijo. A veces me desesperaba, pero mi mamá me repetía otro consejo que para mí ha sido de gran valor:

—No hay nada mejor que un día después del otro. Deja que las cosas caigan por su propio peso.

Lo seguí y me armé de paciencia. Por fin, la novela acabó, él se fue y yo continué con mi trabajo con mucho éxito.

Sin dejarme ofuscar por lo logrado hasta ese momento, deseaba superarme como actriz y, a la vez, continuar mis estudios. Tomé cartas en el asunto y me inscribí en la Universidad de Puerto Rico, en la carrera de psicología. Pero el trabajo artístico era intenso y ya era responsable de mi hija, así que, pasados dos años, dejé los estudios.

Por esa época se me presentaron varios retos profesionales. Aunque no lo crean, amigas, trabajé en una zarzuela, "Los Gavilanes". Fue una experiencia tremenda porque hasta ese momento sólo había cantado imitando a artistas en la soledad de mi cuarto, ¿recuerdan? Ah, pero a mí nada me vencería; practiqué, luché, y conseguí hacer un buen papel.

También me propuse actuar en obras de teatro. Participé en muchas y una de mis favoritas fue "Juego para Ocho", dirigida por el actor y director Axel Anderson. Si quería un reto, ¡aquí estaba! Para lograr esa caracterización sufrí enormidades, ya que era un personaje complejo. Ensayé horas enteras a solas con Axel y, sin él saberlo, lloré de frustración. Pero aprendí mucho, lo que me permitió ganar varios premios por mi trabajo, entre ellos, el Agueybana y el Cemi.

Durante ese tiempo trabajé en el musical "La verdadera historia de Pedro Navaja", haciendo el papel de Betty Maquena, una de las novias de Pedro. Este papel lo recuerdo en particular ya que de ahí en adelante mi carrera tomó un rumbo internacional.

Un productor argentino me ofreció protagonizar en su país. ¡No podía creerlo! Las producciones argentinas, sobre todo en esa época, alcanzaban un éxito sensacional, incluso en Europa. Pero no sabía cómo negociar ese contrato, así que pedí la ayuda de un actor amigo. Todo iba perfecto: viaje a Miami para ver vídeos de posibles galanes para la novela y el contrato listo para firmar.

Cuando sólo faltaba mi firma, un actor con mucha experiencia me aconsejó que solicitara otras cosas como parte del contrato. Lo hice, pero como los productores no contestaron enseguida, los dejé plantados.

Acepté actuar como protagonista en la novela venezolana "Cantaré para ti". Poco después vi a Grecia Colmenares protagonizar la novela que creo era para mí, "María de nadie". Tal vez la recuerden porque alcanzó un éxito increíble. Pero no siempre sabemos el futuro, ¿verdad? Mi novela también fue muy exitosa y quizá marcó mi rumbo hacia el presente. Digo eso porque, a partir de ella, grabé varias novelas con galanes de toda América, entre ellos: Carlos Vives, a quien adoro; además de una novela, hicimos una serie de Corín Tellado. Les cuento, amigas, que la experiencia fue divina porque es muy alegre y juguetón. El actor puertorriqueño Osvaldo Ríos, quien siempre se mostró como un buen compañero, inteligente y comelón; ¡nunca he visto a alguien comer tanto en mi vida! Sin embargo, ¡qué bien luce!, ¿no es cierto? Arturo Peniche, quien dice que Thalia le dio fama de buen besador; pues con el permiso de su esposa, debo decir que Thalia tenía razón.

Además de las novelas, yo quería hacer otras cosas, con ánimo de superarme. Para ello, acepté participar en un programa de variedades muy parecido a "Despierta América", llamado "En familia". Ahí tenía que hacer prácticamente lo mismo que en el programa de Miami y entrevistar a personalidades invitadas. Eso era lo que me parecía más difícil; al fin y al cabo, siempre la entrevistada había sido yo. Con la ayuda de la productora Camille Carrion, quien además trabajaba en el programa, pude desempeñar un buen papel. Aunque no lo sabía, me preparaba para mi trabajo en "Despierta América," que vendría años después.

En lo que se refiere a mi vida amorosa, después de mi divorcio me quedé sola un tiempo. Tuve mis novios, claro; entre ellos, una relación tormentosa con alguien de quien prefiero no hablar. Más adelante conocí a Harold, que tenía dos hijos encantadores de su primer matrimonio. Nos casamos y de ese matrimonio nacieron dos niños. Lamentablemente, años después nos divorciamos, pero conservamos una relación bonita. Él se volvió a casar, tiene una niña preciosa y hago todo lo posible por mantener la armonía, sobre todo con su nueva pareja, para que no sienta celos con respecto a los míos. Para mí lo importante es que ellos estén felices con su papá y su hermanita, que gocen la vida más saludable y estable posible, lo cual se facilita porque todos vivimos en la misma ciudad.

Durante un año trabajé en "Sábado Gigante", en un segmento llamado "Las alegres mentirosas". Siempre digo que Don Francisco fue mi padrino porque me abrió las puertas de Univisión.

Por ese tiempo encaré uno de los mayores dilemas en mi vida personal y profesional. Hablando de puertas, Miami, por ser la puerta a todo el mundo hispánico, era lo que me convenía. Si me mudaba a esa bella ciudad —oportunidad que se me presentó entonces porque a mi ex esposo Harold le hicieron una oferta de trabajo allí—, podría asistir a las muchas audiciones que en ella se dan. Sufrí para tomar esa decisión tan trascendente: ¿dejar mi Puerto Rico? ¿Dejar a mis papás? Lo pensé mucho pero, un día, caminando en la playa, se me ocurrió que ese mar azul verdoso que refrescaba mis pies era el mismo que bañaba a mi isla adorada. Entonces me dije que en mi corazón de artista no había distancias ni fronteras. ¡En él cabía toda América!

Ya instalada en Miami, me llamaron para trabajar en la telenovela "Morelia", que estaba en producción. Ése sí que fue un reto especial porque me ofrecían el personaje de mala. ¡Nunca había sido la villana! Dudosa, pensé en mi público: ¿cambiaría eso mi imagen? ¿Cómo negarme? "Morelia" era de la escritora venezolana Delia Fiallo y yo me moría por trabajar en una telenovela escrita por ella. Opté por aceptar, sabiendo que mi público apreciaría a una artista que se atreviera a correr riesgos. Y así fue.

Terminó "Morelia" y ¿a dónde creen que regresé? Nada menos que a Puerto Rico, para trabajar en una miniserie de época, "El amor que yo soñé". En esa ocasión pude apreciar lo que aprendí actuando como mala y que no había perdido a mi público. Todo lo contrario: en 1996 gané el premio "Quijote" como mejor actriz.

Mientras tanto, me enteré del proyecto nuevo que preparaba Univisión, el que sería "Despierta América". José Pérez, quien estaba al frente, me invitó a participar en una audición. Me encantó el ambiente, el concepto del programa, la idea de hablar a diario con mi público. Tanto creció mi interés que, al llegar al estudio, me puse muy nerviosa. ¡Yo, que tantas audiciones había hecho! Pero tuve la suerte de encontrar a un príncipe salvador: Fernando Arau. Con su gran simpatía y su sentido del humor, me ayudó a relajarme durante la audición. Desde el primer momento hubo química entre nosotros.

¡Qué alegría cuando recibí la respuesta! Comencé como coanfitriona invitada dos veces a la semana y grabando reportajes en la calle. Eso sucedió en abril de 1997, y ya en junio me ofrecieron un contrato para formar parte de la familia Univisión. ¡Imagínense mi emoción!

Una emoción que ha resultado completamente justificada porque quienes integramos el equipo de "Despierta América" hemos llegado a formar una familia bien bonita. Cómo será que el madrugón, el levantarse antes de que canten los gallos, no nos impide divertirnos en lo más mínimo.

Cuando llego a la estación me dirijo al salón de maquillaje donde me encuentro con mis compañeros.

Raúl González, talentosísimo cantante, actor y bailarín venezolano, es el primero en llegar porque su maquillaje es más difícil, hasta tienen que usar un martillo y un cincel para que se vea como aparece en el programa. ¡Mentira! ¡Estoy bromeando! A él lo maquillan muy rápido. Le tocó el peor turno porque fue el último en integrarse al programa. Por eso mismo apenas empiezo a conocerlo y, no obstante, ya lo siento como un amigo. Me agradan su humildad, su sencillez, su talento y su calidad humana.

Luego llega Ana, hablando siempre de un maquillaje nuevo o de la marca estupenda que encontró. Le fascina usar la computadora para enterarse y prepararse con la última información de la farándula para ustedes. Yo me asombro al ver cómo sabe tanto de los artistas.

Después arriba Neida, una mujer increíble, siempre contenta, sin mostrar su preocupación ante la salud delicada de su esposo, David.

Y, por último, Fernando Arau, el niño grande, quien, desde que llega, nos hace reír con sus locuras y sus cuentos. No sé cómo, pero a Fernando siempre le pasa algo gracioso para contar. El otro día llegó un poco tarde al trabajo porque vio una luz verde que se posaba sobre el techo de la casa de sus vecinos. Según él, eran extraterrestres. Ya lo hemos contado tantas veces para molestarlo durante el programa que no recuerdo si nos dijo que sus vecinos eran extraterrestres también.

Como ven, amigas, somos una familia bonita, muy divertida y humana.

¡Pero qué habladora soy! Lo que pensaba contarles es lo que ustedes no ven en sus pantallas: la preparación diaria del programa.

La verdad es que la etapa del maquillaje es la que menos me gusta. Admiro a Neida y Ana María, a quienes les gusta cambiar de look. Yo prefiero verme lo más natural posible, con poco maquillaje y un peinado sencillo. Así que salgo rápido, perseguida por las protestas de Elizabeth, nuestra maquillista, y Mily, nuestra peinadora: que si la base es muy gruesa, que por qué no cambio de corte… ¡Merecen un premio por pacientes!

Al salir del cuarto de maquillaje, pasamos a una reunión de producción en la que se analizan las noticias que vamos a comentar con ustedes y los detallitos de última hora. Por ejemplo, decimos que vamos a hablar del chisme de Clinton con Monica Lewinsky y que luego Fernando puede hacer un chiste.

Enseguida pasamos directito al estudio, donde nos ponemos micrófono y apuntador para estar listos minutos antes de que comience el programa.

¡Y arranca la locura! Son tres horas donde, además de lo planificado, siempre dejamos un espacio para la espontaneidad y la improvisación que a ustedes tanto les agrada y a nosotros nos divierte.

Como ven, amigas, mi vida profesional es tan complicada como la suya. Y, al igual que yo, estoy segura de que también quieren "echar pa'lante", luchar por las metas trazadas, escuchar los buenos consejos y reflexionar en momentos de crisis.

Escribir este capítulo ha sido todo un ejercicio de búsqueda, de reflexión sobre mis sentimientos y experiencias en mi isla preciosa y en mi nueva ciudad. Esta reflexión causó que descubriera aspectos de los que no estaba muy consciente. Por ejemplo, me percaté de que, dadas las circunstancias que el destino me deparó, yo perdí la adolescencia, la posibilidad de vivir esta etapa de una forma normal, como la vivieron mis amigos, como ahora lo hace mi hija mayor y como quiero que la vivan mis hijos menores. Nuestros padres suelen aconsejarnos que disfrutemos cada momento porque seguiremos cumpliendo años y el tiempo no regresa. Es verdad, el tiempo pasa muy rápido. Mi broma es que en estos momentos, que soy una adulta, estoy viviendo la adolescencia, lo que no viví nunca. Ahora es cuando hago y comparto cosas que a lo mejor hace mi hija. No importa, nunca es tarde cuando la dicha es buena.

Una pregunta que me plantean a menudo es en qué aspectos soy diferente de otras mujeres que no se desenvuelven en el mismo mundo que yo. En otras palabras, ¿por qué llegué a donde estoy? Sé que hay muchas mujeres que pueden tener las mismas características: soy perseverante, muy positiva, luchadora; todo eso lo aprendí de mi mamá. Creo en mí, estoy convencida de que puedo lograr lo que me propongo. Y es que la vida me ha demostrado que así es, que cuando queremos algo de corazón y trabajamos para lograrlo, lo conseguimos. Claro, siempre que actuemos bien. En mi caso, nunca he tenido que hacer nada extraño o nebuloso para obtener algo que deseo. Prefiero renunciar a ello y quedarme en casa. Desenvolverme en este medio tan difícil, en el que es fácil toparse con drogas y la gente hace un sinfín de locuras, me ayudó a forjar mi carácter. Yo jamás pensé en usarlas; para eso fueron fundamentales los principios y valores que me inculcó mi mamá y el hecho de que me hablara con franqueza del asunto. Sí llegaron a ofrecerme mariguana, sí vi cómo se prepara un cigarrillo, pero nunca he probado ningún tipo de droga, no he sentido la necesidad ni el deseo, de pasar por esa experiencia, y eso me hace sentir muy contenta.

Por supuesto, aparte del carácter, otros factores contribuyen a que una se convierta en "estrella" de la televisión. Sin duda, uno de ellos es la imagen física, eso no puede negarse. En definitiva, mi físico influyó, tengo un físico agradecido, digo yo. Éste es un medio muy visual y si eres bonita eso te ayuda, pero no es lo más importante. Hay gente muy bonita que no logra entrar en él. Deben conjuntarse varios elementos: belleza, carisma, talento y buena suerte, porque también el ambiente del entretenimiento es duro e ingrato. Si bien me considero una persona muy afortunada de formar parte de él, sigo trabajando arduamente, pues no hay que creer que una ya triunfó y no hay más por hacer. Gracias a Dios, he tenido éxito, me he esforzado, pero es indispensable trabajar día con día porque aquí, si te descuidas un momento, tu carrera puede acabar.

Otro aspecto contribuyó al desarrollo de mi trayectoria: quizá como empecé tan jovencita en el espectáculo, me esforzaba porque me gustaba, pero no tenía esa ambición, esa ansiedad, que observaba en muchas actrices, por protagonizar una novela, por lograr el éxito. No, no pensaba en eso, sólo disfrutaba lo que hacía.

Así empezaron a llegarme las cosas, sin yo pedirlas. Es más, en mi primera novela interpreté un papel coprotagónico. Cuando grabé la segunda, al reunirnos todos a la entrada del canal el primer día que salía al aire, en ese momento vi mi crédito, mi nombre, puesto antes del título de la telenovela. Eso incluso me asustó porque no lo pedí. De hecho, cuando me ofrecieron protagonizar mi primera novela —todavía no cumplía dieciocho años—, no lo creí, no me había pasado por la mente que pasaría algo así, aunque sí sabía que quería hacerlo cada vez mejor.

Creo que para triunfar en lo que uno hace es esencial enfocarse en el trabajo. Claro, debemos fijarnos metas y ahora yo las tengo claras, bien establecidas, pero no debemos sentirnos ansiosas ni frustrarnos por no llegar a ellas. En la vida cada acto acarrea su consecuencia y yo desempeñaba bien mi trabajo, tenía las cualidades para convertirme en una protagonista y esas cualidades no sólo las veía yo, también los productores. Como estaba tan entregada a mi profesión, eso llegó de manera natural, pero no me angustiaba pensando: "Quiero que me pase esto *mañana*". No, las cosas pasan cuando tienen que pasar, no antes ni después.

Bueno, me parece que en este primer capítulo me he presentado ante ustedes con toda sinceridad, tal cual soy yo, Giselle Blondet —Giselita o Gigi, como me quieran llamar—, el ser humano, y no la imagen tras la pantalla.

Poco antes les describí, amigas mías, lo que es mi rutina diaria. Pero les cuento que después de la una de la tarde es cuando comienza lo bueno. ¡Los niños están por llegar a casa! Ahora verán cómo hago lo mismo que ustedes: balancear la familia con la profesión escogida.

2. Esto de ser mamá no es tan fácil

Estoy entrevistando a Rocío Durcal. Se acuerdan, amigas, ¿mi ídolo de la adolescencia? En el jardín de su bellísima mansión en una colina de Madrid, me siento desfallecer de emoción. ¡Tantos recuerdos! ¡Tantos años siguiendo su vida de lejos! Ahora, frente a mí, su voz dulce me ha revelado datos que tenía confusos: su gran amistad con Juan Gabriel, sus viajes a México. En el momento en que voy a preguntarle qué inspiró su nuevo disco, para cuyo lanzamiento "Despierta América" me encargó la realización de esta entrevista, un joven levanta la mano para interrumpir. Se acerca y me dice al oído:

—De Miami. Que llame, es urgente.

Veinte escenarios estallan en ese momento en mi mente y todos involucran a mis hijos: Andrea, en ambulancia, la guagua* de la escuela contra un poste. O Harold, caído al pie del árbol de mango al que innumerables veces le he prohibido treparse. O Gabi, ¿será

* Autobús.

que salió en bicicleta por la calle fuera de la urbanización? Una siempre piensa lo peor.

Rocío se me ha vuelto un nubarrón de colores. Ahora no sé si el mostaza que veo es el de su ropa o el amarillo de la guagua escolar; o si la piel un poco pálida es la que tengo enfrente de mí o la de Andrea sobre una camilla. La voz dulce se confunde con los chirridos y los gritos de auxilio en mi mente. No sé cómo termino. El temblor de mi voz hace que se me llenen los ojos de lágrimas y el corazón de una angustia que sólo una madre puede entender.

Sólo el profesionalismo me impulsa a continuar la entrevista y llevarla a su fin. En ese estado salgo corriendo a llamar.

—¿Qué pasó?

—Harold, un gato…

—¿Qué? Un sapo... ¿a Harold Emmanuel? ¿Cómo?

Por fin, entiendo.

—No, Giselita, ¡qué sapo! Un gato gato.

Bueno, resultó que era un gato callejero, pero ¡qué heridas! Cuando llegué en el primer avión que encontré, me espanté al ver el bracito de Harold Emmanuel todo rasguñado y mordido. De tal profundidad eran los colmillazos que podía hundir los dedos en el surco profundo que dejaron. ¡Cómo quería cambiar de lugar con mi hijo! No me resignaba a no haber estado allí para compartir su dolor. Como el gato nunca apareció, al menos pude acompañarlo al hospital un mes completo para ponerse esas vacunas horribles contra la rabia.

Estoy segura de que estos casos les suceden también a ustedes, amigas. Ese balance de la profesión de mamá y el trabajo. O, aun sin trabajar, de las actividades de la madre y el ama de casa. Desde luego, por fortuna las crisis no son asuntos diarios. Como mamá también pasé, y paso todavía, miles de percances. Pero quiero compartir con ustedes, como lo hemos hecho las mujeres de mi familia, esas anécdotas que nos hacen aprender unas de otras. Judith Ortiz Cofer, la maravillosa poeta y ensayista puertorriqueña, sostiene que "las madres de su familia se juntaban a contar cuentos, por medio de los cuales aprendían a ser mujeres". Espero contribuir con los míos a todos esos cuentos que nos contamos las mujeres de América: de mi lucha como madre joven y después como madre sola y responsable de tres niños; de mi aprendizaje continuo de ese arte que nunca se acaba de aprender, el de ser madre.

Y es que comencé temprano. A los dieciocho años estaba por terminar de grabar la telenovela "La verdadera Eva" en Puerto Rico cuando descubrí que esperaba mi primer bebé. Aunque dichosa con la noticia, podrán imaginar mi angustia. ¿Cómo mantener la figura de Eva, la protagonista? ¿Qué hacer? ¿No decir nada y esconder los cambios en mi cuerpo?

Luego de hablar con Luis, mi esposo, decidí no mentir y, ante todo, no poner en peligro la salud de mi hija y la mía recurriendo al uso de fajas.

Así que consulté con mi médico, quien me mandó un menú especial y ejercicios de preparto. Con una tablita de calorías pude controlar mi peso, aumentando sólo las veinticinco libras necesarias. Para mi beneplácito, la novela estaba por finalizar y el escritor accedió a un cambio en el libreto, permitiendo que Eva quedara embarazada.

Aunque solucioné el problema del peso, me quedó vivo el de los mareos y un sueño constante e incontrolable. Me quedaba dormida entre escena y escena en una de las camas de la escenografía. Ahí se pusieron a prueba mis dotes de artista. ¡Y de qué modo! Las escenas que grabábamos requerían que actuara como amante amorosa. Las primeras fueron difíciles porque me sentía mal. ¡Diez escenas perdidas en una mañana! Pensé que no sería capaz de borrar de mi rostro los gestos de angustia para producir los de amor y pasión que mi papel exigía. Cuál no fue mi sorpresa cuando, al ver la novela ya en mi casa, me percaté de que los gestos del amor y los del sufrimiento son gemelos. Todavía considero unas de mis escenas de mayor éxito dramático aquellas en que, loca del mareo, le digo a Diego:

—Te querré toda la vida, mi amor.

Por fin llegó el momento. Dos semanas antes de lo previsto, mi vida empezó a cambiar para siempre.

Qué felicidad tan grande sentí cuando vi a mi niña, tal como la soñaba: blanquita con el cabello negro azabache. Pensar que esa belleza había crecido dentro de mí y era mía. Dios mío, ¡gracias! No me cansaba de mirarla, sin comprender que había entrado a ese círculo privilegiado al que pertenece mi propia madre desde que yo nací.

Regresé a casa, donde las cosas empezaron a complicarse. La salud de Andrea, *la socialitis* de mi esposo y los compromisos de mi trabajo me pusieron al bordo de un ataque de nervios, así, como en la película de Pedro Almodóvar. ¿Recuerdan la canción de Juan Luis Guerra "Me sube la bilirrubina"? Pues existe y a Andrea se le subió. Para bajársela tenía que ponerla al sol desnudita unos minutos durante los primeros días de nacida.

Esto por sí sólo no era gran problema, pero el papá de mi hija decidió intensificar su vida social, invitando a un grupo de amigos la misma tarde en que llegamos a casa. Yo no me sentía en condiciones de ver a nadie. Estaba agresiva y no quería que nadie tocara a mi bebé. Para colmo de la angustia, Luis me pidió que ofreciera algo a los invitados. Ya que él es español, por mi mente cruzaron tortillas de papas, camarones al ajillo y bebidas. El "No" terrible que le di fue el primero que oyó mi bebé. Lo que no sabía entonces es que el frenesí social de mi esposo se debía a la dificultad emocional tan común en muchos nuevos papás para recibir a un hijo. Eso lo comprendí después, hablando con una psicóloga. Pero como no estaba consciente de ello, el problema siguió. Al no contar con su ayuda, el apartamento quedó sin limpiar, las comidas sin cocinar, la ropa sin lavar, y la bebé, como es lógico, lloraba por hambre, por el pañal, o, simplemente, por estar con mamá. Creí enloquecer.

Ah, pero qué suerte la mía, mi mamá me brindó su ayuda y no sé qué hubiera hecho sin ella. Cuando pienso en que muchas de ustedes han tenido que pasar por todo ese proceso solitas, crecen mi admiración y mi respeto.

A todas éstas, mi carrera, por la cual había luchado tanto, debía continuar. Empecé a trabajar como protagonista de la novela "De qué color es el amor", con el excelente y guapo actor puertorriqueño Daniel Lugo. Durante esta etapa el apoyo de mi mamá fue clave. Ella cuidaba a la bebé mientras yo trabajaba todo el día y por la noche ensayaba el musical "La verdadera historia de Pedro Navaja". Para ello, además de la novela y los ensayos, hube de tomar clases de canto. Sí, yo, que no sabía entonar ni "Los pollitos dicen", ahora iba a cantar y, por supuesto, me proponía hacerlo bien. Todo esto se complicó aún más por las dificultades que vivía con mi esposo, quien no entendía varios aspectos de mi trabajo, como los artículos que se publicaban en las revistas sobre mí.

Pronto vino la separación. Me quedé sola con mi niña y con toda una vida por reorganizar. Andrea creció conmigo, dentro de un estudio de televisión. Le empacaba sus pijamitas, su botella de leche, sus juguetes educativos (cubos, rompecabezas, papel y crayolas) y con ese equipaje la llevaba a los ensayos cuando hacía teatro. Se portaba muy bien, sentada en su cochecito mientras yo trabajaba en el Centro de Bellas Artes de Puerto Rico.

Cinco años después, en los estudios donde grababa la comedia "El papá de mi papá", con el productor don Tommy Muñiz, pionero de la televisión puertorriqueña, conocí a Harold, quien era el gerente de promociones y relaciones públicas del canal cuatro. Nos casamos y siete años más tarde lamentablemente nos divorciamos. Ahora no sólo tenía una hija, sino dos más: Gabriella y Harold Emmanuel.

En la etapa del crecimiento de los hijos, siento decirles, amigas mías, que las madres todavía nos encontramos en un callejón lleno de espinas. Mami siempre me enseñó que mi prioridad debe ser mi familia; eso es algo que nunca he olvidado. Pero, ¿qué hacemos cuando tenemos niños pequeños y necesitamos trabajar? ¿Cómo encontrar ayuda responsable y constante mientras realizamos nuestros ideales? Creo que todas debemos utilizar nuestra imaginación y dedicación para encontrar soluciones más efectivas en esta etapa. Al fin y al cabo, ¿de quién son los hijos sino de la sociedad? Como muchas de ustedes, mediante la lucha y un poco de buena suerte, he podido salir adelante y ofrecerles mi trabajo a ustedes, mi mundo hispano.

La cosa se me puso color de hormiga brava al quedarme sola con la responsabilidad de tres criaturas. Mi mamá, quien me facilitara tanto la vida cuando tuve a Andrea, vivía en Puerto Rico y yo me había mudado a Miami desde que Gabriella cumplió su primer añito. Los domingos se convirtieron en un suplicio. Yo, que tenía que salir a las cuatro de la mañana del lunes, ¿a qué persona de confianza podría encontrar que cuidara a mis hijos? ¿Que los llevara a la escuela o a la guardería y los recogiera? Fueron años de búsquedas, angustias y milagros. Por un tiempo conseguí una nana; otro, una señora que me recomendó una amiga; por último, hasta la hermana de una compañerita de Andrea, quien me ayudaba como *babysitter*. Ya más crecidas, Gaby y Andrea iban en una guagüita escolar al colegio mientras Harold Emmanuel, de apenas año y medio, se quedaba con la ayuda de turno. La cuestión es que fue muy difícil.

Y, como supondrán, amigas, sostener a una familia de cuatro es un acto económico de alto calibre. Entonces, además de mi trabajo en "Despierta América", acepté participar en el programa "La gran noche de Hello Wapa", en Puerto Rico. Para mí, "La gran noche" se convirtió en el gran huracán. Mis compañeros en "Despierta América" pensaban que estaba loca y creo que tenían razón. Los viernes me levantaba a las cuatro de la mañana y, maleta en mano, me lanzaba hacia Univisión, a trabajar en "Despierta América". Apenas terminaba el programa a las diez, salía como un tornado para el aeropuerto, en taxi o en el vehículo de algún compañero porque no tenía tiempo de parquear mi carro. Tomaba el vuelo de las once y diez de la mañana para llegar a Puerto Rico directamente a una reunión de producción de "La gran noche". De ahí para otra sesión de maquillaje y peinado, hasta las ocho de la noche cuando principiaba el programa en vivo. Cuando éste acababa a las diez, me iba al hotel y me tiraba en la cama como una papa. Pero el sueño era corto: a las seis de la mañana del sábado me levantaba para regresar a casa a mis hijos.

¿Y qué creen? Como todo niño, ellos esperaban que los llevara a pasear a algún lugar. Aunque, como verán, el único paseo que yo soñaba era sobre una almohada, iba con mis hijos a dar un paseo corto por algún parque, o al cine. Después de mirar el mar, la cúpula brillante del Sea Aquarium, o las vestimentas y personas excéntricas de South Miami, regresaban más tranquilos a jugar entre ellos.

Por fortuna, esa etapa pasó y pude dedicarme sólo a "Despierta América". Ahora tengo más balance. También convencí a mi mamá de que aceptara vivir en Miami, cerca de mí. Mi padrastro murió en 1988 y mami no se mudó enseguida a Miami. Al principio venía, se quedaba unos meses y regresaba a la isla. Tenía sus ataduras con Puerto Rico. Además de su amor por la tierra y por sus familiares, le causaba ansiedad pensar que se sentiría muy sola a su edad —de ninguna manera es tan mayor— en un lugar donde únicamente nos conocía a nosotros. Yo estaría en el trabajo, los niños en la escuela y ella solita en casa. También le angustiaba abandonar a sus "viejitos", vecinos que la adoraban porque les ayudaba, los llevaba a sus citas médicas y les cocinaba. Pero un buen día se decidió y ahora vive con nosotros. Como mencioné, aprendí mucho de mis propias experiencias pero también de los consejos de mami, de mis amigos de trabajo, y de profesionales. Estoy convencida de que he hecho buen uso de esas herramientas, gracias a lo cual he logrado mantener una relación excelente con mis hijos, que son los seres más importantes en mi vida. Los adoro, son increíbles y muy diferentes entre sí. Para ellos soy una persona normal porque nunca le he otorgado a mi trabajo más importancia de la que tiene. Siempre les digo:

—Ésta es mi profesión. Igual que otras madres son enfermeras o maestras, yo soy animadora de televisión y actriz.

Se han acostumbrado a que la gente, que me reconoce porque me ve en la pantalla, me trate con cariño. A veces sus amiguitos les piden fotografías mías firmadas y se las llevan, pero con mucha naturalidad. Deseo que les quede claro que son iguales a los demás, aunque quizá gocen de algunas ventajas, porque este medio sí nos las brinda. Yo me siento consentida por la gente, incluso en detalles tal vez no tan importantes como que voy al banco y no me dejan hacer la fila. Eso lo agradezco pero no lo espero.

En las siguientes secciones abordo algunos puntos fundamentales que he aprendido en mi profesión de madre de tres adorables criaturas.

La organización

De importancia primordial es la organización. Trazar un horario y seguirlo es indispensable para el desarrollo emocional y académico de los niños. Los siguientes son algunos de los aspectos que conforman la organización en la relación con los hijos.

La llegada a casa

Una pediatra a quien consulto con frecuencia en el programa me recomendó seguir una rutina al llegar a casa. "Primero", me dice, "deben relajarse." (Aquí hablo de mi caso, ustedes pueden adaptar los consejos al suyo particular.) "Tú, Giselle, olvídate del maquillista, olvídate del papacito a quien entrevistaste, ¡así haya sido Benicio del Toro! Habla con tus hijos un rato. Pregúntales cómo les fue. Qué les gustó del día, si pasaron algún mal rato y si resolvieron el problema o bien, cómo puedes ayudarles. Dales una merienda saludable.

Después de un rato, pregúntales por sus tareas y procura que todos, al mismo tiempo para evitar distracciones, se pongan a hacerlas. Es necesario ser paciente, pues los niños aprenden de diferentes maneras; unos son más estudiosos, otros necesitan más tiempo para concentrarse y tomarle gusto al estudio. De ser necesario, ayúdalos con las tareas o a pensar en cómo deben realizarlas." Sabios consejos, no cabe duda.

Actividades

Ya que terminen sus tareas, hay que fomentarles alguna actividad. "En esto", me aconseja, "escoge las que más les agraden, no demasiadas ni muy cercanas a la hora de la camita." Pueden aprender algún deporte, como el béisbol o el fútbol. Harold Emmanuel toma clases de tae kwan do, piano y guitarra y Gabriella disfruta con el piano y sus prácticas de *cheerleader*.

El sueño

Esto es importantísimo. Para mí, reconozco que es una situación especial porque tengo que estar en pie a las cuatro de la mañana, así que por lo regular me acuesto a las nueve. Con los niños el horario es indispensable para que se concentren en el colegio. Mi pediatra me aconseja acostarlos a la misma hora. Yo les pido que lo hagan a las ocho de la noche pero ustedes pueden escoger el horario que les convenga. Investigaciones efectuadas muestran que la falta de sueño provoca que los menores sufran más accidentes en la escuela y no logren concentrarse en las clases, lo cual podría convertirse en un problema grave. Pueden volverse irritables e intranquilos, incluso recibir el diagnóstico de que sufren el síndrome de déficit de atención. Y todo por falta de sueño. Ahora bien, tampoco es conveniente dejarlos despiertos hasta muy tarde o dormir demasiado los fines de semana, ya que esto trastorna el reloj biológico que tanto trabajo costó ajustar con la rutina de la semana. Dos horas de diferencia entre lo acostumbrado y el tiempo extra que les dejamos es lo máximo que podemos permitir sin que se afecte la rutina.

El aspecto emocional

Si bien la organización es una base de gran importancia, la manera de tratar los asuntos emotivos es el componente indispensable para mantener una relación excelente con nuestros hijos. En esta área debemos cuidar de manera especial nuestra habilidad para manejar los pleitos, castigar, y, conforme crecen, esforzarse por mantener la comunicación de modo que podamos hablar con franqueza con nuestros hijos adolescentes sobre temas de sexo y drogas. Aquí les cuento cómo manejo estos temas.

Peleas y castigos

Estas situaciones se presentan más cuando están pequeños, pero es fundamental saber guiarlos para que aprendan a resolver conflictos. Ustedes conocen estos pleitos diarios: por la ventanilla del lado derecho, por usar el juego de vídeo, por no querer que su hermana lo mire. En fin, hay que ser prudente. A mis hijos les digo que en el hogar no se aceptan peleas sino diferencias de opinión, y que por tal razón es indispensable hablar siempre de todo lo que nos molesta. Si no pueden arreglar entre ellos el problema, entonces me presto a ser mediadora. Eso sí, si hay pelea, castigo a los dos contrincantes. Nunca les pego. Lo que hago es prohibirles el uso de algún juguete o eliminar una salida al cine. Tampoco los avergüenzo. Si tengo que llamarles la atención, lo hago a solas. Esto lo aprendí de mi mamá cuando era muy pequeña. Visitábamos la finca de unos familiares en San Pedro de Macorís en la Republica Dominicana y, aunque mami me había prohibido jugar con las vacas, lo primero que hice fue ir al establo. Me ensucié y cuando quise lavarme, caí en el lavadero que estaba lleno de un líquido verde y baboso. A mis gritos llegó mi mamá, quien me lanzó una mirada con los ojos más grandes que había visto en mis siete añitos. Pero no me regañó ahí, sino hasta que llegamos a casa, donde me dio un tremendo cocotazo.

Diferencias

Es importante observar las diferencias de carácter entre los hijos para tratar a cada uno como conviene.

En mi caso, hay una diferencia entre mis hijos pequeños y la más grande porque a Andrea la llevaba en su pijamita a mis ensayos de teatro, a los estudios de grabación; pasaba horas conmigo y siempre se portaba muy bien, ocupada con sus muñequitas y juegos que le daba para que se distrajera.

Ella está tan acostumbrada a ese mundo que llegó el punto en que me dijo:

—Mami, admiro tu profesión, pero quiero que me des un poco de espacio para poder tener mis amistades sin sentir que lo son porque soy la hija de alguien reconocido.

Acepto esta actitud y sólo la incluyo en los reportajes o en las fotografías cuando ella quiere porque respeto su privacidad, su deseo de tener una personalidad propia, de ser ella por quien es, no por mí. Andrea es la más tranquila, la más calladita de mis hijos; escribe poemas, estudia la universidad, su segundo año en teoría, su tercero por las clases que ha acumulado. Estudia criminología y psicología; quiere ser psicóloga forense, nada que ver con lo que yo hago. La veo y me digo: "Es lo que hubiera querido ser a su edad; tiene una forma de ver la vida que me encanta, está super concentrada en sus estudios, le queda claro lo que quiere para su futuro, es muy madura". Por mi parte, cuando tenía su edad, era inmadura, romántica y, como ya mencioné, mi motivación más grande no era terminar mis estudios sino casarme y tener hijos.

Cuando tuve a Andrea era muy jovencita y creo que he disfrutado más el desarrollo de mis hijos más pequeños que el de ella, porque era una niña criando a otra niña. Gracias a Dios, conté con la ayuda de mi mamá y, sí, andaba con mi hija para todos lados, pero para mí era como una muñequita, le compraba ropa, zapatos, y la traía muy bonita. Eso sí, soy una madre exigente y una vez que comenzó la escuela, vinieron los dolores de cabeza y, según yo, apareció el "Sargento Morales", que soy yo. En efecto, aunque suene increíble, soy como un sargento, estricta en lo que respecta a sus tareas. Por fortuna, me ha ido bien porque mi hija mayor es muy buena estudiante. Dado que es ya una jovencita, nuestra relación ha evolucionado, de ser la característica entre madre e hija, a la de dos buenas amigas. De todas formas, su carácter fuerte me obliga a pensar bien antes de dar una orden, para así poder exigir que la cumpla.

A los otros dos chiquilines les he podido dar más tiempo. Estuve una etapa sin trabajar cuando eran bebés y pude dedicarme cien por ciento a ser mamá.

Gabriella es un tesoro, linda, cariñosa, manipuladora. Es extrovertida, de vena artística y *cheerleader* del equipo de básquetbol de su escuela. Tiene amigos de todas las edades y estilos. Esta variedad y cantidad me motiva a informarme más a fondo sobre ellos. He aprendido a no asustarme al ver que llevan aretes en la nariz o un peinado a lo pirámide maya. Más bien, me intereso en saber más del carácter y el comportamiento de estos amigos más lanzados, aunque todavía no he visto a ninguno de sus compañeros con esta moda de los aretes.

Harold Emmanuel es el consentido de la casa, con sus enormes ojos marrón y su gran dulzura. Es sensible, el más espiritual de mis hijos, "el rezón" le llamo yo, porque por las noches, cuando se acuesta a dormir, rezamos y él pide por tanta gente que a veces yo le digo: "Hijo, ya tírate un resumen porque si no, nos vamos a acostar a las tres de la mañana". Es muy activo y le encanta la música, así que con él requiero practicar algo de balance. Además de taekwon do, clases de piano y guitarra, me pidió estudiar batería y el equipo para tocarla. Aquí tuve que fijar un plazo: una batería para su cumpleaños, que es en julio, si me traía buenas notas. Me las trajo, así que ya compré unos buenos tapones para mis oídos y los de los vecinos. Lo mejor es no prometer nada que una no quiera cumplir. Ahora lo que me falta es inscribirlo en clases de percusión…

Comunicación

Hay aspectos de la vida que quisiéramos ignorar, pero es imposible pues son parte de nuestra realidad. Aquí en Estados Unidos, la crianza puede ser en muchos casos demasiado liberal para mi gusto. Aun así, a tiempo me di cuenta de que era esencial mantener una buena comunicación con mis hijos, lo que me brindaría más oportunidades de ayudarlos en caso de que se enfrentaran a situaciones desconocidas y amenazantes para ellos, como el consumo de drogas o el sexo prematuro.

Recomiendo que ustedes también lo hagan. Cuando Andrea llegó a la adolescencia, me preocupaba el hecho de que a las fiestas a las que asistía no sólo iban los compañeros de escuela que yo conocía, sino que se regaba la voz y llegaban muchachos de otros colegios. Al ver todo ese movimiento, pensé: "Éste es el momento de hablarle con la claridad necesaria para que entienda bien los peligros a los que está expuesta. Necesito abrir un vínculo de comunicación donde sienta que soy su mamá pero también puedo ser su amiga".

Debo confesar que no sabía bien cómo hacerlo; ése fue un vínculo que yo establecí con mi mamá a medias porque nunca me atreví a hablarle de mis cosas más intimas, por ejemplo, de mi curiosidad con respecto al sexo.

¿Ustedes sí lo hicieron con sus mamás? Me atrevo a pensar que muy pocas, porque ese tabú es parte de la crianza de las mujeres latinas, ¿no es así? Pues tuve que tragar profundo pero me decidí a romper esa barrera. Les cuento que no fue fácil. Esperé siempre el momento apropiado.

Una tarde, antes de salir a una fiesta, Andrea me preguntó:

—¿Es cierto que sólo las personas promiscuas enferman de sida?

Pensando en la frase de Neida, mi compañera de "Despierta América", le contesté:

—No, eso le puede pasar a cualquier persona. Sólo se necesita una vez para que nuestra vida cambie, para bien o para mal, mi amor. De modo que, antes de dar el paso de entregarte íntimamente a otra persona, hay que pensarlo muy bien.

De ahí en adelante comencé a hablar. Al principio Andrea me interrumpió:

—Mami, no quiero hablar de estas cosas contigo. Me da vergüenza.

—Te entiendo, mi amor —le contesté—, pero es mejor que las dos pasemos la vergüenza. Para mí no es fácil tampoco, pero es fundamental que estés informada.

Siempre le dije que la última decisión sería de ella, porque, por más que yo le dijera o prohibiera algo, sabía por experiencia propia que el que está decidido no permite que nadie lo detenga.

—Lo más importante —insistí— es que cuentes con las herramientas necesarias para tomar decisiones correctas.

Y, amigas, poco a poco hemos logrado tener una relación muy bonita. Ahora Andrea tiene diecinueve años y, como mencioné, somos las mejores amigas. Es muy responsable, sus notas de la universidad son excelentes. Tiene un noviecito desde hace dos años, un muchacho muy bueno, de manera que me siento bastante tranquila y contenta con ella. En cuanto a mis pequeñines, con ellos empiezo el proceso que ya viví con Andrea, con la ventaja de la experiencia.

La ex pareja y los hijos

Es primordial que los niños mantengan una buena relación con ambos padres y que una figura masculina esté presente en su vida, sobre todo si es la de su papá. Por tanto, apoyo cien por ciento todo lo asociado con, no sólo permitir, sino propiciar, que estén juntos, que compartan. En el caso de mis hijos menores, su padre responde a lo que esperan de él y, además, es responsable de ellos en el aspecto económico.

Mamá y papá

Es incuestionable que todos nos casamos para seguir casados toda la vida. Pero no siempre es posible. Sé que mi situación es la misma que la de muchas personas. Y en innumerables casos las circunstancias son más graves y difíciles: por ejemplo, en este país, las mujeres viven lejos de su familia, no cuentan con ayuda y pasan mil problemas económicos. Esto las separa gradualmente de su pareja y terminan solas. Cuando me quedé así con los niños, me dije: "Tengo que seguir adelante, ser mamá y papá, aunque a la vez defendiendo ante mis hijos el hecho de que sus dos padres están presentes y no les van a faltar nunca. Pero en casa necesito convertirme en ambos". Y ¡sí se puede! Dicen que Dios no nos da más de lo que podemos soportar. Puedo preciarme de que mis esfuerzos no han sido en vano: ellos son unos niños muy unidos, buenos, que tienen claro que la familia siempre es primero.

El amor

Por último, pero de ninguna manera en último lugar, nunca olviden demostrarles a sus hijos su amor incondicional. Ellos no tienen que hacer nada ni lograr ningún objetivo para que ustedes los amen, lo único que se necesitó para ello fue que nacieran. Si ustedes les inspiran seguridad en que son personas amadas, serán capaces de amarse y de amar a otras personas sin temores ni dudas.

Una nueva pareja y los hijos

Ser madre divorciada es un papel difícil de desempeñar. ¿Cómo equilibrar la relación con los hijos y la búsqueda de una nueva relación de pareja? ¿Es válido el deseo de rehacer nuestra vida, sin que eso signifique desatender los deberes maternales? ¿Dónde ver a estos prospectos de pareja? ¿Los invito a la intimidad de mi hogar, con mi familia o me encuentro con ellos en otro sitio? Muchas de estas preguntas me las he planteado y me las han hecho ustedes, amigas, que están en iguales circunstancias. De algo sí estoy segura, no tengo la intención de llevar a nadie a casa a menos que la relación vaya en camino de convertirse en algo serio y estable. Desde luego, mis hijos conocen a mis amigos y han entablado amistad con ellos, pero a mis novios, no. Pienso que eso los confundiría y debo respetar mi casa y mi familia, en particular porque eso pienso exigirles cuando sean más grandes. Ya lo hago con Andrea y ella ha sabido acatarlo, porque el respeto es mutuo.

A continuación les presento los consejos del pediatra José Rosa, del Miami Children's Hospital.

Consejos para las madres en espera

Cómo escoger a un buen pediatra

Todo pediatra adquiere el compromiso de ofrecer sus servicios para que los padres críen niños sanos en los aspectos físico, mental y emocional y, de esta manera, convertirlos en seres útiles para su comunidad. Es importante entrevistarse con varios pediatras antes de decidir con quién te sientes más cómoda y con mayor confianza. Es preferible sostener estas entrevistas antes de que nazca tu bebé. Tu médico ginecólogo y obstetra puede recomendarte a algún colega o bien, padres de tu comunidad podrían remitirte al médico encargado de la salud de sus hijos. Si es posible, prepara una lista de preguntas para tus entrevistas, por ejemplo:

- ¿Está disponible el pediatra para ir al hospital inmediatamente después de que nace el bebé?
- ¿Con cuánta frecuencia necesita visitas rutinarias el bebé?
- ¿Está disponible el doctor para casos de emergencia?
- Información sobre costos de servicios y seguro médico.
- Horario de trabajo.

¿Dar el pecho o biberón?

Sabemos que la lactancia materna es la mejor manera de ofrecerle nutrición a los bebes. Algunos beneficios de la lactancia son:

- ¡Es gratis!
- Provee anticuerpos para combatir algunas enfermedades.
- Disminuye la posibilidad de alergias en los niños.
- Provee un acercamiento entre la madre y el bebé que estimula la relación y brinda gran satisfacción.

Si decides no lactar, utiliza el momento de darle la fórmula para establecer una gran cercanía con tu bebé; cárgalo, acarícialo, cántale o arrúllalo. Procura no hacer cambios en el tipo de fórmula que toma, a menos que su pediatra lo indique.

Cómo consolar a tu bebé

El llanto de los bebés es su única manera de comunicación. Con el paso del tiempo podrás darte cuenta de cuál es la razón de su llanto, pero los siguientes son consejos útiles en el periodo inicial:

- Siempre intenta identificar si las necesidades básicas del bebé han sido satisfechas (si no está mojado o incómodo, si tiene hambre, frío o calor).
- Para consolarlo, cárgalo, háblale o cántale, pon música suave, llévalo en el auto o báñalo con agua tibia.
- Ten mucha paciencia pues muchas veces el llanto del bebé puede ser prolongado. Si te sientes desesperada, *pide ayuda* a un familiar o amigo que te ayude en ese momento difícil.
- Recuerda que si es difícil consolar a tu bebé, puede tratarse de algún problema de salud. En ese caso, para obtener mayor información, consulta al pediatra.

Cómo asegurarte de que tu niño crece en un ambiente sano

- Asegúrate de que cuentas con una red de soporte: padres, hermanos, otros familiares y amigos. Todos pueden ayudar a ofrecerles a tus hijos un ambiente saludable en el que crezcan felices.
- Interacciona con tus hijos lo más que puedas. Estímulalos para que lean, escuchen música, canten, pinten y participen en actividades familiares, como ir juntos al parque o a la playa.
- Bríndales mucho amor y atención. De esta manera crecen seguros de sí mismos y capacitados para querer y preocuparse por los demás.

- Ten consistencia a la hora de disciplinar y recuerda que la mejor disciplina es la que se aplica con amor.
- Cada niño se desarrolla a su propio ritmo. Unos van más lento y otros más rápido. No los compares entre sí porque no hay dos niños iguales. Procura ofrecerle a cada uno la oportunidad de desarrollarse a su máxima capacidad.

Doctor José Rosa

Bueno, como ven, desempeñar el papel de madre es difícil pero no imposible. Todos los factores que analizamos aquí nos ayudan a lograr las metas que nos trazamos para nosotras y para nuestros hijos. ¿Cómo? Con la constancia en la disciplina, en la comunicación y, sobre todo, en el amor que sentimos por ellos. Buen ánimo, porque la realización de nuestros sueños y el arte de ser mamá se pueden alcanzar… ¡al mismo tiempo! Disfruten al máximo el regalo que Dios nos dio, el privilegio de ser mamás.

Un hermoso colofón para este capítulo son los pensamientos que mis hijos y mi mamá escribieron sobre mí:

Increíblemente afortunada, es como mejor puedo describir mis sentimientos sobre mi familia. Con los años y la madurez, me he dado cuenta de que hay pocas personas en las que uno siempre puede contar. Cuando pequeña no entendía cómo mi mamá esperaba que yo le contara todo. Pero en estos últimos años he aprendido que ella es mucho más que mi mamá, también es mi mejor amiga. Nuestra relación siempre ha sido especial. Yo no tuve la experiencia de formar parte de una familia tradicional, ya que mis padres se divorciaron cuando era muy niña. Por muchos años, Mami y yo vivimos solitas, y a partir de esa época creció una relación que con el tiempo se ha fortalecido. Recuerdo que hacía mis tareas escolares en una esquinita del teatro donde Mami ensayaba para una obra. Me encantaba jugar en los escenarios de sus telenovelas, y muchas veces logré que el elenco formara parte de mis juegos infantiles. El hecho de que ella fuera madre soltera y muy trabajadora, no logró separarnos. Siempre encontraba la manera de ayudarme a estudiar para mi examen o ir a mi juego de pelota. Por fortuna, nunca me ha hecho falta nada. Pero lo más importante es que nunca pasé un día en el que no hubiera recibido un beso, un abrazo, o la atención de la persona que significa todo para mí.

Ahora que estoy llegando a la adultez, me doy cuenta de que soy como soy debido a las experiencias y las personas importantes de mi pasado. Ahora es cuando me doy cuenta de que las enseñanzas de mi mamá no eran para complicarme la vida, sino para darme los valores y la sabiduría necesarios para enfrentar todo lo que encontrara en el futuro. No siempre fue fácil, hubo momentos en los que no nos llevamos bien. En ocasiones era difícil entendernos, y mi deseo de ser independiente fue algo en lo que no podíamos ponernos de acuerdo. Pero poco a poco nos percatamos de que la solución estaba en la comunicación. Quizá la frase "Ponte en mi lugar" cambió la forma de pensar de ambas. De repente llegó el momento de irme a la universidad. La separación fue difícil pero trajo algo positivo. Nuestra relación mejoró y se desarrolló una amistad más íntima.

Aunque me encanta la vida universitaria, a veces deseo estar en mi casita con mi familia. Quizá son los recuerdos de las ricas comidas de abuela (¡y, por supuesto, de Mami también!), la compañía de mis hermanitos, y la seguridad que siento junto a mi mamá, los que me hacen sentir ganas de regresar a mi hogar. Soy muy apegada a mi familia, en especial a mis hermanitos Gabi y Harold. Aunque ellos no lo recuerden, yo los cambiaba, arrullaba y cuidaba. Ahora Gabi está enorme y Harold ha crecido mucho. Me resulta difícil creer que han cambiado tanto en lo que parece tan poco tiempo. Al llevarlos a la escuela y demás actividades, y ayudarles con sus tareas, aprendí lo que es responsabilidad y, bueno, también a tener mucha paciencia. Pero con ellos también aprendí mucho sobre mí, y lo que significa ser una hermana mayor. Empezar una vida independiente no ha sido fácil, pero el cariño de mi familia me ha brindado la motivación y el empuje que he necesitado para seguir adelante con mis estudios. Siento que el rumbo positivo que lleva mi vida se debe a mi mamá. El hecho de que ella siempre ha creído en mí y me ha apoyado me ha ayudado a construir sueños y metas que siento que algún día podré realizar. Ella ha sido un modelo increíble. En sus momentos más difíciles, la he visto luchar, y en sus momentos triunfantes la he visto disfrutar. En sus buenas decisiones y hasta en sus errores, he encontrado valiosas enseñanzas. Siento orgullo de ser la hija de una persona con tanto que admirar, y sobre todo siento gran gratitud porque he sido bendecida con una mamá y mejor amiga con la siempre puedo contar.

Andrea

Pienso que mi mamá trabaja mucho a veces, pero lo hace por mi bien. Ella y yo nos llevamos excelente. Tenemos nuestros momentos especiales madre-hija, que son mis favoritos. Estoy muy contenta porque ella es mi mamá y no la de mi mejor amiga ni de nadie más. En realidad, ella es mi mejor amiga y me siento feliz por eso.

Mi hermano y yo siempre peleamos pero, con batallas campales o no, él sabe que lo amo. Mi hermana y yo casi no peleamos, sólo cuando tomo sus cosas... estoy segura de que todas las hermanas menores hacen lo mismo con sus hermanas mayores.

Bueno, mamá, eso es todo. Espero que te guste... y para que sepas... hablé con el corazón. (Espero conocer a Thalia pronto, je, je.)

Te amo,
Gabi

Mi nombre es Harold. A mí me gusta mi mamá muchísimo. A mí me gusta mi mamá porque mi mamá es muy buena conmigo. También porque me hace sentir muy bien y me resuelve mis problemas. Yo creo que ella es la mamita (o mamá) más buena del mundo. No me llevo muy bien con mi hermana Gabriella. Nosotros peleamos algunas veces. Pero aunque pelee mucho con ella, quiero que sepa que la quiero mucho. Lo que a mí no me gusta es cuando vamos a las tiendas de zapatos y ropa. Mi hermana y mi mamá siempre se quedan comprando toda la tienda. Yo siempre me aburro. ¡ZZZZZZZZZZZZZZ ZZZZZZZZ!

Bueno, eso es lo que yo digo de mi mamá y mi hermana.

Harold Emmanuel

Cuando me preguntan cómo es Giselle como mamá, nunca lo pienso dos veces para contestar, no se me hace difícil. A temprana edad fue madre y no me sorprendo al verla desenvolverse tan bien en ese rol, en todas sus facetas. Sabe anteponer a sus hijos ante todo; no importa lo cansada que esté, o la hora en que llegue, los escucha e intenta resolver cualquier inquietud que le presenten. A la hora de reprenderlos, lo hace con mucha firmeza y respeto y siempre les comunica lo mucho que los quiere y protege. Nunca se queda con coraje hacia ellos. Los niños siempre tienen muchas actividades y, por más agotada que ella se sienta, ahí está, invariablemente, para orientarles y darles apoyo en el momento que lo necesiten. Desde pequeña soñó con ser psicóloga infantil y en el trato con sus hijos, y con los niños en general, demuestra lo buena profesional que hubiese sido. Yo digo que para ser una buena madre no hay ninguna escuela en el mundo. Giselle disfruta a sus tres hijos a plenitud y les inculca que, independientemente de la actividad en la que destaquen o lo mucho que obtengan, siempre tengan los pies en la tierra, para que puedan seguir triunfando.

Así describo a mi hija como madre, además de tantas cosas que quisiera decir de ella, pues veo con satisfacción que heredó el mismo amor y firmeza con que yo la crié. Que Dios la bendiga siempre y conserve las mismas fuerzas para seguir luchando y destacando en todas sus empresas.

Alba Gómez

3. El divorcio

¿Qué significa la palabra divorcio? Según la Real Academia Española, divorcio es la acción de divorciar, que a su vez es separar, apartar a personas que vivían en estrecha relación o a cosas que estaban o debían estar juntas. En mi caso, como en el de muchas otras mujeres, a ese significado deben añadírsele muchos más: dolor, soledad, inseguridad, tristeza, falta de autoestima, incertidumbre, angustia, sensación de fracaso y de culpabilidad.

Todas las que hemos pasado por ese trance hemos sentido tal cúmulo de emociones, al menos por un instante, ¿no es así? Pero lo que parecemos olvidar es que nadie se casa para divorciarse, como tampoco nadie compra un automóvil para chocarlo. Sucede por muchas razones y, sinceramente, es mejor terminar un matrimonio que continuar una vida infeliz e insatisfactoria, incluso —en los peores casos— colmada de agresiones y violencia.

Los del divorcio son tiempos difíciles en los que sentimos —al menos yo, que los he vivido más de una vez—: "Fracasé, ahora qué voy a hacer, no me casaré nunca más porque esto tampoco es un juego". Pero, después de reflexionar y de sufrir el indispensable periodo de duelo, podemos concluir: "Esto es lo que me ha tocado vivir; quizá si ahora pudiera vivir de nuevo las experiencias de mi(s) matrimonio(s), actuaría diferente, tal vez todavía estaría casada, tal vez no. Pero como es una realidad en mi vida, debo bregar con ella y manejar la situación".

Creo que el sentido de culpabilidad que nos invade al separarnos de alguien a quien juramos amor eterno, sobre todo cuando tenemos hijos, es parte esencial del proceso de entender que lo que éstos necesitan es una vida estable, lo cual no quiere decir necesariamente vivir con mamá y papá. Sin embargo, cuando la relación posterior de la pareja es difícil y amarga, los niños se atormentan y llegan a sentirse culpables de la situación.

Aquí es donde las mujeres desempeñamos un papel estelar. Igual que sucede en el matrimonio, somos nosotras quienes solemos establecer, desde un principio, las reglas de la nueva relación. Si bien en ocasiones optamos por las equivocadas, y por eso protestamos y enfrentamos problemas después, pienso que casi siempre podemos dirigir el doloroso proceso de un divorcio, evitando peleas con nuestra pareja y angustias para nuestros hijos.

En lo que a mí respecta, la verdad es que he sido una persona afortunada. He mantenido una buena relación con los padres de mis hijos, aunque, pensándolo bien, eso no ocurrió solito. Un factor importante es que ahora hay más comprensión por parte de la sociedad hacia el divorcio, lo cual permite a las parejas aprender de otros casos con miras a evitar fricciones y encontrar ayuda en profesionales especializados. Mis padres vivieron lo que yo llamo un divorcio de otra época. Ahora sé que, al no gozar de la comprensión ni los recursos de ahora, les costó mucho olvidar los aspectos que dañaron su relación. No obstante, hoy día estoy muy orgullosa de ellos porque han superado todos sus problemas y son buenos amigos, algo que para mí y mis hijos ha resultado una bendición.

El divorcio de mis padres me dejó un beneficio adicional: buscando no sufrir lo mismo que ellos, me empeñé en eliminar lo más posible los conflictos en cuanto a la separación de mi pareja, las relaciones con nuestros hijos y la partición de los bienes materiales.

Antes que nada, me propuse mantener una relación civilizada con mi pareja, partiendo del principio de que para discutir o pelear hacen falta dos personas. Así que, desde mi primer divorcio, opté por asumir una actitud relajada y madura, callando cada vez que deseaba decir algo de lo que podría arrepentirme. Más bien, he esperado a que mi corazón y mi intelecto se pongan de acuerdo para determinar si vale la pena expresar o hacer algo que había pensado. Por ejemplo, algunas veces quise reprocharle a mi pareja con acusaciones como: "Tú tienes la culpa por no haber cuidado nuestra relación", pero, recordando mi propósito, y con un esfuerzo tarzanesco, cerré la boca y reflexioné. Al cabo de varios días, descubrí la dolorosa verdad: la responsabilidad era de ambos.

También he evitado herir los sentimientos de mi pareja. Como todas sabemos, en momentos de frustración podemos perder el control y echarle en cara situaciones penosas para él. He de señalar que me siento orgullosa de haber evitado esas tentaciones, pero que mis parejas también han actuado con mucho tacto.

No siempre sucede lo mismo. Por desgracia, todas hemos sido testigos del enfrentamiento de muchas parejas en batallas en las que toda la familia queda herida durante largos años. Lo triste es que el lenguaje, ese maravilloso don al servicio del ser humano, se transforma en un arma letal en boca de muchos divorciantes. Todos conocemos las frases hirientes lanzadas tanto por hombres y mujeres por igual. ¡Y ojalá se oyeran sólo en las telenovelas! Cuando trabajaba en "Cantaré para ti", una actriz se estaba divorciando de su pareja, y le tocó grabar una escena terrible donde los personajes se decían a gritos: "Me dejaste por otra más joven que yo porque al principio no te afectaba la diferencia de edad entre nosotros. Pero ahora no la soportas". A lo que él contestaba: "Y tú te casaste por mi dinero y odias a mi familia". Al terminar la escena, mi amiga se desplomó en un sofá, con la cara llorosa entre sus manos temblorosas. Pensé que la fuerza emocional de la escena la había afectado y le pregunté:

—¿Estás bien?

—Giselita —contestó—, no vas a creerlo, pero anoche, esas líneas nos las gritábamos mi marido y yo.

Y la situación se complica cuando uno de los dos recurre a la agresión. Si bien hay mujeres que se comportan de este modo, es el hombre quien lo hace con mayor frecuencia. Sé que es más fácil decirlo que llevarlo a cabo, pero me parece que en esos casos deberían evitarse las confrontaciones. Asimismo, les recuerdo que nadie tiene derecho a herirnos ni a tratarnos con violencia. De ser así, es crucial buscar ayuda de la policía o las agencias, gubernamentales o civiles, que protegen a las mujeres maltratadas.

Pero volvamos a mi caso. La comunicación sana con mi pareja, además de evitarnos a los dos más fricciones de las necesarias, nos ha servido para evitar que nuestros hijos sean partícipes de conversaciones y decisiones sobre aspectos inquietantes como la custodia y la división de bienes. Siempre hemos hablado mi pareja y yo y, después de llegar a un acuerdo, se lo comunicamos a nuestros hijos.

Por ejemplo, cuando me divorcié por primera vez y nos tocó decidir cuál de los dos se mudaría, yo me fui a casa de mi mamá. En el segundo divorcio, fue mi pareja quien se marchó.

El próximo paso no era menos espinoso: ¿cómo decirles que sus padres iban a divorciarse? ¿Cómo mitigar ese dolor? Pues aquí, amigas, hay que armarse de valor y de amor. Valor para anunciarles la verdad y encauzar nuestro dolor. Amor para fundar el nuevo hogar y endulzar el futuro con esperanza.

Esto lo puse en práctica después de que Harold y yo decidimos divorciarnos. Me propuse explicarles esta difícil determinación de la manera más sencilla posible. Las cosas tienen la importancia que uno les da y aunque esto la tenía para ellos, necesitaba aminorarla.

Reuní a mis hijos, los abracé y, con voz rebosante de emoción les hablé:

—Mis amores, papi y yo ya no vamos a vivir juntos. Ustedes estarán siempre con mami, pero tendrán otra casa, que será de ustedes también y donde podrán quedarse con papi cuantas veces quieran.

Aunque nosotros nos separemos, siempre podrán contar con nuestro amor por ustedes, el cual nada ni nadie lo puede cambiar. Éstas son situaciones que pasan de las que ustedes no son culpables.

Porque muchas veces los niños, sin expresarlo, se sienten culpables de lo que sucede entre los adultos. Angustiados, se cuestionan: "¿Será que me porté tan mal que mis papás se separaron?". No, eso se los aclaré entonces, y se los sigo aclarando el día de hoy. Mis primeras explicaciones fueron cuando eran pequeñitos, de acuerdo con lo que creía que podrían comprender. Pero, con el paso del tiempo, han surgido nuevas preguntas y yo las contesto, siempre con honestidad y sin ofender a nadie; no tengo que hablar mal ni contar cosas que no son necesarias para que mis niños entiendan por qué su mamá y su papá están separados.

Muchas parejas pasan por la etapa del divorcio hiriéndose mutuamente, peleando por la custodia de los hijos y usándolos como fichas en sus duelos cotidianos. Que Pablito dice que no quiere mudarse de este barrio. Que Juanita no va a la escuela si no me quedo con el auto último modelo. Que Ricardito no puede cambiarse de este colegio. Que ni en sueños Carlitos va a recortar los gastos de su colección de guitarras. El resultado es que durante el proceso y, aun años más tarde, estos hijos se sentirán heridos al ser usados como peones de ajedrez. Pero, lo que es peor, aprenderán a hacer lo mismo con sus padres y con sus futuras parejas.

¡Qué decir de las batallas feroces en las que la victoria está relacionada con el dinero! La división de bienes se ejecuta con las bombas llamadas "Mío" y "No". Que si este apartamento es *mío* porque tú no aportaste nada para merecer la mitad. Que el auto nuevo es *mío* porque yo fui el que lo pagué. Que estos muebles de cuero son *míos* porque yo los escogí. Y, sin tregua, este bombardeo es seguido por el del "No". La pensión alimenticia *no* es suficiente para mantener a los niños con el mismo estilo de vida que disfrutaban antes. En esa casucha que sugieres *no* nos vamos a meter. Las vacaciones de verano en México *no* las aplazaremos. ¡Ay, amigas!, sé que es una tarea ardua, pero es necesario practicar el ejercicio más complejo de todos: ponerse de acuerdo.

¡Y esto también es posible! Sé muy bien que divorciarse provoca que afloren emociones e intenciones negativas, nocivas, pero hay que esforzarse por desecharlas y encarar la situación con sensatez y respeto. Si yo, como estoy segura muchas otras congéneres lo han logrado, pude llegar a acuerdos sin muchas discusiones, ustedes también son capaces de conseguirlo.

Una forma efectiva para ello es preparar listas. El ejercicio consiste en lo siguiente: cada uno escribe en un papel las cosas que quisiera. Incluyan todo: en una columna lo material (el automóvil preferido, los discos compactos, la mitad del valor de la casa, los gastos de los niños) y en otra lo emocional (cómo quisieran manejar las relaciones paterno-filiales: con quién vivirán los niños, cómo manejar la custodia, cómo programar las visitas).

Luego, en un ambiente calmado, tomen caso por caso. Si hay conflicto, reconózcanlo, hablen del porqué de sus preferencias, y si no llegan a un acuerdo, decidan, en conjunto, pensarlo un poco más y volver a hablar. Lo importante es que cada vez que se reúnan acuerden algo. La ayuda de un buen abogado también es útil porque, cuanto más claras sean las estipulaciones, menos ocasiones habrá de que se susciten conflictos. De todas maneras, es indispensable que lean y revisen con cuidado lo que han escrito y lo que van a firmar.

Hasta ahora, tal vez piensen que les he dado la impresión de que el divorcio ha sido muy fácil para mí. Ustedes dirán: "Caramba, Giselle, ¿de manera que eso fue un paseo?". No, amigas, como les contaba, aprendí de mis experiencias de niña, de otras parejas, de mis reflexiones, y hasta de profesionales. Lo que sí no pude evitar fue ese nudo de emociones que todas sufrimos. Esa tristeza que provoca ver que tanto amor, tantos planes, tantos sueños con los hijos, ¡se habían esfumado! Era como si una telenovela en la que yo actuaba hubiera terminado, excepto que ahora no era ficción, se trataba de mi vida... y dolía.

Mientras los abogados tramitaban los papeles finales, miles de dudas me martirizaban: "¿Seré capaz de sostener a mis hijos yo solita? Tendré que renunciar a mi juventud y dedicarme exclusivamente a ser madre y padre? ¿Intenté lo suficiente salvar mi matrimonio? ¿Qué tal si…?", En fin, la angustia, la soledad, la culpa y la sensación de fracaso me torturaban día y noche.

En esa época "Despierta América" estaba en sus inicios y yo me preguntaba: "Tanto que defiendo a la familia —de hecho, en el programa me toca abordar muchos temas familiares—, Dios mío, ¿cómo lo voy a hacer, cómo voy a decir que mi deseo es que todo el mundo pueda salir adelante y resolver sus problemas, si yo no pude resolver los míos?". A lo que, después de mucha reflexión, pude responder: "Soy un ser humano como todos los demás y me propongo demostrar que sí se puede salir adelante. Que ésta sea una motivación más para seguir luchando".

Pero la tristeza te consume. Un día en particular, cuando ya estaban arreglados los asuntos de la separación personal y la repartición de bienes, estaba muy abatida porque por fin Harold se había ido de la casa. Todas las que hemos pasado por eso sabemos cuán terrible es esa vivencia. Aun si el amor se ha esfumado, sufrimos con la salida de cada mueble, de cada maleta. No obstante, yo actuaba como si estuviera en control de la situación.

Ese día visitó el estudio Franco de Vita y ¿qué canción creen que cantó? Nada menos que "Te amo", que fue símbolo de nuestro amor. Mis compañeras Neida y Ana temblaban como yo de emoción, pero la mía iba más allá del suspiro por una canción. Venían a mi mente tantos recuerdos, tantas dudas, que cuando Franco terminó de cantar, yo seguía llorando. Todo el dolor del proceso de divorcio me invadió en ese momento, y no podía parar. Lloraba por mí, por lo que había terminado, por lo que pudo ser, por las ilusiones desvanecidas, por el miedo al futuro.

Uno de los factores que influyó para que el divorcio no nos ocasionara mayores lesiones fue la comunicación entre mi ex esposo y yo. Sinceramente, hablar de cómo se van a dividir el dinero y los bienes es terrible. ¿Cómo es posible que dos personas que se quisieron tanto peleen por cosas como ésta? No, nosotros intentamos hacerlo todo en paz. Sí hubo momentos difíciles, momentos de coraje, cuando pensé: "Mejor no le llamo (o no le contesto la llamada), hasta que esté más tranquila", y me imagino que lo mismo le habrá sucedido a él. Pero logramos sobrevivir siendo justos. No podemos permitir que el enojo del momento provoque que uno tome decisiones de las que después se arrepentirá. No, en todo momento cerré los oídos a lo que me decían —porque siempre hay alguien que te aconseja—: "No, esta casa es tuya, quítale la mitad, sácale dinero porque si no, luego lo va a usar con alguna otra mujer". Qué importa lo que él o tú hagan después; lo que es fundamental es que cuando pase el tiempo tengas la conciencia tranquila porque actuaste de buena fe.

Mis experiencias también me ayudaron a descubrir que en el divorcio no hubo final sino cambio. Como ya mencioné, después de ese paso desafortunado, mis parejas se transformaron en grandes amigos y en parte esencial de nuestra buena relación familiar. Ahora comparto con ellos la compañía y la felicidad de nuestros hijos. Por ejemplo, cada dos semanas mis niños van a pasar el fin de semana con Harold y comparten con su nueva hermanita. Si en la escuela hay algún evento, ya sea un baile o un recital, asistimos los dos, si nuestro trabajo lo permite, y si no, el que pueda hacerlo. De esta manera, nuestra comunicación sana beneficia a todos, en especial a nuestros hijos, quienes crecen apoyados por sus dos padres.

Entonces, amigas, después de que todo queda arreglado —papeles, bienes y custodias—, es hora de preocuparnos por nuestras metas, por salir adelante. Para algunas no será fácil sanar las heridas, sobre todo si el divorcio fue causado por maltrato o infidelidad. Pero, aun si hubiera sido así, preguntémonos si queremos ahondar en nuestros sentimientos y continuar en pie de guerra. Pues no nos engañemos: la verdad es que todas esas armas —las bombitas "Mío" y "No", y muchas otras— son proyectiles fabricados con nuestro dolor: el dolor de perder a quien pensábamos sería nuestro compañero para siempre; de haberle dedicado años preciosos de nuestra vida. Y también con nuestro resentimiento: el resentimiento porque hizo tal y tal cosa para ocasionar la separación; porque prefirió a otra (si ése es el caso); porque no supo valorarnos. Y un largo etcétera. Ahí es donde debemos reflexionar y preguntarnos si vale la pena sacrificar nuestro presente por el pasado. Si "hacernos la vida de cuadritos" nos ayudará a sentirnos mejor. No, desde luego que no, sólo empeorará las cosas y hará que se alargue el periodo de lamentaciones.

Insisto, no es fácil, pero elijamos no ir por el camino que toman muchas parejas que se divorcian y no pueden contemplar la idea de mantener una relación bonita. Resistámonos a esos pensamientos mezquinos hacia quien una vez amamos y evitemos conflictos. La vida es muy corta para perder el tiempo en discusiones. Es mejor desear cosas buenas a los demás para que a nosotros se nos multipliquen las bendiciones. Tengamos presente que, pasada la necesaria etapa de duelo por lo perdido, los mejores años de nuestra vida están por comenzar. Son los años en los que nos sentiremos seguras de quiénes somos, qué queremos de la vida, cómo disfrutamos nuestro trabajo y tiempo libre.

En lo que a mí respecta, mis hijos son mi motivación principal. Y, desde que participo en "Despierta América", deseo que las mujeres vean en mí a la mujer de hoy, a la mujer que ellas son. Somos luchadoras, trabajadoras, y, sean cuales sean nuestras circunstancias, podemos salir adelante y sentirnos orgullosas de ser mujeres. No importa si estamos casadas, divorciadas, con hijos; debemos seguir cuidándonos, sentirnos bonitas, alimentar nuestra autoestima. Y si estamos divorciadas, ¿por qué no?, pensar en una nueva oportunidad. Todas tenemos derecho, todas.

Y cuando conozcamos a una posible nueva pareja, sabremos si es él quien nos conviene como compañero. Recordemos lo que vivimos antes y seamos nosotras mismas, sin pretender cambiar nuestra forma de ser para atraerlo. Seamos claras desde el principio para que no haya más equivocaciones. Ya pasamos por las experiencias del matrimonio y del divorcio. Ya aprendimos de ellas. De ahora en adelante, somos nosotras las que elegiremos a ese ser ideal para nosotras, según nuestro criterio, y quienes desempeñaremos un papel estelar en la creación de las reglas para el éxito de nuestro matrimonio. Seamos optimistas y ¡suerte! Veamos ahora lo que nos comenta sobre el divorcio el juez Eddie A. Ríos.

El divorcio

Ciertamente, todo trámite de divorcio conlleva una carga emocional nada envidiable. Ello es así aun en los casos en que quienes promueven el divorcio consideran que, con la ruptura del vínculo matrimonial, conseguirán la felicidad que no alcanzaron en el matrimonio. Peor aun resulta cuando hay de por medio menores de edad, hijos e hijas de las partes, pues estarán involucrados de alguna manera en el proceso de divorcio, y hasta en el trámite judicial. Esto, de suyo, afecta más aún al padre y a la madre. En cambio, si no hay menores de edad, se supone que el procedimiento no debe estar tan "cargado" de emociones.

Es importante que las partes realicen los trámites mediante un acuerdo mutuo. La ventaja es que en esos casos basta que el Tribunal se cerciore de que la decisión de las partes es inteligente, informada y voluntaria y que la tomaron porque es lo más beneficioso para ellas, *sin tener que revelar intimidades de la relación marital*. De hecho, no hay parte demandante ni demandada; ambos cónyuges son "parte peticionaria". Las partes le "peticionan" o solicitan al Tribunal que declare roto el vínculo matrimonial por mutuo acuerdo, sin revelar razones para ello, como quedó dicho.

Si no existe entre las partes el mutuo consentimiento para divorciarse, deberán plantear alguna causal clásica de divorcio (trato cruel, abandono, adulterio, separación, etcétera). Ello implica que el caso se tramita como contencioso, esto es, que habrá disputas y se requerirá que se presenten pruebas para acreditar satisfactoriamente la causal alegada. Habrá una parte demandante y una parte demanda. Desde luego, durante ese proceso de presentación de pruebas, saldrán a relucir numerosas intimidades de la pareja, algo necesario para probar la causal alegada. En ese sentido, se pierde el derecho a la intimidad. Por fortuna, según mi experiencia, en un alto porcentaje de casos que comienzan con una demanda por una de las causales clásicas, sobre la marcha las partes han llegado a acuerdos que les han permitido dejar a un lado la demanda y continuar por consentimiento mutuo.

Sugiero que ésa sea siempre la meta, en particular si hay hijos e hijas, para quienes ésta es una etapa muy desagradable.

La exhortación es que las parejas se sometan al diálogo, que conversen, intercambien ideas sobre la manera más saludable de terminar la relación, sin rencores y, de nuevo, sin tener que revelar lo que debe ser privado: su vida íntima. Deben pactar todo lo relacionado con la distribución de los bienes muebles e inmuebles y la pensión alimenticia, si aplica.

Cuando hay menores de edad de por medio, se requiere tomar otras medidas. Las partes deben buscar consejería sobre cómo hablar (no me gusta usar la palabra "discutir") de la situación con ellos. Considero que debe explicárseles en términos generales que papá y mamá se van a divorciar y, si posible y apropiado, las razones para ello. Son muy pocos los hijos e hijas que no preguntan cuáles son estas razones. Asimismo, deben explicarles qué ocurrirá después del divorcio en lo que se refiere a la custodia, las visitas y otros asuntos. Considero indispensable que los menores perciban y sepan que no hay divorcio entre el padre y la madre, y el hijo y la hija. A menudo los menores se preguntan si el amor hacia ellos terminó de la misma manera en que, según ellos lo perciben, acabó el amor entre papi y mami. Los padres deben dejar claro que cumplirán con sus *obligaciones legales* como si fueran *deberes morales.*

En algunos casos, sobre todo en aquellos en los que se plantean el abandono o el trato cruel como causales de divorcio, al menos en Puerto Rico, el Tribunal remite a las partes a un taller para padres y madres y a un procedimiento de conciliación. Fuera de esto, los hijos no deben participar ni comparecer en los trámites judiciales, excepto en aquellos casos en los que hay controversia sobre la custodia.

Juez Eddie A. Ríos

4. Tu cuerpo y tu nuevo yo

Al decir “tu nuevo yo”, no me refiero a que hayas cambiado tu esencia. Me refiero a que, después de haber pasado la tormenta de un divorcio, o alguna otra pérdida importante, es difícil fijarnos en las maravillas que nos ofrece la vida. Descuidamos las relaciones con amigos y familiares, el trabajo y nuestro propio ser, principiando por nuestro cuerpo.

Sin embargo, debemos sanar nuestro estado de ánimo. Para ello, y para ayudarnos a ver la vida con el entusiasmo de antes, el cuidado del cuerpo por medio de ejercicios es un factor de enorme importancia. Yo sé que es difícil, pero, amigas, como digo: “Pa'lante!”. Hay que luchar por nuestra felicidad. Sé que cuando estamos deprimidas no tenemos deseos de hacer nada por mejorar, no queremos siquiera levantarnos de la cama. Pero hay que hacerlo y tomar la decisión de empezar un programa de ejercicio. Y si es diseñado específicamente para nuestras necesidades, mucho mejor.

Aquí les mostraré cómo el ejercicio puede fortalecer el espíritu y el cuerpo en un dos por tres.

¡Es terrible! ¿Algún día han despertado, se han dirigido a lavarse la cara y los dientes para de pronto ver en el espejo a un fantasma y preguntarse: "Pero ¿ésta soy yo?". Unos ojos hundidos, rodeados de ojeras que indican noches de insomnio y llanto, nos espantan. Unas vemos, no un cuerpo, sino un racimo de huesos, y otras un globo de los que flotan por el cielo de Miami Beach. Porque, como sabemos, cada una de nosotras reacciona a la ansiedad de manera diferente. Unas pierden el apetito y otras se vuelven devoradoras.

Esto, mis amigas, me ha pasado a mí: cuando me dejé llevar por la ansiedad, me dio por no comer. Entonces me di cuenta de que había dejado de quererme como debía. El hecho de tener una preocupación o padecer una desilusión no era motivo para descuidarme. "Además", me dije, "para querer a otros, tengo que quererme a mí misma."

Después de estas reflexiones, decidí encontrar tiempo para fortalecerme. Así tuviera que estar en el estudio a las cuatro de la mañana y atender a los niños por la tarde, era vital dedicar al menos media hora para mí. Para empezar, seguí el consejo de una de nuestras psicólogas del programa:

—La mejor forma de empezar a sentirte mejor contigo misma —me recomendó— es hacer ejercicio.

—¿Hacer ejercicio, yo? ¡Nunca! No tengo tiempo. No me gusta el gimnasio.

Ésa fue mi primera reacción. Ustedes dirán lo mismo, ¿verdad? Pues eso pensaba yo, pero descubrí que el ejercicio produce grandes beneficios. No sólo podemos lucir mejor, sino que su práctica libera nuestra mente de preocupaciones y problemas. No les niego que me costó trabajo encarrilarme. Intenté mil veces inscribirme en un gimnasio y lo que hice fue regalarles una lotería a esas compañías. Compraba la membresía por dos años, gastaba como novecientos dólares en cada intento y si iba tres veces era mucho. Lo que me impulsó a tomar una decisión más firme fue una época en que mi autoestima estaba baja y tomé conciencia de que era imperativo hacer algo. No lograba pensar en otra cosa que no fueran mis problemas. Entonces una amiga muy querida me invitó a conocer a su entrenador y a ver la rutina que ella realizaba.

Casi a empujones me dejé llevar a su gimnasio. Reconozco que al principio me sentí perdida: era un sitio inmenso, con miles de máquinas y cuerpos atléticos por todos lados. En el primer piso estaban, de un lado, las máquinas para hacer ejercicios cardiovasculares, y del otro, las de pesas. En el segundo piso había más bicicletas y salones para hacer *spinning* y tomar clases de aeróbicos, yoga o *kick boxing*.

¡No podía creerlo! Era toda una ciudadela. En el tercer piso estaban la piscina y los salones de sauna, ¡un verdadero paraíso! Pero lo que más me llamó la atención fue estar rodeada por tanta gente linda que, más que belleza tradicional, emanaba salud y seguridad interior.

Había unos papacitos que casi no me dejaban concentrarme sin que se me fuera la mirada hacia esos músculos torneados y fuertes que exhibían. Tal era la energía en el ambiente que, contagiándome, le anuncié al entrenador, un hombre trigueño, altísimo y con cuerpo de premio:

—Empiezo ahora mismo.

Pero antes de contarles cómo fue mi noviciado, les recomiendo buscar a una buena amiga con quien entrenar. Es divino porque una motiva a la otra cuando alguna de las dos está a punto de rendirse. Aparte de que "entre col y col, lechuga", como digo: mientras se ejercitan pueden ponerse al día de todos esos chismecitos que nos encantan a las mujeres: de novios, ex maridos, amigos, rivales. Cosa que, por cierto, mientras no se haga con malicia, creo que es una gran ayuda para conocernos más, para enterarnos de los problemas de otros y así aprender lecciones que podamos aplicar en nuestra vida. En el gimnasio me enteré de que el cuerpo tan maravilloso que exhibe Charityn Goyco es producto de un gran sacrificio y una rutina constante de ejercicios. Esto me demostró una vez más la necesidad de ser disciplinada y constante.

También, por supuesto, están los pegotes, esos que me reconocen y se acercan levantando el pecho como si fueran de hule, buscando impresionarme con tonterías:

—Uau, te ves más linda que en la tele, nena.

O:

—¿Puedo invitarte a tomar un batido de proteínas?

Por fortuna ahí solía encontrarme con Rafael José y Óscar de León, que con su personalidad tan alegre hacían más fácil la agotadora rutina de hasta dos horas de ejercicio.

Pero, volviendo a mis inicios en el gimnasio, creí que moriría. Fue horroroso hacer treinta repeticiones de abdominales cuando no hacía ninguna desde años atrás. Mi cuerpo quería pero mi mente me traicionaba con voces de desaliento: "Vete de aquí, Giselle, aprovecha el tiempo. Sírvete una copita de helado y acuéstate en tu cama calientita a leer o a ver televisión". Ni siquiera los muchachos guapos y fuertes que veía pasar frente a mí me permitían olvidar el dolor que sentía. Mi estómago me ardía como si tuviera un hormiguero repleto de hormigas bravas.

Probé todo para no rendirme y seguí yendo tres veces por semana. Llegaba y montaba la bicicleta estática una media hora. Después me di cuenta de que si solamente quería bajar de peso, la bicicleta era suficiente. Pero yo soñaba con tener un abdomen y unos brazos como los de Patty Manterola. ¿No los querrían ustedes también? Mi entrenador me dijo que para lograr esos músculos necesitaba alzar pesas. ¡Yo, que pensaba que eso era para Tarzán o Míster Universo! Pero al fin, con la ayuda del entrenador, empecé a hacer ejercicios con las piernas, los brazos, el pecho y los glúteos, que son muy importantes. También inicié el ejercicio cardiovascular, que fortalece el corazón, y dos veces a la semana hacía *kick boxing*.

Les cuento que muy rápido admiré los resultados en mi cuerpo: brazos bien definidos, piernas bien torneadas, nada de panza. Y el cambio de ánimo, ¡ni hablar! ¡Estaba feliz! Me sentía fuerte, capaz de afrontar lo que viniera y ese sentimiento lo transmitía a mi alrededor.

Aquí debo confesar algo un poco penoso. Y es que, así como nos fijamos una meta, a veces tenemos un revés. Yo digo que en la vida andamos como el cangrejo: a veces echamos para atrás, aunque sea un poquito. Eso fue lo que me sucedió: empecé a descuidarme y a faltar al gimnasio.

Pero ya había aprendido la lección: al ver que mis brazos perdían tono y mis piernas torneadas perdían forma, me dije: "Giselle, tanto que has adelantado, tan bien que te ves, no te vas a rendir". De ahí en adelante arranqué con una rutina en casa. Por un lado, la solución fue positiva porque pude hacer ejercicio e incluir en él a mis hijos. Todos los días caminaba rápidamente unos veinte o treinta minutos alrededor de mi urbanización. De esta manera mis hijos aprovechaban para montar bicicleta, ya que no me gusta dejarlos solos por la calle, ¡con los peligros que hay por ahí!

Ahora bien, después de un tiempito el asunto me fue molestando. ¿Por qué dejar un plan que me favoreció tanto, sin motivo alguno? ¿Por qué yo, una mujer hecha y derecha, no podía mantener una disciplina? Entonces decidí: "Giselle, puedes montar bicicleta con tus hijos cuando quieras, pero no debes rendirte y dejar tus ejercicios. ¡Al gimnasio!".

Y regresé al gimnasio, pero les cuento que, como toda experiencia, algo bueno me dejó mi corto periodo de suspensión. De ahí en adelante seguí caminando con mis hijos un par de veces por semana, y, lo que es más importante aún, me di cuenta de que podía desarrollar mi propio plan de ejercicios, el cual les explico enseguida.

Primero que todo, la rutina puede ser la misma, sin importar la hora. La que yo creé para mí me encanta. Al despertarme por la mañana, hago un buen estiramiento (más adelante mi entrenador les explicará cómo) y después comienzo con los abdominales, de los cuales realizo el mayor número posible de repeticiones. Ése es el secreto de una panza plana. Luego me pongo unas pesas de cinco kilos en los brazos. Después de realizar mis ejercicios para piernas y brazos, estoy más que lista para enfrentar un nuevo día. Si por algún trastorno dejo los ejercicios para la tarde, procuro no hacerlos muy cerca de la hora de dormir porque me desvelo.

Además de los ejercicios, como complemento ideal, me doy unos masajes con Gloria Hincapié, una maga del masaje escultural. Gloria utiliza cremas reafirmantes y adelgazantes que tonifican todo el cuerpo. Son cuarenta y cinco minutos de un masaje intenso, durante los cuales se va rompiendo la grasa. Este sistema tan interesante lo hemos presentado en "Despierta América". Muchas personalidades famosas y bellas como Lucía Méndez, Alicia Machado, Rachel Díaz, Fernando Arau, Ana Canseco y María Antonieta Collins han disfrutado los beneficios de este tratamiento. Más adelante Gloria les explicará de qué se trata.

Establecer una rutina cuesta trabajo, pero les aseguro que poco a poco se vuelve una costumbre automática. Si pueden ir al gimnasio, mejor, pero tampoco necesitan ser sus esclavas. He hablado con un entrenador que admiro mucho y le pedí que nos recomendara una rutina que podamos realizar en casa y que no nos tome mucho tiempo. ¡Ojalá les guste! Requiere mucha fuerza de voluntad, lo sé, pero les aconsejo emprenderla poniendo palabras positivas en la mente. Ustedes mismas pueden darse ánimo como si fueran sus propias entrenadoras con frases autosugestivas como éstas: "Tú puedes. Éste es sólo el comienzo de tu Nuevo Yo. Eres ahora una persona fuerte que no teme expresar todo lo que eres. No sólo con tus palabras sino con tus acciones demuestras que estás echando pa'lante".

Ahora, para aquellas de nosotras que pensábamos en someternos a cirugías para estar más esbeltas, les presento a Gloria Hincapié y su explicación de la técnica natural que usa (desde luego, si ustedes, por su lugar de residencia, no tienen acceso a su servicio, pueden buscar uno equivalente).

El masaje escultural

Gloria Hincapié se ha dedicado desde hace veinticinco años a la estética. Su método, que consiste en mantener una silueta sin tener que acudir al quirófano, surgió al analizar los cuerpos de sus pacientes y buscar la mejor manera de estilizarlos. Así desarrolló su propia técnica, la cual bautizó como técnica Hincapié, y que, con la ayuda de su esposo, Ángel Velasco, se ha fortalecido.

La técnica consiste en hacerle un llamado al tejido adiposo desde lo más profundo del sistema, incluso removiendo grasa intramuscular. Los movimientos son siempre en dirección de los músculos trasladando la grasa hacia el sistema linfático para ser sacada por medio de la orina y demás vías de eliminación. La técnica Hincapié también ayuda a fortalecer los movimientos peristálticos del colon, lo que estimula el proceso de descongestión del organismo. Además, con los movimientos de las manos van esculpiendo tu cuerpo.

Para este proceso es importante también aumentar la ingestión de agua a unos ocho vasos al día, de manera que el cuerpo efectúe su proceso de limpieza y purificación. Yo recomiendo preparar un agua con cáscara de piña, que es diurética. Hiervan la cáscara, sin la pulpa, en agua y déjenla refrescar. Es excelente.

Y aquí van los ejercicios de un querido amigo, el entrenador admirado por ustedes desde sus comienzos en Menudo y que ahora es el gran entrenador de personalidades como Adamaris López y Luis Fonsi. Asegúrense de poner en práctica esta rutina y ser constantes con ella. Verán los resultados positivos muy pronto. ¡Suerte!

La rutina de René Ferrait

El ejercicio puede brindar grandes beneficios en los aspectos físico y mental. A mí me ayudó a mantener una disciplina diaria muy saludable en cuanto a alimentación, descanso y una rutina especial de ejercicios. En el aspecto mental, ayuda a liberar las tensiones diarias y a elevar la seguridad en nosotros mismos. Además de la energía positiva que brinda esa seguridad, hombres y mujeres lucirán más atractivos al mostrar, no sólo un cuerpo en forma, sino una actitud que refleja su autoestima. Aunque el propósito de esta sección no es hablar de alimentación, debo señalar que, si no acompañan el ejercicio con una rutina de alimentación balanceada, no verán cambio alguno. No pueden comer un pedazo de pizza confiadas en que no van a engordar porque están haciendo ejercicio. ¿Saben que un pedazo de pizza equivale a aproximadamente la misma cantidad de calorías que un plato de comida con arroz, frijoles y carne? Entonces, procuren que su alimentación sea sana y balanceada, y hablemos de cómo pueden lograr el mejor estado físico.

Muchas personas no tienen tiempo para ir a un gimnasio porque necesitan atender a la familia o trabajar, o bien, no quieren ir a un gimnasio o no pueden pagarlo.

Consciente de esas dificultades, busqué la forma más sencilla para que puedan practicar una rutina sencilla de ejercicios sin necesidad de máquinas ni gimnasio, en sus propios hogares. Lo único que necesitarán es voluntad y media hora de su tiempo.

El resultado vale la pena, ¡inténtenlo!

Las siguientes son las preguntas que me plantean más a menudo:

¿Cuántas veces a la semana debo hacer ejercicio?

Cinco días a la semana y dos días de descanso.

¿Cuánto tiempo debe durar un workout *(una rutina) para lograr el estado máximo de condición física?*

Recomiendo que sea de dos horas al día.

¿Cuál es la mejor hora para hacer ejercicio?

Por la mañana, cuando el cuerpo está descansado. Así que un buen desayuno, balanceado con el ejercicio, nos dará la energía necesaria para comenzar el día con el pie derecho.

Plan de ejercicios para la semana

Comencemos con los abdominales. Hagamos tres diferentes durante la semana: por ejemplo, el lunes y el viernes, dediquemos quince minutos a los abdominales superiores, martes y jueves a los abdominales inferiores, y miércoles a los oblicuos (donde están las famosas llantitas o "michelines"). Así se elimina la pancita. A continuación describo en qué consiste cada uno.

Abdominales superiores (crunches)

Lunes y viernes (quince minutos). Son fabulosos. Entre otras cosas, resultan de extrema importancia para prevenir el dolor crónico en la parte baja de la espalda, que afecta a más de ochenta por ciento de la población adulta al menos una vez en la vida. Tienes que hacer cuatro series de veinticinco repeticiones. ¡Pero no te asustes!, eso lo lograrás poco a poco: diez hoy, doce mañana, y así sucesivamente.

Cómo realizarlos de forma segura

1. Colócate inclinada (sobre tu espalda) en el piso o en una superficie plana que soporte tu cuerpo.
2. Dobla las rodillas y mueve los pies hacia las caderas (por lo general una inclinación de cuarenta y cinco grados es cómoda).
3. Mantén los pies en el suelo, separados aproximadamente a la distancia del ancho de los hombros.
4. Coloca las manos juntas, con los dedos entrelazados, por detrás de la parte baja de la cabeza, o el cuello. *Nota importante:* las manos sirven sólo para apoyar la cabeza. No empujes la cabeza hacia adelante, pues eso puede causar una lesión en la misma, en el cuello o los hombros. Únicamente deja que la cabeza descanse en la copa formada por tus manos.

5. Con la espalda en el suelo y la cabeza neutral, contrae los músculos abdominales para levantar los hombros del suelo (imagina que una cuerda adherida a la nariz hala tu cara hacia arriba). Esto evitará que la barbilla se mueva hacia el pecho. De ser necesario, pon una bola de tenis entre la barbilla y el pecho.
6. Durante la contracción, mantén la parte baja de la espalda plana, inclinando la pelvis de manera que no forme un "arco" en la parte baja de la espalda. Esto permite también una contracción en línea recta desde la parte baja de las costillas hasta la pelvis.
7. Durante tu etapa de principiante, la fase positiva concéntrica, mientras se levantan los hombros, debe durar unos dos segundos.
8. Exhala durante la fase positiva.
9. Procura evitar que los abdominales se "pandeen" hacia afuera.
10. Baja los hombros al piso de manera suave y controlada. Mantén la parte baja de la espalda en contacto con el piso durante el ejercicio.
11. Durante tu etapa de principiante, la fase negativa excéntrica, mientras se bajan los hombros, debe durar unos cuatro segundos.
12. Inhala durante la fase negativa.

Haz cuatro series con diez repeticiones cada una y descansa treinta segundos entre una y otra.

Ejercicios para las piernas y glúteos (sentadillas)

Lunes, miércoles y viernes. Este ejercicio puede ser tu mejor amigo porque trabaja varios grupos de músculos, no sólo las caderas y los muslos, sino también los glúteos. Haz tres series con quince repeticiones cada una. Descansa un minuto entre cada una.

Cómo realizarlos de forma segura

1. Empieza este ejercicio de pie. Mantén la cabeza neutral, dirigiendo la mirada a algún punto sobre el nivel de la misma. Evita colocar la barbilla en el pecho o mirar hacia arriba puesto que estas posiciones tensan la espina cervical.
2. Inicia con la posición de pie, derecha, con los hombros hacia atrás y la cabeza neutral. Rota la porción inferior de la parte de atrás de la pelvis, con lo que los glúteos se extenderán hacia atrás (es decir, sacarás las nalgas). Esto crea un arco interno exagerado en las vértebras lumbares. Dicho "arco" es esencial para mantener la espalda derecha y segura durante las sentadillas. Si pierdes el arco, los hombros se acercarán a las rodillas y aumentará el riesgo de daño en la parte inferior de la espalda.
3. Baja doblando las rodillas y bajando el trasero. Baja las rodillas hacia la línea de las mismas y el dedo gordo del pie, y el trasero hacia la altura de la línea entre las rodillas y la cadera (consulta los números cuatro y cinco). Deberás sentir como si te estuvieras sentando hacia abajo y hacia atrás mientras realizas las sentadillas.
4. Asegúrate de que las rodillas no excedan la línea de la rodilla-dedo gordo del pie. Dibuja una línea vertical imaginaria y perpendicular de los pies hacia el suelo.
5. Asegúrate de que las rodillas no excedan la línea entre las rodillas y la cadera.
6. No tuerzas la tibia (hueso de la espinilla) en relación con el fémur (hueso del muslo). No es importante en qué dirección apunten las rodillas, sino que estén en línea con los dedos gordos de los pies. Cualquier desviación de las rodillas pone tensión en los ligamentos y meniscos que las soportan.

7. Evita rebotar al llegar abajo.
8. Vuelve a la posición inicial mientras exhalas, empujando con los cuadriceps y glúteos para enderezar las piernas y elevar el trasero (volviendo entonces a la posición derecha). Haz un movimiento fluido tanto al descender (negativo, cuenta cuatro segundos, inhala) como al ascender (positivo, cuenta dos segundos, exhala).
9. No trabes las rodillas al volver arriba.

Advertencia: no utilices las sentadillas si sufres problemas de rodillas, espalda o caderas.

Variación: si lo deseas, utiliza durante el ejercicio unas pesitas de cinco a ocho kilos o una lata de pintura de un galón (llena, por supuesto) en cada mano. Mantén los brazos estirados hacia abajo mientras realizas el ejercicio.

Pantorrilla

La pantorrilla es importante en la fase de impulso hacia adelante a la hora de caminar, correr y saltar.

Descansa un minuto entre cada una. Haz cuatro series de veinticinco repeticiones. Conforme adquieras más práctica podrás aumentar la cantidad de repeticiones.

Cómo realizarlo de forma segura

1. Inicia con la espalda derecha (en una posición neutral manteniendo la curvatura natural de la espina), los hombros hacia atrás, la cabeza neutral, las rodillas rectas y los pies juntos a la distancia del ancho de los hombros.
2. No extiendas en exceso las rodillas, deben estar rectas con una ligera curva.
3. Puedes hacer el ejercicio en un escalón que permita que los talones bajen más allá de la línea del dedo gordo.

4. Comienza en la parte baja del ejercicio, es decir, con la planta del pie en el suelo. Elévate hasta que los talones alcancen la altura máxima. Ésta es la acción positiva (concéntrica) y, si eres principiante, debe durar dos segundos. Exhala durante la acción positiva.
5. Vuelve, en forma lenta y controlada, a la posición de inicio, que es la acción negativa o excéntrica, y debe durar cuatro segundos para los principiantes. Inhala durante la acción negativa.
6. No rebotes al llegar abajo porque esto puede dañar el tendón de Aquiles.
7. No permitas que el peso descanse, esto es, cuando apoyes el pie en el suelo, no lo hagas por mucho tiempo porque esto le quitará la presión al músculo. Mantenlo tenso.

Variación: puedes utilizar de nuevo las pesas de cinco a ocho kilos o dos latas de pintura llenas, una en cada mano. Recuerda mantener los brazos estirados hacia abajo.

Abdominales inferiores

Martes y jueves. Vamos a trabajar la parte baja del abdomen. Acomoda tu cuerpo en una superficie plana, tal como lo hicimos con los abdominales superiores. Sólo hay una diferencia: eleva las piernas estiradas a un pie del suelo y, cuando llegues a esta altura, dobla las rodillas como si quisieras tocar tu estómago con ellas. Haz tres series de quince repeticiones cada una. Es conveniente utilizar un colchón de ejercicios para proteger la espalda baja.

Brazos: por qué tenemos que darle una atención especial

Bíceps: uno de los principales músculos visibles. Es el que flexiona la articulación del codo, causando que el antebrazo se mueva hacia la parte superior del brazo. Haremos tres series con quince repeticiones.

Cómo realizarlo de forma segura

1. Ponte de pie, con los pies separados al ancho de los hombros, las rodillas ligeramente inclinadas, los hombros hacia atrás y la cabeza neutral.
2. Utiliza un palo de escoba o unos envases grandes de detergente blanqueador llenos para tener peso o bien, unas pesitas de dos y medio a cinco kilos. Mantén el palo o la barra por lo bajo (la parte trasera de las manos frente a las piernas) y una separación al ancho de los hombros.
3. Haz una torsión con el palo o la barra hacia los hombros usando sólo el bíceps braquial. No dobles la parte baja de la espalda ni muevas los hombros. Si utilizas los envases, cuídate de mantenerlos derechos durante el movimiento.
4. Ésta es la fase positiva concéntrica, que debe durar dos segundos en el caso de los principiantes.
5. Exhala durante la fase positiva.
6. Haz una pausa.
7. Mantén los brazos cerca del cuerpo durante el movimiento y no permitas que los codos se extiendan.
8. De manera lenta y controlada, baja la barra o los envases a la posición inicial, utilizando únicamente el bíceps braquial. No permitas ningún otro movimiento del cuerpo.
9. Bajar la barra o los envases es la fase negativa excéntrica y debe tomar cuatro segundos si eres principiante.
10. Inhala en la fase negativa.

Tríceps

El tríceps braquial es el responsable de la extensión de la parte inferior del brazo. Hagamos tres series con quince repeticiones. Si quieres añadirle peso, puedes hacer el mismo proceso anterior con las pesitas o los envases de detergente.

Cómo realizarlo de forma segura

1. Colócate en posición horizontal en un banco plano (boca arriba).
2. La espalda deberá estar horizontal y la planta de los pies en el suelo, un poco separados del apoyo.
3. Utiliza un palo de escoba o una barra para hacer ejercicio. Apoya el palo o la barra directamente sobre los hombros, con las manos separadas a la distancia de éstos, por encima del palo, y agárralo.
4. Lenta y controladamente, dobla los codos para bajar la barra. En forma estricta, mantén la parte superior de los brazos perpendicular al cuerpo.
5. Deja que la barra baje hasta que casi toque tu nariz.
6. Bajar la barra es la fase negativa excéntrica y debe tomar cuatro segundos si eres principiante.
7. Inhala durante la fase negativa.
8. Utiliza sólo los tríceps. Extiende la barra a la posición inicial, sobre la cabeza. Extiende la barra a la posición inicial, sobre la cabeza.
9. El levantamiento de la barra es la fase positiva concéntrica y debe tomar dos segundos con los principiantes.
10. Exhala durante la fase positiva.
11. No trabes los codos.

Abdominales para los oblicuos (la parte baja de los abdominales)

Miércoles. Repetiremos los ejercicios anteriores, como las sentadillas y los de las pantorrillas, dado que son muy completos y rendirán resultados en poco tiempo. Es importante que cuides tu espalda y rodillas. Sigue las mismas instrucciones de los abdominales superiores, pero, en vez de levantar la cabeza y los hombros hacia arriba, gira a un lado y al otro, de manera que la cabeza y los hombros se inclinen hacia afuera de la rodilla.

Haz cuatro series de veinticinco repeticiones. Conforme adquieras más práctica podrás aumentar la cantidad de repeticiones.

Sentadillas

Hazlas tal como explicamos antes.

Pantorrillas

Haz los ejercicios tal como explicamos antes.

René Ferrait

¿Qué les parece esta rutina de ejercicios? Buena, ¿verdad? Practíquenlos y compleméntenlos con una buena alimentación. ¡La combinación será explosiva! Ustedes pueden lograrlo. La disciplina que desarrollarán les ayudará a alcanzar cualquier cosa que deseen realizar en la vida.

Recuerden, ¡no se rindan!

5. Dietas sin hacer dieta

¡Uau! Lo que todas soñamos: una fórmula mágica para tener el peso ideal sin sacrificarnos mucho. Claro que queremos comer esos bizcochos, arroces con frijoles, paellas, chocolates con nueces, sándwiches con queso derretido, en fin, todos los manjares que nos tientan a diario.

Pero, ¿cómo darse gusto y a la vez mantener nuestra figura? ¿Es posible? Y ¿qué hacer cuando esos bocados exquisitos se han aposentado en almohaditas bien esponjadas en nuestra cintura, caderas y pancita?

Justo eso fue lo que me sucedió cuando nació mi segunda hija, Gabriella. En ese tiempo vivía en Puerto Rico. Mi alegría al saber que estaba embarazada fue doble porque una de mis mejores amigas, que era mi vecina, también esperaba un bebé. Imagínense que a las dos nos dio por los mismos antojos. Como no estaba trabajando en esos meses, por las tardes veíamos una novela argentina llamada "Princesa", con Gabriel Corrado y Mari Carmen Regueiro. Media hora antes de la novela nos entraba un antojito de sándwiches de bistec con una malta. De inmediato tomábamos el auto y nos dirigíamos al viejo San Juan. Allí, parqueábamos al lado del carrito viejo de don Pepe, un hombre gordito, bajito y calvito, con todos los *itos*, quien atendía a sus clientes en la esquina de la calle Tapia, justo después del teatro que lleva el mismo nombre. El hombre era famosísimo por el sabor de sus sándwiches. Es que ese pan francés fresquecito con cebollas morenitas, chorreando salsa y acompañado de una malta espesa y helada nos volvía locas. ¡Qué bien la pasé! Ah, pero eso sí, el resultado no tardó en hacerse ver.

Cuando, meses después, nació Gabriella, me sentía feliz con mi gigantesca bebé, quien pesó más de cuatro kilos y midió 22 pulgadas. En ese momento no me importaban la hinchazón de la cesárea ni los veinte kilos de más que mostraba la báscula. Salí del hospital muy orgullosa con mi delicada princesa y con una panza que me hacía ver como si fuera a tener otro bebé.

Al llegar a casa comenzó mi odisea. Intenté ponerme unos jeans, pero ahí me esperaban esos sándwiches y maltas convertidos en enemigos. A punta de estirones pude pasarlos por mis muslos, pero al encontrar el murallón de mi cadera, quedaron atorados. Entonces principió el combate: pisé una pata de los pantalones con un pie y los halé, pero ¡nada! A empujones, de manera que la pancita se aplanara, me acosté en la cama para poder aguantar la respiración y halar. Conocen la técnica, ¿verdad? Pero esta vez quería aplanar la panzota, no para que me entraran los jeans, sino para que me salieran. El caso estaba perdido. Aun así, emprendí la última campaña: talco, crema, saltos. Lo único que logré fue un grito de dolor al que mi esposo respondió, entrando a la habitación angustiado, blanco como un papel y con los pelos de punta. Parecía un gato asustado, listo para llamar al 911*.

Entre lágrimas le pedí:

* Número telefónico de urgencia.

—*Baby, please,* bájamelos, yo no puedo.

Les aseguro, amigas, que no era cuestión de seducción sino de salvación. Él, riéndose del espectáculo, me ayudó y todavía no sé cómo logró quitármelos. Ese día comprendí que tendría que concentrarme un poco más en cuidar lo que comiera y dejar los jeans en el clóset hasta nuevo aviso.

A partir de entonces estructuré un plan de alimentación para mí y tomé la firme decisión de seguirlo. El primer paso fue dejar los postres, los helados, el arroz con dulce, los flanes, así como los viajes al carrito del viejo San Juan, que con la excusa del embarazo y los antojos me habían dado tremendo gusto. En la noche sólo comía pollo a la parrilla con ensalada y mucha agua. También limité mi consumo de refrescos. Esta dieta me resultó y, gracias a Dios y a mi metabolismo, bajé de peso. En poco tiempo ya tenía a mi princesa sentadita sobre mis jeans.

Pero les cuento que, aparte de ese episodio, siempre he procurado comer sanamente, para lo cual no consumo ciertos alimentos. Por ejemplo, evito las cosas fritas, aunque eso no quiere decir que no me coma una alcapurria* si tengo ganas. Casi nunca como carne roja. Tampoco bebo refrescos y, cuando lo hago, prefiero el de limón que no tiene cafeína. No tomo café, no fumo y no me agradan las bebidas alcohólicas. Puedo tomar un vinito de vez en cuando, pero una copa me dura toda la noche. Sé que exagero con esto de la bebida porque, según los estudios más recientes realizados en Estados Unidos, una copa de alcohol al día es excelente para la salud. Pero en mi caso es que simplemente no me gusta su sabor.

Ahora bien, no vayan a pensar, amigas, que no como nada. El pollo me encanta, en especial la pechuga a la parrilla, que preparo muy a menudo y me queda deliciosa cuando la sazono con un poco de sal, pimienta, limón y aceite de oliva virgen. También

---

* Platillo hecho de plátano y envuelto en hoja de plátano, relleno de carne de res molida o de cangrejo.

procuro incluir pescado en mi dieta. Tal vez porque siempre he vivido cerca del mar, me encantan los mariscos y pescados. Al menos tres veces a la semana preparo un tilapia al horno (este pescado me gusta mucho porque no tiene olor). Uso aceite en aerosol, que tiene menos calorías.

Y, aunque las deje de último, las ensaladas me fascinan, tanto que mi mamá dice que parezco un conejo. Mi receta favorita es la siguiente: en una ensaladera pongan lechuga, arúgula, espinaca, champiñones u hongos frescos, zanahoria rallada, garbanzos hervidos, brócoli, cilantro picadito y un plátano o guineo cortado en rodajas.

No uso aderezos comerciales con miles de calorías, sino que mezclo un poquito de sal, pimienta, y aceite de oliva virgen con un chispito de limón.

La verdad es que hay que comer. Sí, amigas, para mantener el peso o perder el que nos sobra debemos comer, ¡y bastante! Solemos pensar que, cuanto menos comamos, más peso perderemos, y no es así.

En realidad, sucede todo lo contrario. El metabolismo se desajusta porque siente que lo atacamos de alguna manera y se ve forzado a empezar a usar sus reservas de grasa, ocasionando que éstas se acumulen donde menos nos agrada. Lo más indicado para mantener un peso adecuado es comer al menos cinco veces al día. Podemos repartir esas comidas en un buen desayuno, una merienda o refrigerio, el almuerzo, otro refrigerio a media tarde (ésta les gustó, ¿verdad?) y una cena temprano.

A continuación les describiré lo que yo como en un día. Pienso que puede ser una guía útil para ustedes.

Por la mañana: mientras estoy en la reunión de producción antes de que comience "Despierta América", Rosita, nuestra consentidora, nos lleva el desayuno a todos. (Si ven la dona y los sándwiches que come Fernando no lo creerían, pero él practica mucho ejercicio y eso hace que siempre se vea tan bien.) Rosita me prepara un buen plato de avena, que me encanta porque tiene fibra y me cae caliente en el estómago.

A media mañana: como un plato de frutas, bien sea papaya (que además es diurética), piña, mango o manzana.

Al mediodía: si estoy en el canal, como una lata de atún en aceite de oliva con una ensalada.

A media tarde: una barrita de proteínas.

Por la noche: una pechuga de pollo a la plancha con una ensalada verde.

Y durante todo el día tomo mucha agua, que es milagrosa para la dieta.

En cuanto a mis hijos, cuando Andrea era chiquita, siempre comía ensalada, mezclaba el pescado con puré de papa y el huevo con plátano para que lo comiera. Harold Emmanuel es mi dolor de cabeza; casi no come nada, por lo que me ajusto buscando que lo haga en forma balanceada. Le doy carne, intento que coma vegetales, aunque sea pocos (el brócoli, por ejemplo, le gusta crudo). A veces, cuando estoy preocupada por su falta de apetito, le preparo una tostada con mantequilla de maní, que tiene todas las proteínas. Al principio pretendía obligarlo a que comiera y las peleas eran terribles. Después me di cuenta, por Gabriella, que con el tiempo ellos aceptan otro tipo de alimentos. Al principio, Gabriella tampoco quería comer nada pero ahora disfruta todo. Cada vez que preparo camaroncitos con salsa de parcha* los come con mucho gusto. Van educando su paladar poco a poco.

Es importante controlar los dulces. No compro refrescos (si hubiera, ellos los tomarían), controlo los jugos y procuro que tomen mucha agua y leche. Toman postre pero los helados que compro tienen sesenta calorías y se los doy durante el día. Después de cenar, si quieren, comen una fruta, ya sea una manzana o unas fresas (para los adultos esto no es recomendable ya que son carbohidratos; yo no consumo fruta pasadas las seis de la tarde).

Para mantener el peso también resulta fundamental el ejercicio, pero ese tema ya lo abordamos. Recuerden que practicar una

---

* Fruta de la pasión.

rutina de ejercicios es crucial para sentirnos bien en los aspectos físico y mental.

Los trastornos alimenticios

Hay un punto relacionado con este tema que no quiero dejar de comentar: el peligro al que nos exponemos si nos obsesionamos con nuestro peso. Esto sucede en particular en la adolescencia, cuando las y los jóvenes le prestan exagerada importancia a su apariencia. Un ejemplo con el que convivo a diario es mi hija Andrea, quien, a pesar de que tiene un cuerpo bellísimo, siempre se queja: que si está gorda, que si tiene chichitos*. Yo le digo que está perfecta, que me preste ese cuerpo para un día de fiesta, pero no me escucha. Desear bajar de peso y verse como las modelos de las revistas provoca que un número cada vez más mayor de adolescentes —y de mujeres adultas (porque el problema es más femenino que masculino)— desarrolle trastornos alimenticios como la anorexia y la bulimia. Si tú tienes hijas o familiares jóvenes, observa con especial cuidado si no presentan alguno de los siguientes síntomas.

La anorexia es un trastorno grave. La persona que lo padece siempre se siente gorda, por lo cual deja de comer hasta quedar en los huesos. Cuando llega a las etapas críticas, es necesario alimentarla por vía intravenosa e internarla para que reciba la atención médica y psicológica adecuada. La anorexia puede ser mortal, como sucedió con la cantante Karen Carpenter, quien falleció después de años de padecerla.

Yo viví ese problema a través de una compañera de trabajo —por respeto no revelo su nombre, aunque muchas de ustedes la conocen—, quien vivía muy preocupada por su peso, haciendo, entre muchas otras, la dieta Atkins, la dieta de frutas y la dieta de líquidos. Después le dio por tomar pastillas de hierbas para adel-

---

* Llantitas o "michelines".

gazar. Yo la veía bien —es muy bella—, pero ella alegaba que tenía panza, que estaba cachetona. En fin, se miraba al espejo y se veía gordísima. Poco a poco fue adelgazando y empezó a mentir. Si íbamos a un restaurante, aducía que estaba llena y por eso no podía comer ni un gramo de nada, sólo agua. Al percatarme de lo que le sucedía, consulté a la psicóloga de la empresa, quien me sugirió aconsejarle que buscara ayuda. Vaya que me costó trabajo convencerla —y es que la última persona en admitir que lo que hace es perjudicial para su salud es la involucrada—, pero al fin accedió a recurrir a un profesional y felizmente mejoró muy rápido. Yo digo que contó con suerte porque estas enfermedades hay que tratarlas pronto antes de que se vuelvan crónicas.

Por su parte, quienes sufren bulimia sí comen pero luego, preocupadas por no engordar, se inducen el vómito. Uno de los personajes famosos que la ha padecido fue la princesa Diana. La bulimia lesiona los intestinos y puede agravarse hasta causar la muerte. Este trastorno es más difícil de detectar que la anorexia porque, aparentemente, la persona come en forma normal, sólo que después se oculta para vomitar.

Otro trastorno de la alimentación es la adicción a la comida, que también me tocó conocer por un pariente. Era angustiante ver cómo esa persona intentaba comer con regularidad pero, cuando menos lo esperaba, la invadía un hambre terrible y devoraba la nevera entera.

Pero amigas, para todos estos trastornos hay tratamientos y eso es lo importante: reconocer el problema y buscar ayuda profesional para evitar una desgracia. Hoy día hay un sinfín de grupos de autoayuda para quienes los padecen, que les brindan comprensión y apoyo en una atmósfera serena y amigable.

En lo que respecta al régimen alimenticio que decidamos optar, también debemos tomar en cuenta la constitución de nuestro cuerpo. Algunas personas tienen huesos gruesos y, por lo mismo, muy delgadas no se ven bien. Seamos justas con nosotras mismas y establezcamos una meta que nos haga sentirnos y vernos bien, sin exagerar. Mi opinión personal es que lo mejor es tener un poquito de carne. Después de todo, somos latinas y eso aumenta nuestro atractivo.

Si deciden seguir mis hábitos en cuanto a la dieta, les pido que no hagan trampa añadiéndole pastelitos, quesos, carnes guisadas con arroz y frijoles, y todas esas tentaciones. Pueden comerlas pero con moderación, y me atrevería a sugerir que, si no hay remedio, lo hagan al mediodía. ¿Por qué? Porque a esa hora todavía nos queda bastante actividad por desarrollar, lo cual nos permite quemar muchas de esas calorías. En cambio, a la hora de la cena sucede lo contrario y no es conveniente consumir carbohidratos. Y, otra vez, ingieran mucha, pero mucha agua.

El tema de la dieta me parece fundamental porque en él se entretejen aspectos emocionales, físicos y psicológicos. Por ello quise complementar mis sugerencias con los consejos de algunas de mis compañeras famosas para mantener la figura. Esto fue lo que me contaron:

Adriana Cataño, guapa modelo y actriz colombiana, famosa también por sus calendarios: "Cuando estuve embarazada de mi hija, comí de todo: dulces, chocolatines, tortas, pizzas... En fin, no me importó engordar más de treinta kilos. Pero cuando di a luz y me encontré con la realidad, me dio un ataque. Tuve que bajar casi veinte kilos. Fue difícil, pero lo logré. No existe ningún truco fácil, lo único es hacer dieta y ejercicio. ¡No hay excusas! Ahora practico una hora de ejercicio cardiovascular todos los días y me cuido de harinas y almidones de lunes a viernes. Debemos tomar ocho vasos de agua al día y dormir ocho horas diarias".

Viviana Gibelli, excelente actriz y hermosa representación venezolana: "Varias veces a la semana tomo dos o tres vasos de agua de berenjena con alpiste (gran diurético, ayuda a mantener el peso y quemar grasita)".

Maite Delgado, ex Miss Venezuela y bella presentadora de televisión: "En materia de dietas, luego de mucho experimentar —y ya que me gusta comer—, pongo en práctica dos maneras de comer, una por una. Si voy a estar en casa en Venezuela una o dos semanas, llevo un régimen de bajas calorías. En el desayuno, una o dos tostadas integrales con queso bajo en grasa o cereal de dieta con leche descremada. Para el almuerzo escojo entre carne, pollo o pescado con ensalada o vegetales. Para la cena, lo que no me comí en el almuerzo o, si no tengo mucha hambre, sólo un vaso de yogur. La otra manera es cuando surgen planes de viaje y me cuesta más hacer dieta; entonces, cambio a la de las proteínas: elimino el pan, el queso blanco, el yogur y algunos vegetales, y los sustituyo por huevos, tocineta, mayonesa y quesos amarillos".

Mucho podemos aprender de todas ellas, ¿verdad? Dado que deseo que se les abra todo un abanico de alternativas al respecto, decidí solicitar la colaboración de la nutrióloga Claudia M. González, a quien ustedes han visto muchas veces en "Despierta América". Claudia me ha ayudado mucho con sus consejos, aunque debo confesar que nunca he seguido una dieta específica para bajar de peso. Únicamente hago lo que les conté, pero eso es lo que me funciona a mí.

A continuación presento las ideas que ella sugiere para que estemos bellas y esbeltas. Espero que las aprovechen. Lo único que les pido es que, antes de comenzar cualquier dieta, consulten a su médico para asegurarse de que los resultados sean óptimos en su caso particular.

La nutrición

Cuando Giselle me invitó a formar parte de su libro, me sentí honrada y complacida de poder contribuir a que ustedes, amigas lectoras, gocen de una mejor nutrición y salud. A lo largo de los años de mi actividad profesional como dietista y nutricionista, he conocido un sinnúmero de dietas y métodos para perder peso, tantos, que sería imposible mencionarlos y explicarlos en estas páginas.

La mayoría de nosotras buscamos la dieta o la pastilla "mágica" que nos permita estar delgadas, y mantenernos así por el resto de nuestros días. Y, aunque para algunas esto parezca imposible, lograr mantener una alimentación balanceada depende de que entendamos los principios básicos de la nutrición.

Nunca antes se había hablado y debatido tanto sobre la obesidad en la mujer, el hombre, los adolescentes y los niños. Y no es para menos, ya que la obesidad no es sólo un aspecto cosmético o de apariencia, sino que es un padecimiento peligroso. La obesidad provoca, entre otras cosas, diabetes, algunos tipos de cáncer (de útero, ovarios, vesícula, senos, colon, próstata y recto), presión arterial alta y otras enfermedades cardiovasculares y de las coyunturas, así como dolor de espalda.

Los principios de una alimentación sana son muy simples. La clave es comer una amplia variedad de alimentos diferentes que se complementen entre sí. Si consumes los alimentos correctos, no sólo podrás bajar de peso y mantenerlo, sino que también te protegerás contra las enfermedades mencionadas.

Por consiguiente, antes de que decidas qué dieta hacer o qué pastilla comprar, ten presentes los consejos e información que aquí te damos, que son de gran valor para cualquier plan orientado a la pérdida de peso.

Los seis componentes vitales de la alimentación

Los latinoamericanos provenimos de países distintos con costumbres alimenticias diferentes. Sea cual sea tu país de origen, tu cuerpo, como todo cuerpo humano, necesita de los siguientes nutrientes para mantenerse con energía y una salud óptima.

Vitaminas: son necesarias para la ejecución de numerosas actividades celulares. Tu salud se resiente cuando no consumes las cantidades necesarias de cada una de ellas. Una dieta variada y equilibrada proporciona todas las vitaminas (C, D y E) que tu cuerpo necesita. A continuación presentamos los alimentos que las contienen:

- A: presente en alimentos como hígado, pescado graso, yema de huevo, mantequilla y queso.
- Betacaroteno: albaricoque, melón, zanahoria, mango, melocotón, espinacas, coles de Bruselas, tomate.
- B1 (tiamina): hueva de bacalao, germen de trigo, cacahuetes, avena, tocino, cerdo y pan.
- B2 (riboflavina): hígado, leche, queso, huevos, vegetales verdes, avena y legumbres.
- B3 (niacina): carne magra, pescado, levadura de cerveza, salvado de trigo, cacahuetes, germen y harina integral de trigo, orejones de melocotón y albaricoque, maíz, pimiento rojo, verduras de hoja, tomates, melón, mango, leche, queso y huevos.
- B5 (ácido pantoténico): todas las carnes y vegetales, en especial el hígado, las frutas frescas y los frutos secos.
- B6 (piridoxina): hígado, pollo, bacalao, salmón, queso, avena, huevos, aguacates y patatas.
- B8 (biotina): hígado, nueces, mantequilla de cacahuete, judías, yema de huevo y coliflor.
- B 9 (ácido fólico): vegetales verdes, champiñones, hígado, naranjas, nueces, legumbres, yema de huevo y cereales para el desayuno enriquecidos (una fruta fresca o un buen zumo de frutas al día es un complemento perfecto).
- B12 (cobalamina): principalmente alimentos de origen animal: carne, pollo, pescado, huevos, productos lácteos.
- C: coles de Bruselas, coliflor, fresas, grosellas, kiwi, limón, melón, naranja, pimiento verde, nabo, tomate.
- D: aceite de hígado de pescado, sardinas, arenque, salmón, atún, hígado, leche, mantequilla y yema de huevo.
- E: aguacate, boniato, bróculi, ciruela, espinacas, espárragos, manzana, moras, plátano, tomate, zanahoria.
- K: verduras verdes, raíces comestibles, frutas y semillas.

Minerales: los minerales son imprescindibles en los procesos químicos del metabolismo humano. Los que se necesitan en mayores cantidades son el calcio, el potasio, el sodio y el magnesio. Y en menor grado, el hierro, el zinc, el cobre, el selenio, el fluoruro, el yodo y el fósforo. A continuación presentamos los alimentos que las contienen:

- Calcio: leche y productos lácteos, sardinas enlatadas (raspas incluidas), hortalizas de hoja verde, berros, semillas de ajonjolí y perejil.
- Potasio: vegetales de hoja verde, fruta en general y patatas.
- Sodio: presente en casi todos los alimentos como ingrediente natural o añadido en el proceso de elaboración: sal de mesa (principalmente), alimentos procesados, queso, pan, cereales, carnes y pescados ahumados, curados y en salmuera.
- Magnesio: germen de trigo, azúcar morena, almendras, nueces, semillas de soja y de sésamo, higos secos y hortalizas de hoja verde.
- Hierro: hígado, carne magra, sardinas, yema de huevo, vegetales de hoja verde, dátiles, higos secos y cereales enriquecidos
- Selenio: carne, pescado, cereales integrales y productos lácteos. Las verduras dependen de la tierra en la que se cultivaron.
- Zinc: carne roja, huevos, mariscos, legumbres, frutos secos, en especial cacahuetes y semillas de girasol.
- Fósforo: hígado de cerdo, bacalao seco, atún y sardinas en aceite, lenguado, merluza, gambas, pollo, huevo y yogur.[1]

---

[1] Fuentes: http://www.juver.es/nutricion/vitaminas/vitamin.htm y http://www.juver.es/nutricion/minerales/mineral.htm.

Las necesidades de vitaminas y minerales varían con la edad: los grupos que más los necesitan son los niños, las mujeres embarazadas o en el periodo de lactancia, y las personas de edad avanzada.[2]

Fibra: aunque la fibra no posee ningún valor nutricional ni energético, constituye un elemento vital en la dieta diaria. La fibra ayuda en la prevención de enfermedades coronarias y en el funcionamiento adecuado de los intestinos. Consumir de veinticinco a treinta y cinco gramos de fibra al día te ayudará a perder peso con mayor facilidad.

Carbohidratos: constituyen la fuente principal de energía. Los dos tipos principales de carbohidratos son: los azúcares, que son los carbohidratos simples y se encuentran en dulces, helados, caramelos y pasteles, y los almidones, que son los carbohidratos complejos y se encuentran en frutas, verduras, papas y alimentos de grano como pan, pastas y cereales. En general, los carbohidratos no refinados, como el pan y las pastas integrales, tienen un valor nutricional más elevado que los refinados.

Grasas: si bien un exceso de grasa es perjudicial para la salud, para que el organismo humano funcione adecuadamente, se requiere una determinada cantidad de la misma. Es recomendable consumir grasas insaturadas (aceite de oliva, aceite de maíz, pechuga de pollo, aceite de maní o cacahuete, salmón) más que saturadas (mantequilla, tocino, carne de res, huevos).

Proteínas: este nutriente constituye la materia prima para la formación de las células y los tejidos en tu cuerpo. Tanto los alimentos de origen animal (carne, queso, pescado, pollo) como los

---

[2] Para mayor información sobre las Recomendaciones Diarias de Nutrientes, Vitaminas y Minerales (Recommended Dietary Allowances), visitar: http://www.nal.usda.gov, www.fda.gov/oc/spanish y www.healthfinder.gov/espanol.

de origen vegetal (tofu, soya, maní, almendras, legumbres) contienen proteínas. Combina ambas clases para balancear las calorías y lograr una mayor variedad.

Agua: ¡esencial para la vida! Tú eres aproximadamente cincuenta y cinco a setenta y cinco por ciento agua, es decir, de diez a doce galones. El adulto promedio pierde unos diez vasos de este líquido esencial al día, a través del sudor, la orina, la actividad física e incluso la respiración. El agua puede ser un gran aliado en la guerra contra el sobrepeso porque, a la vez que ayuda a eliminar la grasa, aumenta la capacidad del cuerpo de quemar más calorías. Si estás a dieta y no bebes suficiente agua, tu cuerpo no podrá metabolizar la grasa de forma efectiva y retendrás líquido. Esto puede ocasionar exceso de peso, con lo que sabotearás de forma indirecta tu propósito de perderlo. Muchas veces creemos tener hambre y recurrimos a los alimentos, cuando lo que en realidad necesitamos es calmar la sed. Usa el agua para controlar tu peso. Este gran nutriente te ayudará a suprimir el apetito, al provocar la sensación de saciedad, y ayudará a diluir los niveles de sodio en tu cuerpo, con lo que disminuirá la posibilidad de que retengas líquidos.

Ahora que conoces mejor los nutrientes esenciales para una buena alimentación, pongamos manos a la obra y ¡a bajar de peso!

Nunca antes se había hablado y debatido tanto sobre la obesidad en la mujer, el hombre, los adolescentes y los niños. Y no es para menos, ya que la obesidad no es sólo un aspecto cosmético o de apariencia, sino que es un padecimiento peligroso. La obesidad provoca, entre otras cosas, diabetes, algunos tipos de cáncer, presión arterial alta y otras enfermedades cardiovasculares, así como dolor de espalda.

Rompe con los mitos

Aquí quiero compartir contigo algunos de los mitos más comunes relacionados con el peso y las dietas, y mis respuestas sobre cómo romperlos.

Voy a bajar 18 kilos en 30 días

¡NO! En estos casos principalmente se pierde agua y masa muscular, que es justo lo que deberías conservar. Si pierdes de medio kilo a un kilo al mes, será más fácil mantener tu nuevo peso.

Los carbohidratos deben eliminarse

¡NO! Las frutas, verduras y granos integrales son esenciales. Más bien, disminuye la ingesta de dulces, galletas, helados, postres, refrescos, etcétera.

Comer de noche engorda

¡NO! Si eres una persona sedentaria, comer en exceso de noche puede engordarte más; pero si te mantienes activa y haces ejercicio con regularidad, lo que cuenta son las calorías ingeridas en el día, menos las quemadas durante tus actividades.

Hay que comer una vez al día

¡NO! Lo ideal es comer de cuatro a seis veces al día (pequeñas comidas y refrigerios) para que el metabolismo se mantenga activo y más eficiente a la hora de perder peso.

Los alimentos dietéticos adelgazan

¡NO! Repito, lo que cuenta es la cantidad de calorías que consumes en un día. "Bajo en grasa" no significa bajo en calorías. Lee en la etiqueta con los datos nutricionales cuál es el valor real de las calorías y el tamaño de la porción.

Características de los ganadores

En mi experiencia profesional he comprobado que hay personas con espíritu de ganadores y, casi invariablemente, éstas son las que logran cumplir su propósito de perder peso y mantenerse (que a veces resulta lo más difícil; una vez que se llega al peso deseado, suele relajarse la disciplina y volverse a subir).

Las siguientes son, a mi juicio, algunas de las características de los ganadores.

Creen en sí mismos

De la misma forma como lograste cumplir muchas metas en tu vida, como graduarte en la escuela o la universidad, conseguir tu trabajo actual o casarte con la persona de tus sueños, puedes lograr perder y mantener tu peso. Niégate a seguir sometiéndote a una y otra dieta. Opta por buscar el balance con una alimentación nutritiva y un plan de ejercicios.

Están comprometidos a largo plazo

Las dietas de moda suenan bien y algunas son efectivas para lograr bajar de peso. Sin embargo, lo rápido a veces dura poco, a menos que te comprometas a aprender a alimentarte en forma balanceada.

Son realistas

Si vas a casarte o piensas salir de vacaciones, no pretendas bajar de peso de sopetón. Programa perderlo con suficiente anticipación. Si tu boda será en seis meses, puedes bajar de diez a veinte kilos (de medio kilo a un kilo por semana) en ese lapso, pero no intentes lograrlo en treinta días.

Controlan la porción

No es necesario que vivas sacrificándote. Puedes darte gusto con tus platos favoritos, pero si las porciones son excesivas, compártelas con alguien, lleva a casa lo que sobre, o sírvete la mitad o tres cuartas partes.

Ten presente que al cerebro le toma veinte minutos recibir la información de que has comido y estás satisfecha. ¡Imagínate cuánto puedes ingerir en ese tiempo!

No intentan controlar la tensión con los alimentos

Busca otros sistemas para controlar la tensión o estrés. ¡No te consueles con comida! Procura aprender sistemas de relajación como la meditación, los ejercicios de respiración o el yoga. O, incluso, practica algo tan sencillo como caminar.

Se premian ocasionalmente

Por lo general, los premios deben consistir en un masaje, un facial, un manicure o pedicure, o comprarte alguna prenda de ropa nueva. Aunque de vez en cuando, un chocolatito no hace daño, y si lo compartes, ¡mejor aún!

Menús

En esta sección podría presentarte toda una gama de menús para comer en forma balanceada, pero éste no es el único tema que se aborda. Por tanto, presento cuatro menús que ofrecen la gama de alimentos que debes consumir con una cantidad de calorías adecuada (un promedio de mil trescientas a mil cuatrocientas).

Menú 1

Desayuno

1 omelet de: 1 huevo entero y 1 clara de huevo, 1 onza de queso sin grasa y 1/2 taza de tomate picado (usar aceite rociador)
1 rodaja de pan integral
1/2 taza de jugo de naranja enriquecido con calcio

Almuerzo

1 (3 onzas) hamburguesa vegetariana con tomate y lechuga
1 taza de vegetales frescos con 1/2 cucharada de aceite de oliva y 1 cucharada de vinagre balsámico
1/2 taza de uvas y fresas frescas con 1 cucharadita de merengue ligero (o crema Chantilly)

Cena

4 onzas de pollo dorado
1 taza de vegetales cocidos
1/2 taza de arroz integral
1/2 toronja

Menú 2

Desayuno

1/2 taza de jugo de ciruela pasa
1 taza de cereal de salvado (all-bran) con:
    1 taza de leche descremada
    1/2 banana en rodajas sobre el cereal

Almuerzo

3 onzas de atún en agua con:
1 1/2 cucharaditas de mayonesa baja en calorías
1 taza de ensalada mixta de vegetales
1 cucharada de vinagreta baja en calorías
1 pan árabe pequeño

Cena

3 onzas de filete de pescado al horno
1/2 taza de arroz integral
1 taza de zanahorias al vapor con 1 cucharadita de margarina
1 ensalada con 1/2 taza de pepinos en rodajas, 1/2 taza de tomates en rodajas, ramas de alfalfa
1/2 taza de uvas

Menú 3

Desayuno

1 rodaja de pan integral
1 cucharadita de margarina dietética o queso crema

1 cucharada de mermelada baja en azúcar
1 taza de leche descremada
1/2 taza de melón

Almuerzo

1 taza de pasta con:
3 onzas de camarones pequeños
1/2 taza de salsa de tomate o marinara
1 taza de vegetales verdes: espinaca, brócoli, lechuga
1 cucharada de vinagreta sin grasa
1 manzana pequeña

Cena

1 tortilla pequeña
2 onzas de jamón de pavo
1 onza de queso Monterrey Jack
2 rodajas de tomate picado
Mostaza Dijon al gusto
1 rama de apio y un palito de zanahoria
1 naranja pequeña

Menú 4

Desayuno

1 pan *bagel* integral
1 cucharada de queso crema sin grasa
2 onzas de jamón bajo en calorías
1/2 taza de jugo de naranja enriquecido con calcio

Almuerzo

1 papa mediana rellena con:
1/2 taza de requesón con 1% de grasa
1 cucharada de queso rallado *cheddar* (amarillo)

3 onzas de pollo al horno
1 taza de ensalada de lechuga y pepinos, aliño de limón, sal y pimienta
1/2 taza de ensalada de frutas frescas

Cena

3 onzas de salmón a la parrilla
1 taza de brócoli al vapor
1 cucharadita de margarina dietética
1/2 taza de puré de papas
1/2 taza de fresas frescas

Nota: de acuerdo con tu estatura y peso actual, puedes incluir en tu dieta una o dos "meriendas" al día.

"Meriendas" (o refrigerios) de 200 calorías o menos

La combinación perfecta que controla el hambre hasta tu siguiente comida: proteína y carbohidratos.

Los refrigerios que te recomiendo para media mañana o media tarde son:

1 manzana con 1 onza de queso
Yogur bajo en grasa con granos de girasol
Fresas con queso fresco
1 huevo duro y 1/2 naranja
Zanahoria, apio o una manzana con una cuchara de mantequilla de maní
1/2 sándwich de pavo en pan de grano integral
1 tortilla horneada con un *dip* de frijoles
1/2 taza de palomitas de maíz *light*, con 1 cucharada de queso parmesano
1/2 taza de melón en cubitos con 1 onza de pavo ahumado

Para bajar de peso en pareja

Por regla general, las mujeres somos más pequeñas de estatura que los hombres. En consecuencia, usamos menos energía al día que ellos. Como es lógico, si una mujer es más alta que la otra, tendrá un metabolismo más activo y quemará calorías con mayor facilidad, en tanto que la "bajita" necesita ingerir menos calorías al día. Los hombres suelen tener de diez a veinte por ciento más músculos y, por tanto, menos grasa corporal que las mujeres.

Una forma de medir la obesidad es por el porcentaje de grasa. Un resultado mayor de veintisiete por ciento en las mujeres se considera "sobrepeso" y más de treinta y dos por ciento es "obesidad". En cuanto al sexo masculino, al tener menos grasa, más de veintitrés por ciento es considerado "sobrepeso", y más de treinta y dos, "obesidad".

Consejos para hacer "dieta en pareja"

Cuando uno decide perder peso en pareja, el nivel de éxito que se alcanza aumenta. No obstante, hacer dieta juntos no debe implicar "competir", sino apoyarse y comprenderse mutuamente.

Los siguientes son algunos casos si deciden empezar una dieta en pareja:

- Acepten que sus necesidades son diferentes. El nivel calórico del hombre puede ser más alto, pero suficiente para producir una pérdida de peso.
- Si uno de ustedes "rompe" la dieta, el otro no deberá criticarlo; por el contrario, motívense para continuarla.
- Procuren al menos desayunar y cenar juntos. Programen qué van a ingerir en el almuerzo con anticipación. Cuando las actividades se hacen en familia, se vuelven más permanentes.
- Es muy probable que el hombre baje de peso con más facilidad, pero lo que cuenta es el progreso individual y no el total de kilos que se pierde.

- Compartan las porciones cuando coman fuera. No sólo disminuirán las calorías, sino que pueden tener un momento "romántico".
- Hagan ejercicio juntos, ya sea caminar, nadar, montar bicicleta o bailar. Si comparten esta práctica, es menos probable que la abandonen.
- Compartan la compra y la preparación de los alimentos. No dejen que la carga recaiga sólo en uno de los dos.
- Si tienen hijos, únanse a ellos en las actividades físicas. Absorban la contagiosa energía de la juventud.
- Piensen a largo plazo y no hagan de esto una dieta pasajera. Concéntrense en cambiar su estilo de vida y mejorar su salud.

La nutrición de los pequeños

En su panfleto *Hábitos saludables para niños saludables: guía para padres sobre nutrición y actividades*, la Asociación Dietética Americana (ADA) brinda los siguientes consejos prácticos (a los cuales yo he añadido mis comentarios):

Si le preocupa el peso de su hijo, el primer paso es hablar con el pediatra, médico familiar o dietista certificado. Colabore con los profesionales de la salud para determinar si su hijo está excedido de peso y para definir un peso saludable que será el objetivo a alcanzar. En algunos casos, es posible que el objetivo más apropiado no sea bajar de peso, sino permitir que su hijo crezca manteniendo ese peso hasta que sea el normal para su edad.

Haga que toda su familia participe

La familia es una parte muy importante en la vida de todos los niños. Por lo general, es el factor que más puede contribuir a que se concreten aquellos cambios necesarios para la salud de los mismos. Las investigaciones han demostrado que a

menudo los niños presentan una mayor predisposición a consumir alimentos sanos y a llevar una vida activa si tienen el ejemplo de sus padres y de otros miembros de la familia. Es por eso que resulta tan importante que todos los miembros de su familia participen de manera activa en el desarrollo de una dieta sana y en la práctica de ejercicios.

Determine objetivos realistas y sanos a la vez

Si usted lleva a cabo los cambios paso a paso y se fija objetivos realistas, es mucho más probable que tenga éxito. Siempre es mejor establecer objetivos para la implantación de una dieta sana y para la práctica de ejercicios que se apliquen a toda la familia. Recuerde que los cambios llevan tiempo. Incluso después de que usted haya incorporado una mayor cantidad de alimentos sanos y más actividad física a su rutina diaria, va a tomar tiempo hasta que note algún cambio en el peso de su hijo.

Asegúrese de que su hijo siga una dieta balanceada y sana

Trate de que se consuman cinco porciones de frutas y vegetales por día. Para llegar a esta cantidad puede agregarlas en forma gradual. Un buen objetivo que puede fijarse es comer frutas con cada comida durante una semana, y vegetales con el almuerzo y la cena.

Reduzca las grasas. Seleccione alimentos bajos en calorías:

- Leche descremada o con uno por ciento de grasa (después de los dos años de edad), queso con dos a seis gramos de grasa por onza.
- Carnes magras y carne de aves de corral; carne molida con cinco por ciento de grasa, o pavo; elimine cualquier resto de grasa presente en la carne; quítele la piel a la carne de aves de corral.
- Condimentos para ensaladas, mayonesa y margarina con cero por ciento de grasa o con un bajo contenido de ésta.

- Postres: bizcochuelo blanco; helado o yogur bajos en calorías; galletas de animalitos; *wafers* de vainilla; galletas de jengibre; galletas integrales.

Consuma alimentos dulces con moderación. Si su hijo lleva una dieta sana, un dulce al día es suficiente.

Consuma refrigerios sanos. Tenga a mano alimentos sanos que puedan consumirse como refrigerio. Entre los más recomendables para ello se encuentran: fruta fresca; cereales con leche descremada; queso y galletas con bajo contenido de grasa; vegetales crudos con salsas con un bajo contenido de grasas.

Sirva porciones de un tamaño apropiado. Las porciones demasiado grandes por lo general contribuyen al aumento de peso.

Ejemplos de porciones

Carne: 2 a 3 onzas o igual a un mazo de naipes
Pasta o arroz: 1/2 taza o igual a una cuchara para servir helado
Vegetales: 1/2 taza o igual a una bombilla
Queso: 1 onza o igual a cuatro dados

Vuélvase más activo

Al igual que en el caso de una alimentación sana, es mucho más probable que los niños quieran llevar un estilo de vida activo cuando otros miembros de la familia comparten ya ese hábito. Procure encontrar maneras de incluir poco a poco actividad física en la rutina de su familia. Éstos son algunos consejos para lograr que los miembros de su familia se unan en la práctica de actividades físicas.[3]

---

[3] Para mayor información sobre este folleto, visite la página de la ADA, www.eatrigh.org. © 2003, American Dietetic Association. *If Your Child is Overweight: A Guide for Parents, 2nd Ed.*

Nutricionista Claudia M. González MS. RD.
Dietista-Nutricionista registrada
Portavoz de la Asociación Dietética Americana (ADA)
www.latinosinshape.com
claudianutrition@juno.com
(305) 220-0554

No obstante que debemos esforzarnos por alcanzar y mantener un peso adecuado para nuestras características personales, lo más importante es querernos y aceptarnos tal como somos. En otros capítulos hablaremos con mayor detalle de cómo mejorar nuestra imagen. El objetivo es progresar en todo el sentido de la palabra, y cuidarnos practicando una alimentación sana y ejercicio es una manera de contribuir a nuestra calidad de vida.

6. Tu ropa

El cuartito no tiene ventanas y la luz es débil. Me propongo tomar decisiones. Los sujetos a juzgar están colgados esperando que no los declare pasados y los meta en una bolsa o, en el peor de los casos, los declare inútiles y los tire en algún cesto. Otros esperan lo mismo, quietecitos, mientras yo paso y repaso. Este sitio lo conocen todas ustedes, amigas, aunque suena como una guillotina o un juzgado policiaco. ¿Adivinan? Se trata, ni más ni menos, ¡del clóset! Estoy aquí haciendo lo que llamo *resaque*: elimino la ropa que no uso, la que no me sirve, y la que necesito reevaluar y organizar.

Antes que nada, he de confesar que en este departamento me queda mucho por aprender. Quienes nos dedicamos al medio artístico, con la excusa de que tenemos que estar siempre bonitas y a la última moda, gastamos más de lo que debemos en ropa. Es un aspecto de nuestro trabajo que nos presiona mucho: la segunda pantalla, como la llamo. Porque, ya que una artista se pone en pantalla, siempre lo estará. Adonde vayamos, nos encontraremos con ojos que dicen: "Mira, ¿no es fulana?". Pero algunas veces, cuando vamos de compras, nos aturdimos, olvidamos el asunto y no reflexionamos. Ya me ha sucedido. De pronto, miro una fotografía que me tomaron desprevenida y me lamento: "Dios mío, ¿en que estaría pensando? Parezco un espantapájaros, lista para ir a una fiesta en casa de la cucarachita Martina".

Entonces, queda claro que todas, con o sin pantalla, queremos lucir bien, ¿están de acuerdo conmigo?

Bueno, pues, hagamos un plan para conseguirlo. Para empezar, en este proceso tenemos que escoger, entre tantas modas, la que más nos convenga. ¡Y eso no es cualquier cosa! Entre la moda del último grito y la que nos queda bien puede haber una pasarela bien ancha y, francamente, resulta difícil ser cien por ciento objetiva al respecto. Es natural que deseemos lucir las tentaciones que se nos presentan con tanto afán en revistas, boutiques y almacenes; después de todo, ése es su negocio. Pero hay que ser honestas con nosotras mismas y cuestionarnos: "Esto que veo, ¿es adecuado para mi edad, mi estatura, mi principal actividad, el color de mi piel, los sitios que frecuento?". Si contestamos de manera afirmativa todas estas preguntas, ¡adelante!, llegó el momento de pecar y sacar la cartera (además, con muchas ganas porque por lo general lo que está de moda es lo más caro).

Fíjense que yo acabo de pasar por esta decisión. Mientras esperaba la grabación de "Despierta América", vi en una revista esos trajecitos de campesina con florecitas ¡sencillamente preciosos! Apenas terminado el programa, salí disparada para las tiendas. Llegué al Merrick Mall y, después de saludar a medias, me lancé hacia los exhibidores. Ahí encontré mis trajecitos, quietecitos en sus ganchos, como si me esperaran. Rápida, como un relámpago de esos que acompañan las tempestades de Miami, entré al vestidor, me quité lo que tenía puesto y me probé el precioso vestido. Me miré al espejo y ¿qué encontré? No una campesina, fuerte y alegre, de las que siempre he respetado, sino a una boba. Sí, amigas, el trajecito parecía un pañuelo bordado que me hubiera tirado encima. Las margaritas amarillas y las dalias azules no saltaban con la alegría veraniega de la revista; más bien, parecían a punto de marchitarse de puro aburrimiento. Aun así dudé: "¡Ay, tan bellos que se veían en las páginas de las revistas! ¡Tan vivarachas esas florecitas, tan suave ese lino irlandés!".

Todas pasamos por éstas, ¿no es así, amigas? Si somos bajas y de piernas llenitas y una diseñadora como Silvia Tcherassi lanza los *Bell Bottoms**, ahí nos pasamos horas frente al espejo. Dudamos a pesar de que los *Bell Bottoms* nos han acortado dos pies de altura. A pesar de que esos chichitos que queríamos esconder hagan juego con las campanolas* abombadas que rasguñan el suelo. Pero ahí es cuando debemos mirarnos al espejo con propósito analítico. La moda cambia y nos tienta con bellísimas modelos que lucen las más recientes creaciones de los modistos, pero nosotras debemos observarnos y considerar quiénes y cómo somos.

Ahora bien, no quiero que se me entienda mal. Lo que he dicho no significa que haya que resignarse a no lucir la última moda. Aun dentro del último grito hay lugar para lucir algún gritito. Por ejemplo, si están de moda los volantes y necesitamos una camisa, podemos escoger la que más nos sienta entre varios estilos: mangas cortas o largas, escote en v o redondo, color claro u oscuro, material suave o burdo. En fin, hay mil truquitos que pueden ayudar a que nos veamos bien y a la moda a la vez.

Yo he pasado por estas etapas en "Despierta América". En especial, recuerdo mi encanto con las faldas cortas, pero que tenían el defecto de dejar ver más que un pensamiento. Por supuesto, me llamaron la atención al respecto y me pidieron que vistiera algo más discreto. Se podrán imaginar que protesté. ¿Cómo no apreciaban que yo estaba a la moda? ¿Que lucía muy moderna y atractiva? Después de ver las fotografías, acepté que estaban un tris cortas, pero no más. Confieso que llegué a sufrir pesadillas:

---

* Pantalones acampanados.

* Parte inferior ancha del pantalón.

si mis directores insistían, ¿me vería obligada a vestirme con faldas larguísimas como las que usaba mi tía?

Por fortuna, en esos días conocí a Alma Ben David, mi angelito, como le llamo yo, quien me sugirió que siguiera usando minifaldas pero que las combinara con algo más clásico. De esta manera podría lucir a la moda, aunque sin exagerar.

Ese episodio me ayudó a concluir que uno de los factores fundamentales para lucir bien es escoger ropa que refleje nuestra personalidad. Lo de la falda corta que les conté fue uno de los miles de percances con los que lidié por esos días. Y es que antes de conocer a Alma, tuve un periodo difícil con el vestuario en "Despierta América". Durante el tiempo de mis pesadillas, me fui al otro extremo. En vez de minifaldas, empecé a usar vestimentas al estilo de María Elena Salinas y Neida Sandoval, periodistas muy reconocidas en el mundo de las noticias. Entonces, vestida con chaquetas y pantalones, parecía que trabajaba en el departamento de noticias. El vestuario era bonito pero no reflejaba mi personalidad; me hacía verme y sentirme muy seria.

Pero al fin encontré la clave para lucir bien: escoger ropa de acuerdo con mi personalidad y mi cuerpo. Desde luego, amigas, no crean que esas claves se consiguen así de fácil. Como a muchas de ustedes, me costó —y me sigue costando— mucho trabajo. En mi caso, lucir bien, era, y es, parte de mi trabajo. En este renglón "Despierta América" me ayudó en gran medida. Recuerdo que, cuando me encontraba en pleno embrollo entre la minifalda y las chaquetas y pantalones, Univisión decidió contratar a unos asesores de vestuario para hacernos un cambio de imagen. Una mañana nos avisaron que el encargado de nuestro vestuario sería nada menos que Osmel Sousa, junto con un grupo de expertos. La noticia me encantó pero también me puso nerviosísima. Imagínense: ¡Osmel había sido el responsable de los triunfos de varias reinas de belleza venezolanas! ¡Qué iría a decir de mí!

El proceso comenzó, y yo a temblar. ¡Pero no era la única! Univisión preparó unos cartelones enormes con nuestras fotos.

Ni los hombres se salvaron. Ahí estaban las imágenes de Fernando y de Raúl al lado de las de mis compañeras y la mía.

Después de varios días de suplicio, me llamaron a una reunión para informarme lo que habían hecho conmigo. Los pelos se me pusieron de punta. Acudí puntual a la cita y allí estaban la jefa del departamento de talento y Osmel. Serio aunque amable, éste me saludó y de inmediato abordó la primera parte: una crítica de lo que llevaba puesto. Tragué gordo, como decimos en Puerto Rico, y respiré profundo para relajarme un poco. Con voz suave pero firme, que llegaba hondo al orgullo, me comunicó su lista de horrores:

—Giselle, el estilo de pantalón que tienes puesto no te favorece porque luces más ancha de cadera. La tela de la camisa no se te ve bien en cámara. Tu cabello está demasiado oscuro.

Nunca antes escuché tanta crítica de un totazo*. "¡Qué Osmel ni qué Osmel!", pensé. Estaba a punto de salir corriendo, cuando oí su voz en otro tono:

—Espera, Giselle, mira el telón.

Cerré los ojos y cuando los abrí, me encontré con mi imagen plasmada en un cartelón luciendo todas sus ideas. Y ¡oh, sorpresa! Me encantó lo que vi. Me veía moderna, luciendo nada menos que una minifalda. Nada de chaquetas ni pantalones serios. El tono de mi cabello era un poco más claro, pero aceptó que me hiciera rayitos muy naturales. Con Osmel y su grupo, y luego con Alma, aprendí a vestirme con prendas que favorecieran mi cuerpo y reflejaran mi personalidad.

Desde que la conocí —ella formó parte del grupo de Osmel—, Alma me ha apoyado sobremanera en todos los aspectos de mi vestuario. Me enseñó a comprar prendas más bien clásicas que no pasen de moda, y me ayuda a combinarlas con piezas más modernas. Alma es experta en combinaciones, lo cual me viene

* De sopetón.

de perlas pues, como es lógico, evito repetirlas en el programa. Y, pese a que algunos piensan que nunca repito, no siempre es así. Primero, dejo la pieza en cuestión descansar en el clóset un tiempito hasta que Alma llega y le busca una pareja nueva. Si, por ejemplo, se trata de una blusa, la contrasta con otro color, o si la usé con un pantalón, le busca una falda. Es así como la blusa durmiente sale del clóset derechito a lucir como prenda nueva.

Además de sus excursiones por mi clóset, Alma me consigue ropa cada vez que viaja. Así puedo usar lo que todavía no se ha puesto a la venta en Miami. También me aconseja cuando debo encontrar atuendos elegantes para actividades especiales de trabajo como las entregas de premios. Para dichas ocasiones utilizo ropa de alguno de mis diseñadores favoritos: los puertorriqueños Luis Antonio, Stella Nolasco y Lisa Capalli; la colombiana Silvia Tcherassi, cuyo estilo me encanta; el cubano Narciso Rodríguez, y el dominicano Óscar de la Renta. Para los accesorios del cuello y los aretes me fascinan las puertorriqueñas Mariela Cobian y Annie Lago.

Ahora ustedes dirán:

—Sí, claro, Giselle, tú tienes todas esas ayudas, y nosotras ¿qué hacemos?

Bueno, reconozco que debido a mi trabajo gozo de muchos recursos a mi disposición pero, en realidad, los trucos para vestirse bien son sencillos y todas podemos ponerlos en práctica. En primer lugar, no es necesario tener miles de piezas costosas, sino —ya lo mencioné— echar mano de nuestra imaginación para combinar piezas y, como veremos, incluso para comprar. De acuerdo con los consejos de Alma, les recomiendo combinar diseños modernos con clásicos, así como los colores.

De forma particular, los colores básicos, como el negro, el blanco y el crema, se prestan para crear y recrear atuendos nuevos con las mismas piezas.

De igual manera, no podemos olvidar los accesorios para complementar nuestro atuendo. Por ejemplo, un collar plateado puede darle un toque de impacto a un sencillo conjunto negro.

Aunque los menciono en último lugar, los zapatos son importantísimos para que esa imagen que hemos luchado por lograr vibre de energía. A mí me encantan las sandalias que me hagan lucir pies sexy. Me gustan altas y que anillen el dedo gordo. Un calzado cómodo es la base para lograr un movimiento ágil y gracioso. Recuerden que al caminar el cuerpo asume diferentes posiciones y con cada pasito el atuendo que tenemos puesto toma carácter y vida nueva.

Amigas, creo escuchar hasta aquí sus inquietudes: "¿Dónde comprar? ¿Cuánto puedo gastar? ¿Cómo verme elegante y apropiada con lo que puedo comprar?". Créanme, esto es un dilema que todas enfrentamos, ya que en materia de ropa no hay presupuesto que alcance. Pero eso tampoco tiene que ser así. De nuevo, la imaginación será nuestra mejor aliada para adquirir atuendos al alcance del bolsillo más flaquito. Las siguientes son algunas sugerencias.

Si ustedes se lamentan porque no pueden comprar ropa de uno de esos diseñadores que vemos en las revistas y visten a figuras como Thalia, les cuento que hay otros que realizan unas imitaciones muy buenas, las cuales se consiguen en las tiendas que solemos visitar; es cuestión de fijarnos y usar la creatividad.

Además, las tiendas costosas y exclusivas ponen la ropa en barata a precios fabulosos. Esto por lo general ocurre durante el cambio de temporada, pero ése es el momento propicio para adquirir piezas clásicas que no pasarán de moda.

Por otro lado, muchas artistas casi no compran ropa en las tiendas, como es el caso de la puertorriqueña Roselyn Sánchez. Ella asegura que su mamá le diseña y cose los vestidos fabulosos que se pone y que resaltan la perfección de su cuerpo.

Queda también el recurso de copiar los diseños que hayan visto en alguna artista. Si optan por esta alternativa, les paso el consejo que me dieron: el secreto es saber escoger la tela para que se vea igual de fino.

Y para aquellas de ustedes a quienes les gusta hacer rendir sus billetes y jugar con estilos de varias épocas, está el Salvation

Army*. Por ejemplo, una actriz que ha actuado en varias telenovelas lucía atuendos espectaculares. A mí me consumía la curiosidad por averiguar dónde conseguía esas piezas, pero no me atrevía a preguntarle porque era muy presumida. Sin embargo, un día no pude contenerme y después de admirarle una blusa sedosa al estilo Nicole Kidman, le pregunté. Cuál no sería mi sorpresa cuando me confesó que sus mejores atuendos los encontraba en el Salvation Army. Así, que amigas, a explorar en busca de esos tesoritos que mi amiga actriz llama con mucha pompa "ropa antigua" o "vintage".

Y como el Salvation Army, hay otros establecimientos a los que una puede acudir si desea dar con esa prenda diferente, exótica o, sencillamente, a mucho menor precio del que se pagaría por ella en una tienda común y corriente.

Para terminar donde empezamos, en el clóset, hay una costumbre que nos ayuda bastante a la hora de escoger qué ponernos. Consiste en dividir la ropa por colores y poner las piezas de la misma clase juntas: pantalones, camisas, vestidos, etcétera, en grupos. Si hay espacio, debemos colgar un espejo de cuerpo entero y usarlo con ojo crítico, dispuestas a evaluar, decidir, pero también admirar a esa mujer dinámica, segura de sí misma y que ¡luce fabulosa!

Ahora las dejo con mi angelito Alma Ben David. Gracias a su ayuda, se me eligió la artista mejor vestida de la televisión. De modo que ojos y oídos atentos a sus sugerencias para que ustedes, sin gastar mucho, luzcan divinas. ¡Ay chus!, como dirían en Puerto Rico, lo cual significa: ¡Cómo presumes!

---

* Institución cristiana de beneficencia que recibe ropa, muebles y cualquier otro artículo, como juguetes o libros, que las personas, en lugar de tirarlos a la basura, les llevan. Ellos los venden a precios muy económicos y con el dinero que obtienen ayudan a personas necesitadas, en algunos casos víctimas de un huracán, un tornado o un terremoto.

La ropa y la personalidad

Cuando Giselle me pidió colaborar en su libro, sentí gran emoción y agradecimiento hacia quien hace tiempo dejó de ser una "clienta" para transformarse en una amiga de las verdaderas. Giselle es tal como se ve en la cámara: graciosa, amable, educada y sumamente bella por dentro y por fuera. Lo que hemos agregado a lo largo de tres años de trabajo es sólo un adorno extra para hacerla lucir más hermosa aún. Pero que nadie se equivoque: si no existe belleza interior, tarde o temprano lo exterior deja de contar.

Al principio de nuestra colaboración, Giselle vestía de una forma un tanto "conformista", buscando más ser aprobada por el público que reflejar su personalidad. Con el tiempo hemos afinado su imagen y la Giselle de hoy refleja a las millones de madres que trabajan, manejan una familia y lucen... ¡fabulosas! El secreto no está en cuánto se pueda invertir en el guardarropa o en tratamientos de belleza, sino en seguir lineamientos simples que están al alcance de todos.

Amigas, aquí les daré algunos puntos de referencia a la hora de vestir que les ahorrarán mucho dinero y tiempo malgastados y a la vez les ayudarán a lucir como las "estrellas".

1. Mirémonos con ojo crítico

Todas queremos vernos como modelos de revista, pero la realidad es que pocas podemos evitar tener kilitos por aquí, rollitos por allá; nadie es perfecto. Antes de correr al cirujano, la mejor receta es emplear nuestro ojo crítico y no engañarnos.

Asomémonos al verdadero espejo

No nos digamos mentiras a nosotras mismas y veamos en realidad cómo es nuestra figura. Si sabemos que somos talla doce, no pensemos que en un mes estaremos en la seis. Sobre la base de vernos como realmente lucimos, podremos elegir la ropa que nos conviene.

2. Miremos el clóset

Antes de salir a comprar ropa sin ton ni son, examinemos qué es lo que tenemos en el clóset. Por lo general ahí guardamos hasta el traje de nuestra primera comunión, con la esperanza de volverlo a usar. ¡Basta de mentiras! Noventa por ciento de las mujeres no caben en su traje de novia un año después de casarse.

Limpiemos el perchero

Salgamos de todo lo que no hayamos usado durante los últimos seis meses. De las ropas extremadamente gastadas. De lo que ya no nos queda. De lo que pasó de moda.

Limpiemos el zapatero

Si los zapatos no nos quedan como guantes al momento de comprarlos, créanme que tras una sola puesta (en la cual nuestros pies quedarán destrozados) nunca más volveremos a usarlos. Ahí estarán hasta el final de los siglos, hasta que el moho y el tiempo los arruinen y entonces irán directo al bote de la basura. ¿Qué les parece si los regalamos a quien pueda disfrutarlos?

No lo piensen más

Limpiar el clóset es un proceso "traumático". Si no lo creen, pregúntenle a Giselle, quien por mucho tiempo se aferró a vestidos que significaron un periodo importante en su carrera. Pero, a fin de cuentas, esa limpieza y eliminación es la mejor base para edificar un guardarropa adecuado.

Veamos qué es lo que nos queda y si en realidad es ropa que acentúa nuestro atractivo

Si somos gorditas, sugiero que todo lo que tenga estampados grandes o rayas lo descartemos y conservemos las piezas de colores básicos y uniformes. Los trajes de líneas clásicas que nunca pasan de moda y los vestidos de noche que, ya sea por su color o su corte, podamos repetir sin que mucha gente se dé cuenta. Toda ropa estridente en su diseño o color seguramente será recordada por quienes nos vieron lucirla en la boda de nuestra mejor amiga, y si volvemos a hacerlo en la de nuestra otra mejor amiga, todos sabrán que usamos el mismo vestuario. En cambio, si elegimos algo clásico y lo combinamos con un accesorio distinto, se verá como si tuviéramos un nuevo vestido.

3. Cuánto podemos gastar

Calculemos cuánto podemos gastar en renovar nuestro clóset

Es preferible ahorrar para comprar ese traje de marca famosa que adquirir tres de mala calidad. Lo mismo sucede con los zapatos. Tres buenos trajes en nuestro clóset valen más que cien, que a la primera puesta se verán como trapos de piso.

Posibilidades de compra

Podemos ir a las grandes tiendas, a pequeñas boutiques (que por lo general son más caras pero tienen mercadería selecta), a los *outlets** (en donde podemos conseguir ropa de diseñadores a precios especiales) o a los negocios de segunda mano (de los cuales soy gran fanática). La otra buena idea es esperar las baratas anuales y comprar lo que queríamos a precios ridículos. Con paciencia podremos encontrar nuestra talla y aumentar nuestro guardarropa a precio módico.

Un presupuesto muy restringido

Lo ideal es que, siempre que podamos hacerlo, ahorremos algo de dinero para comprar ese artículo que queremos. Es importante

---

* Bazares de descuento.

fijarnos una meta y no dejar que nos tiente algo que no es justo lo que deseamos.

4. ¿Cuáles son las prendas básicas que debemos tener?

Es importante que construyamos nuestro guardarropa tomando en cuenta nuestra figura y nuestras ocupaciones. Si trabajamos, es evidente que necesitaremos más trajes que si somos amas de casa.

Qué elegir

Es recomendable optar por las piezas clásicas, aunque con un toque moderno: trajes sastre en colores básicos como negro, beige y blanco; camisas blancas o negras; vestidos de corte simple, también en colores básicos. Un buen abrigo para quienes viven en zonas frías es una excelente inversión; lo ideal es adquirirlo a precio rebajado al terminar el invierno y guardarlo hasta la próxima temporada. Compremos siempre considerando qué es lo que tenemos en casa y, sobre todo, no nos dejemos tentar en comprar algo que es "pan para hoy y nada para mañana", es decir, un artículo tan extravagante que nunca lo volveremos a usar porque pasará de moda más rápido que el viento. Lo clásico siempre perdura.

Combinaciones

Si nuestro guardarropa consta de piezas clásicas, podemos compensarlo y darnos gusto con cosas más "alocadas" en lo que a accesorios se refiere: collares modernos, aretes de piedras, zapatos originales y bolsos de colores llamativos. Tanto la ropa como los accesorios deben ser intercambiables, o sea, que podamos combinarlos de diferentes formas tanto como sea posible.

Un traje sastre de pantalón y falda puede combinarse al menos de seis maneras diferentes: con distintas blusas, suéters o chaquetas. Al cambiar los accesorios tenemos aún más posibilidades.

La ropa interior

De nada valdrá llevar el mejor vestido si nuestro sujetador es malo, tiene los tirantes flojos o nos hace lucir como si estuviéramos amarradas. La ropa interior buena que sujeta lo que hay que sujetar, que no se marca a través de la ropa o que pone los rollitos en su lugar, es invaluable. Tengamos siempre a mano cuando menos una docena de conjuntos y asegurémonos de que no falte el sujetador sin tirantes para la ropa escotada y pantimedias que modelen nuestro cuerpo adecuadamente.

Una buena imagen siempre

Si bien no todas somos "estrellas" de la televisión, no nos es permisible salir a la calle como monstruos. Un par de jeans y una camiseta lucen fantásticos si están en buenas condiciones y son de la medida adecuada. El mero hecho de ir al supermercado arregladas aumenta nuestra confianza. ¿Salir con los cabellos fuera de lugar? ¿Desarregladas? ¡Sin excusas! Si no podemos ir a la peluquería, recojámonos el cabello. Si no hay dinero para la manicura, mantengamos las uñas cortas y bien limadas. Un "look" limpio y clásico siempre causa buena impresión.

5. Para salir de noche… como una estrella

Este tema nos concierne a todas: ¿qué hacer cuando queremos lucir como una diva o una estrella de cine para ese momento especial: una boda, el día en que conoceremos a la familia del novio o una gran fiesta?

Las opciones son múltiples y variadas, según nuestro presupuesto (como un vestido de noche suele ser más costoso, es recomendable que le saques jugo, o sea, lo uses en más de una ocasión):

- Si tú, tu mami o tu tía saben coser, compra una tela bonita y el molde del vestido que deseas. Hay negocios especializados en los que puedes encontrar a precios convenientes telas fabulosas (las mismas que usan los grandes diseñadores) y los moldes. Esto te servirá para ahorrar y tener, como resultado, una pieza única, hecha para ti y que difícilmente encontrarás repetida.

- Sin duda, lo más rápido es que compres algo ya listo y aquí puedes elegir entre varias posibilidades:
    - Las grandes tiendas por departamentos que venden piezas de diseñadores. Aquí los precios son bastante más altos, pero no si sabes esperar: cuando menos una vez al año estas tiendas realizan ventas donde se encuentran vestidos increíbles con rebajas de hasta setenta por ciento. Si sabes que usarás ropa de este calibre durante el año, compra una prenda de oportunidad y guárdala. No salgas a buscar algo en el último momento a tientas y a locas porque te arrepentirás.
    - Las tiendas de descuento te ofrecen los mismos artículos que las tiendas de departamentos, pero mucho más baratos. El problema es que por lo regular no tienen una gran variedad de modelos ni de tallas (aquí las gorditas ganan, porque se encuentra más ropa para rellenitas que para flaquitas). Antes de comprar nada, revisa que las piezas estén en buen estado y sin defectos.
    - Las boutiques de ropa en consignación (de segunda mano) en las que —aunque no lo creas— muchas estrellas famosas no sólo venden lo que ya no usan, sino muchas veces también ¡compran! En este caso los precios varían según la calidad de la ropa.
    - Las *thrift stores* también ofrecen la posibilidad de comprar ropa de noche e incluso vestidos de novia a precios sumamente económicos.
    - El periódico, sobre todo en los fines de semana, es una útil fuente de anuncios de liquidación de casas... y de ropa.

- Por último, nunca digas no a esa tía que te quiere regalar un vestido que usó hace tiempo. Si está bien hecho es probable que con algunas pequeñas reformas puedas lucirlo de nuevo o bien, dejarlo tal como está ya que el *vintage* sigue de moda y quizás ese vestido sea la sensación en la próxima fiesta cuando te decidas a lucirlo.

La mejor elección

Si tu presupuesto es limitado, toma en cuenta las siguientes sugerencias a la hora de adquirir un vestido de noche:

- No lo compres en telas estampadas, ésos se quedan grabados en la mente de la gente y si te lo pones una y otra vez todo el mundo lo recordará. Tampoco te compres cosas muy complicadas, con grandes lazos o faldas almidonadas; estas piezas tienden a hacerte aparecer como un pastel de cumpleaños.
- Basa tu decisión en los tres colores clásicos: negro, rojo y blanco.
- Busca el estilo que mejor vaya con tu figura (las gorditas no deben comprar vestidos pegados al cuerpo y las flaquitas —a menos que seas como Jennifer Lopez—, no deberán elegir telas que dejen ver hasta ese lunar que sólo conoce su mamá).
- Decídete por diseños simples y elegantes, sin muchos pliegues y con escotes recatados (que te permitan usar sostén).
- Para que puedas usar este tipo de vestido una y otra vez, cambia los accesorios y, sobre todo, envíalo a la tintorería cada vez que te lo pongas porque el maquillaje, el perfume y el olor del cigarrillo manchan y dañan la tela.

¿Cómo verte siempre distinta? Sigue leyendo y verás...

Trucos y más truquitos

- El secreto para verte elegante a cualquier hora del día y con pocas piezas de ropa es… trucarla.
- En el caso de la ropa de noche, elige zapatos o sandalias en dorado o plateado que puedas repetir indefinidamente.
- Cambia el aspecto de un vestido usando un broche atractivo, collares y aretes variados. Por ejemplo, si lo llevaste con aretes pequeños, la próxima vez ponte unos tipo candelabro con piedritas brillantes para atraer la atención de los demás a tu rostro y no a tu vestido.
- Cambia tu peinado: si hoy usaste esa prenda con el cabello suelto, la próxima vez bastará ponerte un bonito moño.
- Cómprate diferentes chales y combínalos según la ocasión. Puedes usarlos "como al descuido", resbalando de tus hombros, o atados en un lazo simple.
- Cambia los bolsos que utilices. Da rienda suelta a tu imaginación: cómpralos de estilos clásicos en dorado, plateado o negro, pero también combina tu vestido con bolsos *vintage* de aquellos que lucían las abuelas (no dejes de buscar en casa de tu mamá o tu abuelita piezas únicas que seguramente te regalarán o prestarán con gusto).
- No olvides que el mejor complemento es un maquillaje natural (la única indulgencia pueden ser unos labios pintados en rojo fuerte si este color te va) y un delicado halo de perfume que te siga por donde vayas. Recuerda que un maquillaje de carnaval (con multitud de brillantitos y sombras de mil colores) puede arruinar hasta el más elegante de los vestidos.
- No te pongas todas las joyas que tienes en casa, eso déjalo para el arbolito de Navidad. Si vas por ahí tintineando de tantas pulseras y cadenas, ten por seguro que lucirás ¡espantosa!

La regla de oro para todo es ¡no exageres! Simple, segura y bonita te verás con lo que Dios te ha dado y un poquito de ayuda con lo que se puede comprar.

Como dice un anuncio publicitario por ahí: "El vestido puede costar cien, los zapatos otros cien, pero cómo te sientes tú, eso... eso no tiene precio".

6. Qué es lo realmente importante

Seamos sinceras con nosotras mismas. La belleza física es algo pasajero si no la acompañamos con una genuina belleza interior. Los sentimientos, las buenas vibraciones, son elementos inseparables de la verdadera belleza. Analicemos el caso de Giselle, quien luce tan glamorosa. Estoy convencida de que esto no sería posible si no existiera su verdadero "yo", el de una mujer de buenos sentimientos, auténtica amiga de sus amigos, siempre dispuesta a dar "una mano" a quien lo necesita. Giselle es incapaz de sentir algo malo con respecto a cualquier persona. Su espíritu es limpio, fresco, positivo.

Una mente positiva es el mejor inicio para vernos bien. Debemos ser sinceros con nosotros mismos y no pretender lucir como lo que no somos. El dinero tampoco es imprescindible para vernos bien. Lo esencial es invisible a los ojos. Podemos vernos muy bien con cien kilos de peso y horribles con sesenta. Todo depende.

No permitamos que la perfección se convierta en una obsesión. Nadie es perfecto, todos tenemos defectos. La sabiduría es saber ocultar nuestras imperfecciones en el camino de mejorarlas y resaltar nuestros buenos puntos.

Si no podemos gastar grandes cantidades de dinero en ropa, ahorremos hasta reunir lo suficiente para el traje o atuendo de nuestros sueños. No intentemos lucir como protagonistas de una película: seamos nuestra propia película. Pocas y buenas cosas harán que luzcamos maravillosas. Así veremos que nuestra autoestima aumenta, que nuestra seguridad personal crece.

Es suficiente que una vez al día alguien nos diga qué bien lucimos para que nuestro mundo cambie. Todos podemos, en mayor o menor medida, sentirnos "estrellas". De nuestra casa, de nuestro propio mundo. La ropa es sólo un aditivo a una personalidad positiva, a buenos pensamientos, a buenos sentimientos. El mejor guardarropa del mundo es insignificante si no ponemos de nuestra parte para que nos agrade lo que hacemos, si no colocamos los pies en la tierra y nos vemos como somos en realidad.

Desde aquí les deseo mucha suerte y espero que estos breves consejos cambien su vida para siempre.

Y a ti, Giselle, gracias por ser como eres, por el privilegio de estar a tu lado y que Dios te bendiga.

Alma Ben David

7. Trucos de belleza

"Espejito, espejito, dime, ¿quién es la más bella?" ¿Quién de nosotras no recuerda haber escuchado en nuestra niñez esas palabras mágicas y a la vez tan egoístas? Aunque no estemos en el plan pérfido de la reina mala, no podemos negarnos a nosotras mismas que la belleza aún es para todas una meta deseada. Para lograrla, nos esforzamos por suavizar esa piel un tanto áspera, o entrenar esas cejas rebeldes, o revitalizar ese cabello algo raído.

Como ustedes, yo me cuido y hago lo que puedo por resaltar mis mejores cualidades. Puesto que muchas de ustedes me han escrito un buen número de cartas pidiéndome que les revele algunos trucos de belleza, aquí les hablaré de los que aprendí desde niña y aquellos que continúo aprendiendo en mi rutina diaria, así como de mis amigas y profesionales especializados.

Los trucos que aprendí en mi niñez en Puerto Rico eran como rituales en los que participaba como mirona encantada. Recuerdo, por ejemplo, cuando mi abuela materna Elena se sentaba por las noches en el banquito de su tocador, un precioso mueble anti-

Con mi papá Víctor Blondet en Nueva York.

Con mi abuela biológica materna Elena Gómez en Nueva York.

Yo en las calles de Nueva York.

En cochecito en Nueva York.

Yo en Nueva York.

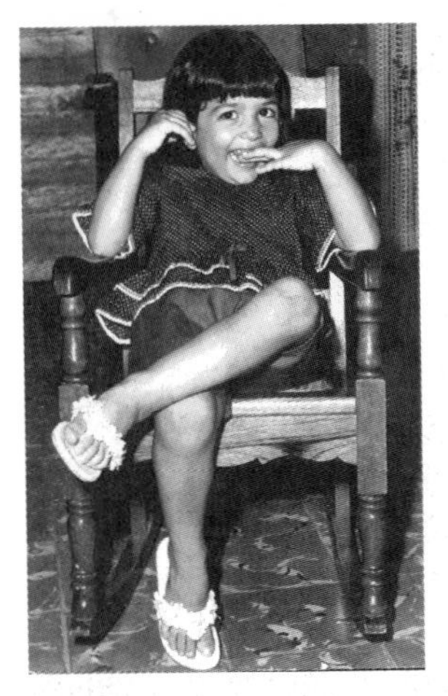

Cuando era pequeña.

Mi primera comunión.

Mis primera fotografías como modelo, a los nueve años.

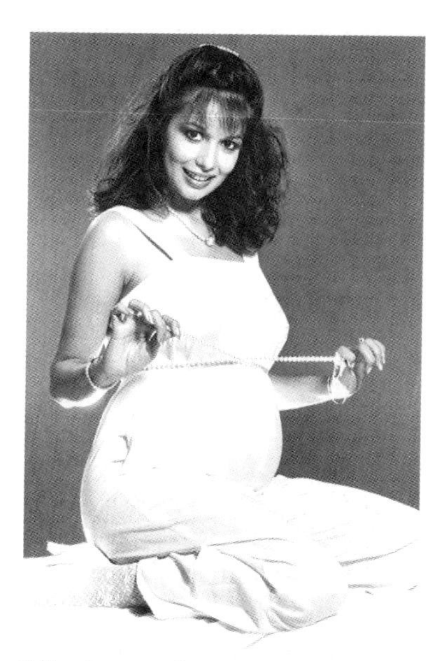

Mi primer embarazo (de Andrea).

Como Luzbella en "Viernes social". Interpretaba a un doble personaje.

Con Arnaldo André en la telenovela "Julieta".

Con la actriz puertorriqueña Angela Mayer en la obra de teatro "La zorra".

Con el actor y cantante argentino Silvestre, con quien protagonicé "La verdadera Eva" (1983).

Con el actor argentino Antonio Grimau, en "La cruz de papel", grabada en Argentina.

Con Fernando Allende en "Modelos, S.A.".

Con Rogelio Guerra en una de mis primeras novelas. Fui coprotagonista a los dieciséis años en "Rojo verano".

Con el actor puertorriqueño Daniel Lugo en "De qué color es el amor".

Con Osvaldo Ríos en "Natalia".

Con el autor puertorriqueño Braulio Castillo, hijo, en "Karina Montaner".

Con el actor y cantante venezolano Guillermo Dávila, cuando protagonizamos "Cantaré para ti", producida en Venezuela.

Con mi hermanita Michelle en 1994.

Con mi madrina y tía preferida Myrna. .

El día de mi boda con Harold. En una estación de servicio para reparar la limosina que se descompuso.

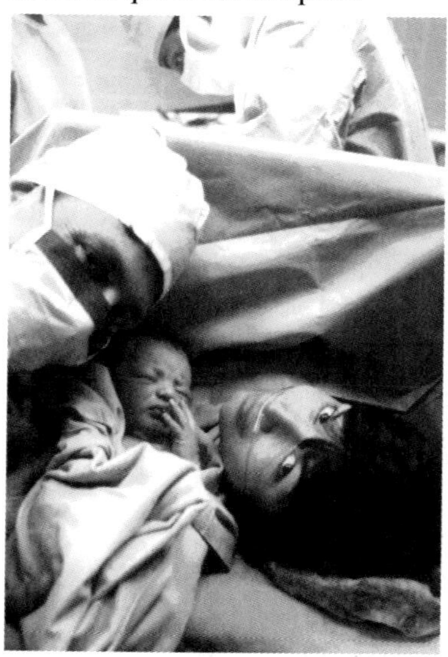

Momento del nacimiento de Gabriella el 10 de marzo de 1992, con su papá Harold Trucco.

Con Harold Emmanuel.

Con Juan Gabriel.

Con Julio Iglesias en "La gran noche de Hello Wapa".

Con uno de mis artistas favoritos, Marc Anthony, cuando fue invitado a "La gran noche de Hello Wapa" en Puerto Rico.

Con la actriz puertorriqueña Rita Moreno.

Con el cantante y actor español Miguel Bosé, en "Despierta América".

Con el actor mexicano Eduardo Verástegui.

En el programa "La gran noche de Hello Wapa".

En la galería Paseo de las Estrellas de México, donde Ana María Canseco y yo develamos las placas con las huellas de los integrantes de "Despierta América".

Con Calvin Klein.

Uno de los personajes de comedia que hago en "Despierta América": "Maritza Rivera, la Norteña del Caribe" y es la prima no reconocida de Lupillo Rivera.

Con Gilberto Santarrosa.

Con Benicio del Toro.

En “Despierta América”, con Carlos Ponce, Rafael José, Fernando Arau, Neida Sandoval y Ana María Canseco.

Con Raúl González y Robi Draco.

En los Ángeles, California, frente al clásico letrero de Hollywood.

Entrevista a Ricky Martin. Con Wanda Montes, maquillista de Ricky y mía, Joe Bonilla, mi publicista; Joselo, la mano derecha de Ricky, y Óscar Pettit, productor de farándula de "Despierta América".

Modelo invitada sorpresa en el desfile de modas de Estella Nolasco, diseñadora puertorriqueña, conmigo en la fotografía.

Programa especial de Don Francisco, fin de año, 2002-2003, con Fernando Arau.

Con Terence Hill y Marvin Hagler, cuando rodé *Virtually Yours,* mi primera película como protagonista en inglés (1995).

Esquiando en Aspen.

En la portada de la revista *Imagen*.

En la portada de la revista *Caras*.

Mis niños y yo el día de la primera comunión de Harold Emmanuel.

Con Gabriella y Harold Emmanuel.

En mi casa esta Navidad con mi mamá, mis tres niños y el novio de mi hija mayor, Mike.

guo de caoba. Lo tenía en su habitación de la casa en la que se crió mi mamá en Cabo Rojo, un hermoso pueblo de mi Puerto Rico, donde nacieron mi abuela, mi mamá y sus hermanos, y en el que tengo puesto mi corazón. Mi abuela se cepillaba su cabello larguísimo y sedoso; era color marrón con hermosas canas y brillaba como si estuviera mojado no con agua, sino con chispas. Como encandilada, yo la miraba intentando adivinar su secreto.

—Abuela Elena, ¿qué te pones en el pelo? —le preguntaba.

Ella reía y callaba. Casi no pude creerlo cuando por fin me confió que era aceite de oliva. Imagínense, para una niña, oír que el secreto era ¡el aceite de la ensalada! Me reveló el proceso que todavía practico y que ahora les transmito a ustedes: se untaba el aceite de oliva y lo dejaba como tratamiento durante unas horas antes de lavarse el cabello con su champú común y corriente.

De mi mamá también aprendí varios secretos y el más importante fue el de la sábila natural. Recuerdo las plantas de áloe que sembraba en el patio de su casa en Puerto Rico. Mientras yo recogía los mangos maduros que amanecían sobre la grama, mami abría las hojas o pencas y tomaba el cristal gelatinoso que brotaba de su interior y que, según ella, era mágico. Después disfrutaba ver cómo se aplicaba la gelatina directo en las manchas todos los días y, en verdad, fui testigo de su desaparición. También usaba el áloe para el cabello y quizá por eso el mío brilla tanto, ya que seguí su ejemplo. Así que, amigas, también les paso el secreto de ese proceso: corten unas pencas, muélanlas y usen la pasta como mascarilla para el cabello. Déjenla unos treinta minutos antes de enjuagarse y ¡ya verán los resultados!

Después de mi abuela y mi mamá, empecé a practicar la experimentación en los menesteres de la belleza con mis amigas. Por las tardes nos encerrábamos en mi cuarto como una sociedad secreta con un cargamento de mejunjes. Uno de ellos era la mayonesa. Nos embadurnábamos el cabello con esa pasta blanca, de manera que parecíamos mitad niñas y mitad osas polares. El olor era riquísimo y poco faltaba para que me comiera mi propio pelo. Aún practico este truco y se los recomiendo. Es cuestión de ponerse mayonesa en todo el cabello y cubrir la cabeza con un gorro de baño unas dos horas. Después se enjuaga con un buen champú con acondicionador. Con estos tratamientos, les aseguro, amigas, que tendrán un cabello sano y brillante.

Además de esos trucos, en esas sesiones encantadas de mi niñez aprendí que la belleza no es externa: es un misterio que viene de adentro. ¿Cómo no considerarlo así cuando veía a mi abuela, una mujer mayor, pasar horas enteras cepillándose, sólo para lograr un brillo igual al de la luna dibujándose entre las ramas del mango? Y es que, sin saberlo, ya entonces lo que buscaba en esas cepilladas y en los mejunjes de mi madre y mis amigas no era la belleza perfecta. Lo que buscaba, y busco, es ese misterio que todas llevamos dentro y que, sin importar edad ni caras bonitas, lo sacamos a la luz a ratitos en una hebra o en una mejilla.

Claro que en pleno siglo veintiuno, no podemos darnos el lujo de dedicar horas a esos ritos, ¿no? En esta época necesitamos algo clave: ¡rapidez!, de modo que aquí les contaré el ritual huracanado que ahora practico a diario y les sugiero que ustedes adopten el propio; todo está en comenzar.

Al levantarme por la mañana, tomo un vaso de agua, el primero de los ocho que invariablemente bebo al día. Enseguida me doy una ducha rápida. A duras penas puedo oír el crujir de las ramas de mango, mi árbol favorito, contra la ventana porque si me pongo a contemplarlas, llego tarde al programa. Eso sí, ya en el baño respiro hondo el exfoliador para el cuerpo que uso una vez por semana. Su aroma es de melocotón y me encanta, pero de ellos hay una gran variedad y en cualquier farmacia pueden encontrarlos de buena calidad y económicos. Luego me enjabono el cuerpo y para la cara uso un jabón especial de menta pues esa área es muy delicada. Con la espuma en la cara y el saborcito de menta colándoseme entre los labios, me paso una piedra pómez por la planta de los pies. Si me toca —lo hago dos veces por semana— me afeito las piernas, usando siempre crema especial para ese fin. El área de las axilas sí la reviso a diario. Al salir de la ducha llena de olores y vapores, me pongo un poco de tónico refrescante en la cara con un algodón y cuando se seca, me aplico la crema humectante con bloqueador solar. El toque final lo doy con una crema para el cuerpo antes de vestirme. Entonces, al fin lista, salgo como un cohete para Univisión.

Después de atravesar al límite máximo de velocidad las calles solitarias y oscuritas de las cuatro de la mañana, llego al canal para comenzar el proceso de maquillaje. Ya les confesé, amigas, que es el que menos me gusta. Elizabeth, "la gorda", como le decimos de cariño, debe tener una paciencia conmigo que para qué les cuento. Protesto si la base es muy gruesa, si la sombra es muy oscura, si el lápiz de labios tiene un color demasiado intenso. En fin, me gusta defenderme de los excesos porque, entre otras cosas, me he percatado de que, cuanto más natural el maquillaje, más joven, fresca y elegante luce la mujer. Para la base me inclino por los tonos tierra y para los labios por un color bastante neutral, a menos que me vista de tonos oscuros y tenga que acentuarlos un poquito.

Después me toca lidiar con el asunto del cabello con Mily, nuestra peluquera en el estudio (ambas trabajan con Sammy). ¡Pobre Mily! Estoy segura de que muchas veces ha de haber querido pegarme con la secadora porque también le protesto. Que no quiero el cabello con volumen, que la laca es muy fuerte, que no me gusta tener las orejas al descubierto porque me siento como un automóvil con las puertas abiertas. Nunca me había pintado el cabello, hasta que hace poco Mily logró convencerme de hacerme unos rayitos con apariencia natural porque son finos y en varias tonalidades.

Como se habrán dado cuenta, soy bastante tradicional en cuanto al arreglo de mi cabello se refiere. Incluso la parte que más gozo es cuando Mily me aplica unas ampolletas excelentes, también disponibles en cualquier farmacia. Pero, como todo, nuestras batallas llegan a su fin. Después de terminar con la secadora, nos reímos de tanto lío y festejamos la victoria ante el espejo mientras me pone unas gotitas de grasa comercial... no de oliva; si le pido eso ¡me daría un cepillazo!

El día lo termino con algunos aspectos parecidos a lo que viví en mi niñez en Puerto Rico. Al llegar a casa, no importa la hora, me siento en el taburete del tocador del baño. Lo primero que hago es quitarme el maquillaje, aunque no uso el potingue de mi mamá, quien recurría al aceite de bebé para quitarse el maquillaje de los ojos (la verdad es que los tiene divinos). Lo que uso ahora es un líquido comercial muy bueno. Luego me aplico la crema limpiadora (no mayonesa, ésta la dejo para los fines de semana) y me lavo la cara con el jabón especial que ya mencioné. De inmediato aplico el tónico refrescante y, apenas se seca, la crema de ojos y la humectante. Termino cepillándome un ratito, recordando, pensando en tantas cosas y viendo las chispitas amarillas que el reflector hace mecer en mi cabello.

Otro factor elemental es la cantidad y la calidad de sueño que obtenemos. ¿Han oído hablar del *beauty sleep*, el sueño que embellece? Nada más cierto; pienso que ahí radica el secreto de la eterna juventud. Hay que procurar dormir lo suficiente como para despertar descansado. Imagínense lo difícil que es eso para mí con el madrugón diario al que estoy expuesta. Pero es necesario tener disciplina para encontrar el tiempo para nosotras.

Tampoco podemos descuidar nuestra sonrisa. Yo lucho con gallardía para visitar con constancia al ser más temible de todos —y no hablo del chacal de "Sábado Gigante", el programa de Don Francisco—, al dentista, quien, con su barreno, produce un ruido terrorífico que espanta hasta al más valiente. Sin embargo, me encanta visitarlo porque cuando salgo de su consultorio después de hacerme mi limpieza anual, mis dientes brillan tanto que la gente tiene que usar lentes oscuros porque los ciega la luz (hay que ver la vida con humor, ¿no crees?). Para mantener esta blancura, uso una pasta dental con blanqueador.

Ya les hablé de mis trucos y espero que les hayan gustado, pero espérense tantito, ahora les presento una sorpresa. Como algunas de esas personalidades que tanto ustedes como yo admiran por su talento y belleza son mis amigas, les pedí que me confesaran sus truquitos. Ellas accedieron y aquí los comparten.

Paulina Rubio, famosa cantante y actriz mexicana: "No importa dónde me encuentre, siempre me pongo mis cremas en los labios, pies y manos. Hasta en el avión. Para mantenerme coherente entre tanto viaje, practico yoga. Los masajes son como una religión para mí, ya sea que me encuentre en Nueva York, Londres o Italia. Busco un lugar y un momento, que casi siempre resulta ser las once de la noche, para ello. Y no pierdo mi contacto con el mar, que es bueno para todo".

Maite Delgado, bella presentadora de televisión venezolana: "La belleza, definitivamente, es interna y se logra descubrir luego de un proceso interior. Cuando un grupo de amigos decidieron convencerme de participar en un certamen de belleza, me reí mucho porque en ese tiempo, 1986, lo que se consideraba bello en una mujer eran las curvas y ése no era mi caso. Siempre fui muy flaca, pero gracias a este grupo de amigos descubrí que el secreto es proyectar lo que tienes dentro y, por supuesto, saber mostrar lo que tienes por fuera, incluso aquello que creas que no se considera bello".

Adriana Cataño, bella modelo y actriz colombiana: "Uso una crema antisolar número sesenta y una de treinta en la mañana debajo del maquillaje y también en las manos. El sol es el peor enemigo para la piel. Cuando hago una sesión de fotos para mis calendarios, me aplico una crema bronceadora instantánea en el cuerpo y un polvo bronceador en el rostro".

Viviana Gibelli, actriz venezolana: "Utilizo, como toda mujer, cremas comerciales para el rostro, pero también muchas cosas naturales, que son la materia prima de todo. Por ejemplo, el yogur natural con tres gotitas de jalea real es una estupenda mascarilla que, además de hidratar, borra manchitas de la piel por el ácido láctico del yogur".

Wanda Montes: "Para mí, la belleza es armonía y perfección de una persona de adentro hacia afuera. Es la proyección corporal que emana de cada persona. Es una sonrisa hermosa y genuina, una piel limpia y fresca, una mirada feliz, sonriente y seductora que, sin decir palabra, transmite una emoción. Toda mujer tiene un punto de hermosura y yo, como artista de las tijeras y el pincel, gozo del privilegio de resaltar su belleza natural. Es bella la mujer que se muestra segura de sí misma, que proyecta su alegría y su forma de contemplar el mundo que la rodea. Es una dicha poder ver más allá de su físico y encontrar ese punto que la hace ser bella. Espero que estos secretos de belleza les sean útiles:

- Preparo un cóctel de productos para realizar los secados y peinados, que incluye acondicionador que se deja en el cabello, gotas y alaciador (*straight*) para mantenerlo lacio más tiempo.
- En todos mis trabajos de fotografía y espectáculo utilizo bronceador para unificar el tono de la piel.
- Los dos delineadores que más uso son Teddy para *Smokey eyes* (ojos oscuros) y *Spice* en labios carnosos, ambos de la línea Mac".

Amelia Vega, Miss Universo 2003: "En realidad, lo más importante es tener confianza en una misma y conocer con claridad el potencial que hay dentro de ti. Así como tú te percibas, eso percibirán los demás. Y, en lo que respecta a la apariencia exterior, lo más importante es que lo que lleves puesto represente el conjunto de tu personalidad y estilo. De este modo te sentirás cómoda y te podrás proyectar".

Adamaris López: "Me mantengo hidratada con la mayor cantidad de agua posible. Uso *lip gloss* para humectar los labios. Después del baño me aplico aceite de bebé o aceite corporal y sello con crema humectante corporal. Siempre es recomendable una buena rutina de ejercicios. Ser disciplinada es indispensable".

Todas estas mujeres son divinas y exitosas y les agradezco su complicidad con nosotras al contarnos sus secretitos.

También consulté a alguien a quien adoro, igual que ustedes, porque siempre nos sorprende con sus famosas transformaciones en el programa "Despierta América". Tiene un corazón de oro y tan pronto le pedí que contestara algunas de las preguntitas sobre belleza que ustedes me envían en cartas y por internet, respondió: "Claro, mi amor". Ese ser divino es Sammy y aquí están sus recomendaciones.

Sammy, el estilista de las estrellas, contesta tus dudas

Tengo el cabello lacio y fino. Lo seco con secadora todos los días pero, no importa lo que haga, al final del día empieza a lucir grasoso. ¿Cómo puedo resolver este problema?

Mi sugerencia es que uses un champú y acondicionador que le den volumen, cuerpo y brillo a tu cabello. No añadas ingredientes como la cera o los plásticos, que lo aplanan. Por ejemplo, mi champú y acondicionador *Volumen Plus* son ideales, ya que están diseñados con un ingrediente activo que no deja residuos en el cabello. Después de secártelo con una toalla, utiliza una buena cantidad de *Mousse* o *Shape in styling gel* y aplícalo más en el cuero cabelludo que en las puntas. Esto le dará volumen a tu cabello. Sécatelo húmedo con la secadora a temperatura baja para estilizarlo. Ahora puedes salir ¡y conquistar el mundo!

¿Cómo convertir mi cabello en el marco perfecto para mi rostro?

Tú eres única y especial y existe un estilo perfecto para tu tipo de cara. Sí, la estructura de tu cara es uno de los factores determinantes para elegir el tipo de corte de cabello idóneo para lucir tu belleza natural. Por ejemplo, si tu corte de cara es ovalado, eres muy afortunada, ya que éste es considerado el ideal y puedes escoger el peinado o corte que quieras. Hay muchas que tienen la cara redondita; para ellas sugiero un corte que alargue un poco su contorno, con un estilo que proporcione altura y deje el cabello corto a los lados, exponiendo o no las orejas. Si tu cara es cuadrada, procura que tu cabello no caiga sobre la frente, sino que toque tus sienes y barbilla, creando un efecto suave para el rostro. Si la estructura de tu cara es larga, no recomendaría que llevaras el cabello largo, pues haría que luciera más alargada; lo mejor es que lo uses al hombro, en capas o a la altura de la barbilla.

¿Mi cabello puede verse afectado por lo que como?

Sí, tu dieta puede afectar cómo luce y cómo se siente tu cabello. Si ingieres muchos dulces y alimentos con demasiados almidones y grasa, podrías generar la aparición de grasa y de caspa. Como el cabello se nutre al igual que el resto de tu cuerpo, hay que comer alimentos saludables para mantenerlo en forma. El estrés también afecta la salud de tu cabello, por lo que el hecho de que no esté sano puede ser un indicador de alguna baja en tu estado emocional. Cuida tu dieta, haz ejercicio, y usa un champú y acondicionador con vitaminas que le den cuerpo y volumen a tu cabello.

¿Cómo puedo lucir radiante en el día más importante de mi vida, el de mi boda?

Para lucir bella a veces es necesario simplificar y crear armonía entre todos los elementos. Empecemos por el cabello. Elige un corte y un peinado que sean clásicos y elegantes. Un estilo que, cuando abras el álbum con las fotografías de tu boda dentro de veinte años, luzca tan fresco como si fuera hoy. Evita los rizos excesivos, que por lo general no duran y además te dan un *look* de quinceañera. Tampoco recomiendo que lleves el cabello suelto ese día, ya que después de varias horas de besos y abrazos lucirás despeinada. Y, recuerda, siempre menos es más. Si tu peinado es demasiado complicado o elaborado, tus invitados se fijarán en él y no en ti. La regla es que, si no te sientes cómoda, ¡ni lo pienses! Hay muchos estilos de corte y peinados sencillos que te harán lucir bella. Un consejito extra para ser la novia más bella es nunca mezclar el oro blanco o la plata con el oro amarillo. No hay nada más bello que una mujer segura y cómoda consigo misma. El secreto es encontrar la combinación perfecta entre peinado, maquillaje y accesorios para que la estrella seas ¡tú!

¿Cómo puedo lograr rizos en mi cabello ahora que están tan de moda?

Hay dos maneras fáciles de hacerte en casa los rizos que te darán un estilo sensual, sofisticado o totalmente divertido.

Rulos*: primero sécate el cabello con toalla y cepíllalo. Ponte los rulos; yo recomiendo los de velero. Separa los mechones, enroscándolos desde las puntas hasta el cuero cabelludo. Un buen truco es aplicar aire caliente de la secadora quince segundos a cada rulo. Después de quitártelos, peina los rizos con los dedos y fíjalos con *spray*.

Tenazas: éstas sirven para el cabello corto y también como tirabuzones para el largo. Para que duren más tiempo, sujeta cada mechón que ya hayas rizado con una pinza mientras uses las tenazas en los demás. Antes de soltar los rizos, rocíalos con *spray*. Para que tus bucles queden más abiertos, cepíllalos con la cabeza hacia adelante. El mejor consejo para dar mayor vida a tus rizos es no exagerar cuando los seques. Deja el cabello con diez por ciento de humedad y tus rizos tendrán más cuerpo, definición y flexibilidad.

¿Cuál es la mejor forma de cuidar el cabello de mis hijas de cuatro y doce años de edad?

Si su cabello es largo, lo mejor es que lo recojan en una cola o trenza cuando salgan a jugar. Así se verá arreglado todo el tiempo. Cuando vayan a la playa o a una piscina, les recomiendo usar agua mineral, que remueve todos los residuos del pelo. Así de fácil.

---

* O tubos.

Ten una botella grande a la mano y después de que se duchen, ponles agua mineral en el cabello; así eliminarás todos los residuos de cloro y agua salada del mismo. Otro dilema común, en especial entre las edades de cinco a once años, es el del chicle. No sabes cuántas mamás desesperadas han llegado a mi salón, pidiéndome que les arregle el pelo a su niña después de haberles cortado un mechón que tenía un chicle pegado. Es muy fácil. Antes de recurrir a la tijera, permíteme enseñarte un truquito fabuloso para quitarlo: toma un poco de hielo y aplícalo al chicle pegado. Esto lo solidificará y podrás deslizarlo por el mechón sin mucho esfuerzo.

Mi peluquera no me entiende y a veces salgo llorando del salón porque no hace lo que le pido. ¿Cómo explicarle lo que quiero?

Para esto te presento tres sencillas recomendaciones.

1. Lleva fotografías del corte que quieres lucir. Si te propones cambiar de estilo, las imágenes hablan más claro que las palabras y le dan al estilista una dirección clara. Además, asegura que la tuya considere tu forma de cara y la textura de tu cabello antes de tomar las tijeras.
2. Nunca hables de medidas, o sea, no digas que te corten más o menos un centímetro. Para que quede muy claro, enséñale al estilista el lugar exacto donde quieres que caiga tu cabello. Créeme que esta técnica evitará muchas recriminaciones más tarde.
3. No cruces las piernas: sé que suena extraño, pero si te cortan el cabello mientras tienes las piernas cruzadas, saldrás con un corte disparejo.

¿Cómo debemos cuidar el cabello rizado, el ondulado y el lacio? ¿Cuál es la diferencia?

Si tu cabello es rizado: puesto que tenderá a ser seco, lávalo con un champú y un acondicionador humectantes. Después sécalo suavemente con una toalla y aplica de cuatro a seis gotas de suero con base de silicona (cuanto más grueso sea tu cabello, más podrás usar). Por último, desenrédalo con los dedos y deja que termine de secarse al aire libre. ¡Notarás una diferencia fabulosa!

Si es ondulado: lávalo con un champú y un acondicionador formulados especialmente para realzar su brillo. Alisa y separa cada mechón mojado con un peine de dientes anchos y aplica un *spray* con base de silicona comenzando por los extremos y acabando en las raíces. Sécalo usando una secadora con un inyector afilado para dirigir el aire hacia abajo del cabello y sellar la cutícula. Te va a encantar el resultado.

Si es lacio: tu cabello caerá muy pegado al cuero cabelludo, donde puede acumular grasa que le robará brillo. Para evitarlo, lávalo todos los días y una vez por semana aplica un tratamiento de gel que clarifique, es decir, que limpie profundamente, las raíces. Esto ayuda a prevenir la acumulación de grasa. Después de secarlo con la secadora, utiliza unas gotitas de silicón para realzar el brillo.

Algunos truquitos adicionales

Para terminar esta comunicación con ustedes me gustaría ofrecerles algunos truquitos que les serán muy útiles. Son naturales y los pueden poner en práctica con facilidad usando los ingredientes que tienen en casa.

Si eres rubia

Sólo necesitarás una cucharada de romero fresco y un litro de agua. Hierve el romero en ésta durante cinco minutos y déjalo enfriar. Retira el romero del agua y viértela en tu cabello limpio y seco. Luego sécalo con la secadora y ¡listo! Con este secreto tu cabello se verá más brillante y se acentuarán los rayitos naturales.

Si eres de cabello oscuro

Combina en un tazón dos claras de huevo, una taza de café negro recién hecho y una taza de agua, hasta formar una pasta. Aplícala a tu cabello y déjala puesta diez minutos. Lávate el cabello con tu champú normal y péinalo como quieras. Ya verás la diferencia, tu cabello será más brilloso.

No crean que me olvidé de las pelirrojas

¡Esta receta es la más dulce de todas! Consigue cuatro fresas, dos onzas de agua oxigenada, una taza de sidra de manzana y dos tazas de agua. Primero mezcla las fresas y el agua oxigenada durante veinte segundos y aplica la mezcla a tu cabello. Déjatela de diez a quince minutos y lávalo con tu champú. Viértele la sidra mezclada con el agua, espera cinco minutos y enjuágalo con agua fría. Tu cabello se verá más brillante y saludable.

Recuerda, no importa el color de tu melena, tú puedes iluminar la vida de todos los que te rodean.

Sammy

¡Muchas gracias, Sammy! Estoy segura de que después de todo lo que hemos hablado, podremos encontrar un truquito, una sugerencia, que nos ayude a vernos mejor en lo que al físico respecta. Sin embargo, recuerden que el concepto de la belleza es muy relativo.

No debemos comparar la nuestra con la de otras mujeres, porque siempre hay algo que nos hace únicas. Trabajemos en nuestra belleza interior, y en lo que se refiere a la exterior, saquemos provecho de los rasgos que sean singulares: ojos rasgados, pómulos sobresalientes, cabello largo y sedoso. Como dice Sammy: "No hay mujeres feas, sino mal arregladas".

Para terminar este tema, quiero compartir con ustedes la opinión de dos señores famosos sobre la belleza de la mujer. Ya analizamos que la belleza, más que física, es un misterio que irradia de nuestro interior. Veamos qué dicen estos caballeros, y que no nos vayan a salir como aquel poeta español del siglo XIX, Gustavo Adolfo Bécquer, quien en uno de sus famosos versos mostraba su desconfianza en la mujer bella, diciendo en una de sus rimas:

Sé que en su corazón, nido de sierpes,
No hay una fibra que al amor responda
Que es una estatua inanimada; pero...
¡Es tan hermosa!

Amigas, nosotras sabemos que podemos ser bellas y anidar en el corazón un nido de palomas, así que pasemos a la respuesta a la pregunta que les planteé: "¿Qué es para ti una mujer bella?".

Una mujer bella

Para mí una mujer bella es una mujer segura de sí misma. Una mujer bella es la que no necesita tener un hombre a un lado para tener éxito. Una mujer bella es la que no tiene miedo de ser sexual y sensual con su pareja. Una mujer bella es la que acepta en su cuerpo las cosas que no puede cambiar. Una mujer bella es la que no pide excusas por su forma de actuar. Una mujer bella es la que se sabe única, irrepetible. Una mujer bella es la que se hace el tiempo para trabajar y estar en la casa, para viajar y disfrutar los momentos más sencillos de la vida. Una mujer bella es la que sabe que sus hijos son más importantes que cualquier otra cosa y los defiende a costa de su propia vida. Una mujer bella es independiente y, por voluntad —no por presión o compromiso—, decide estar con su pareja.

En esta época uno de los principales problemas para las mujeres es que sienten la presión social de convertirse en "supermujeres". Es decir, quieren verse bien, tener tiempo para hacer ejercicio, ganar suficiente dinero para realizar sus sueños, obtener un buen empleo que las satisfaga, fomentar una buena relación con su pareja, ser hijas, madres y esposas a la vez. Conozco a varias mujeres que se acercan a esa definición de "supermujer". Pero lo que más me sorprende es que algunas de ellas no se sienten completamente felices por tener que serlo todo —madres, profesionistas, deportistas, pareja ...— todo el tiempo.

Por eso, para mí, una mujer bella es la que escribe su propio destino y no tiene que pedir permiso —ni preocuparse por el "qué dirán"— para tomar las decisiones más importantes de su vida. Una mujer bella es la que está a gusto consigo misma.

Jorge Ramos

Una mujer bella

Una mujer bella es aquella que encierra todas las cualidades que un hombre busca en una mujer. En mi caso particular es una mujer inteligente, limpia, con clase, humilde, aventurera, inteligente y detallista. Si tiene una cara bella o no, eso no es tan importante para mí. La sonrisa, diría yo, es el factor físico que más me atrae. Claro que uno admira un cuerpo y una cara bonita, pero pienso que la belleza es mucho más que eso.

Raúl González

¿Qué les pareció? Todavía nos queda mucho de qué hablar, pero creo que vamos por buen camino.

8. ¡Fuera con el estrés y a darnos "cariñito"!

¿Eres de las personas que, al igual que yo, siempre elaboras listas de las cosas que debes o quieres hacer en el día?

9 a.m. - 10 a.m.	Consulta con el dentista.
11 a.m. - 12 p.m.	Llevar las cartas al correo.
12 p.m. - 1 p.m.	Comprar cosas de los niños para la escuela.
2 p.m. - 3 p.m.	Recoger a los niños en la escuela.
4 p.m. - 5 p.m.	Llevarlos a practicar deporte.
6 p.m. - 7 p.m.	Planchar.
7 p.m. - 8 p.m.	Servir la cena.

Y así sucesivamente.

¿Qué nos dice esta lista, qué nos reclama a gritos? Muy sencillo: ¿dónde reservamos un tiempo para nosotras? ¿Por qué no dedicamos unos momentos del día para darnos "cariñito"? ¿Por qué siempre nos dejamos para el último lugar como si fuéramos un zapato viejo? No, amigas, además de cumplir con nuestras responsabilidades, es indispensable que incluyamos actividades que disfrutemos durante el día.

Yo le digo "cariñitos" a las actividades que hacemos exclusivamente para nosotras mismas. Son muchos los detalles con los que podemos darnos gusto, pero que nunca o pocas veces robamos tiempo para ellos: una mañana para ir al salón de belleza; media hora para una siesta; un baño de espuma en casa; un delicioso masaje; visitas a las tiendas para ver o comprar algo que se nos antoje o necesitemos; momentos tranquilos para sentarnos a leer un libro.

En fin, como vemos, los cariñitos pueden ser actividades sencillas y relajantes que nos produzcan goce y bienestar, que nos ayuden a eliminar el estrés y disfrutar un poco de calma.

Si soy sincera, aunque yo suelo practicarlas y las recomiendo ampliamente, a veces me olvido hasta que, de pronto, me doy un pellizco y me pregunto si Giselle existe. Es ahí cuando me doy cuenta de que necesito quererme un poquito más.

Entonces, amigas, repasemos algunas actividades que podemos practicar durante el día, principiando con establecer el bienestar del cuerpo para continuar con el goce físico-psicológico o, incluso, si lo desean, el espiritual.

Para empezar

Comencemos la mañana con un batido que nos proporciona energía a la vez que acelera el metabolismo, ayudándonos a quemar calorías, y por ende, a bajar de peso.

Ingredientes

2 tazas de melón en pedacitos
1/2 taza de yogurt de vainilla bajo en grasa
1 cucharadita de jengibre rallado fresco
6 cubitos de hielo

Si a alguna de ustedes no le gusta el jengibre, tengo otra idea: un batido cítrico, excelente porque es bajo en calorías, libre de grasas, repleto de nutrientes y con una cantidad enorme de fibra proveniente de la naranja. Estudios realizados revelan que consumir alimentos ricos en fibra es una forma segura de perder peso porque satisfacen el apetito y aceleran la digestión.

Ingredientes

1 naranja (china en Puerto Rico y otros lugares) pelada y picada en cuatro pedazos
1 cucharadita de jugo de limón
1 cucharadita de jugo de lima
1/2 taza de jugo de toronja
1/2 taza de yogur natural bajo en grasa
1 cucharadita de azúcar
6 cubitos de hielo

Licuen todos los ingredientes y ¡listo!

Durante el día

Ya que iniciamos con una buena dosis de energía, continuemos tratando a nuestro cuerpo con cariño, aun en pleno torbellino de actividades.

Para ello hay cosas que debemos evitar y otras que es recomendable hacer.

Alimentos que debemos evitar

- No tomemos refrescos. Más bien, preparemos una mezcla de:

  7 onzas de agua
  1 onza de jugo de arándano sin endulzar, o
  El jugo de 1/2 limón

- No comamos alimentos picantes porque harán que retengamos líquidos.
- No mastiquemos chicles o goma sin azúcar porque pueden producirnos gases.

Alimentos que debemos consumir

- Consumamos alimentos que sean diuréticos naturales, como:

  1/2 taza de pepinos frescos, o

  1/2 taza de tomates, o

  Unos cuantos espárragos con vinagre de manzana

- Recuerden lo que hablamos en el capítulo de la dieta y la nutrición, así que a practicar: mucha fruta, verduras, ensaladas, carnes asadas y pescado.

Momentos de cariñitos

Con los alimentos recomendados estaremos chispeando de energía, y es conveniente considerar una forma de mantener, aun en medio de nuestros quehaceres, ese nivel energético. Una manera fácil y efectiva es crear momentos de cariñitos. Muchos les llaman meditación, pero, para mí, estos instantes de recarga son mis "islitas de cariñito", que representan, en un instante o en cinco o diez minutos, aislarnos del trabajo y volar mentalmente a un sitio de paz y tranquilidad.

Por ejemplo, si estoy en el estudio después de terminado el programa y me llaman a la reunión de producción, contesto:

—Sí, ya voy.

Entonces, tomo unos tres minutitos en que borro de mi mente absolutamente todo y me transporto a mi querida isla, Puerto Rico. Sí, amigas, ¡a una playa! Ahí siento el rumor de las olas, la brisa juguetona del mar, la paz que da el horizonte. De manera que cuando suena el teléfono y me reclaman: "¡Giselle, te estamos esperando!", la que sale es una Giselle con energías renovadas por ese remanso caribeño de paz y delicia. Miren qué fácil es, y esto lo pueden repetir más de una vez al día. ¡Verán los resultados!

Como decíamos, también hay que pensar en el salón de belleza, que además de belleza nos brinda muchos cariñitos. Todas disfrutamos esta experiencia, ¿verdad? ¿Cuántas veces no habremos salido contentas con un peinado nuevo y por haber sido cuidadas por todas esas personas que, al tiempo que nos arreglan las uñas, el cabello y los pies, nos brindan su atención, conocimiento, y hasta amistad?

Al salir de Univisión, me encanta ir a Renaissance, un salón de belleza cercano, para que Makiko, una experta inigualable, me haga un facial. En el cuartito a media luz y con una música suave que evoca hermosos bosques y riachuelos, las manos delicadas y sabias de Maki, como le decimos con cariño, me nutren la piel con hojas de colágeno y sus mejunjes mágicos. Lo increíble es que la nutrición penetra más allá de la piel, al fondo profundo de mi ser, relajándome de tal manera que pierdo noción del tiempo y del espacio. ¡No hace falta decir que salgo con la piel y el espíritu de una quinceañera! Entonces, les aconsejo regalarse un gustito como éste de vez en cuando.

Créanme, una manera de ayudarnos a querernos a nosotras mismas y a otras personas es darnos cariñito. Y es que hasta los médicos concuerdan en que la conexión del cuerpo y de la mente es tan estrecha que uno influye en la otra. Por consiguiente, una sesión de pedicure, manicure, peinado o masaje puede ser un cariño total, tanto físico como psicológico.

El final del día

Llegamos al final del día, a la hora de encontrarnos con nuestros seres queridos, los que necesitan hablar con nosotros de sus triunfos y desilusiones. Es el momento de confirmar la importancia de darnos cariñitos durante el día. Cuanto más contentas y relajadas estemos, más capacidad tendremos para escuchar con calma el recuento de cualquier situación que se nos presente. Imagínense si hemos estado trajinando sin parar y un hijo nos cuenta que salió mal en un examen importante, o que su pareja rompió la relación. ¿Qué cara pondremos? Me imagino que, agotadas física y psicológicamente, nuestra expresión será de lloronas aparecidas. ¡Y ni pensar en el apoyo o consejo que una señora como ésta pueda ofrecer!

Al llegar, preparen también el ambiente del hogar con cositas que relajen, ya sea que prendan alguna vela aromática, pongan una música relajante, vayan al patio y corten un ramo de flores o hasta unas hojas de eucalipto. Por ejemplo, cuando yo llego a casa, escucho música clásica.

Además, durante la hora de la comida o la cena, procuren disfrutar la compañía de toda la familia y compartir los sucesos del día, pero asegurándose de cerrar el paso a posibles discusiones.

Y la noche, después de que los niños se han ido a la cama, es el momento para darnos un cariñito más, esta vez pensando un poco en nuestra pareja. ¿Qué tal considerar los pies? ¡No se rían, amigas! Para los hombres los pies de una mujer son una parte muy sensual del cuerpo, así que es buena idea cuidarlos para que estén suaves como una seda. Con la fórmula que les ofrezco relajarán todo su cuerpo y encantarán a su pareja.

¿Qué necesitan? Primero sumerjan los pies en un envase grande lleno de agua caliente y pónganle pétalos de diferentes flores perfumadas, por ejemplo, jazmines y gardenias. El calor del agua logrará el efecto contrario en su cuerpo, es decir, no lo calentará sino que lo refrescará de una forma que les encantará. Asimismo, el aroma de las flores las relajará como en sus mejores vacaciones. Después de unos minutos séquense los pies suavemente y denles un masaje con miel, que es un humectante tremendo. Luego séllenlos, envolviéndolos con papel plástico, el cual retendrá el calor y permitirá que penetren las propiedades humectantes de la miel. Esperen unos veinte minutos y enjuaguen la miel. ¡Enseguida notarán la exquisita suavidad!

Ahora ¿qué tal un masajito que pueden darse ustedes mismas y que aliviará el estrés que nos invade después de un día de trabajo fuera o dentro de la casa? Les parecerá extraño, pero las orejas tienen unos puntos que, al ser masajeados de la forma correcta, liberan la tensión. Usando los dedos pulgar e índice, dense un masaje en forma circular, aplicando un poco de presión en los lóbulos de las orejas. Comiencen por la esquinita que está pegada a la cabeza, pasen por la parte más gruesa del lóbulo y suban por el borde de la oreja hasta llegar al cráneo. Por último, halen un poco las orejas hacia afuera. Verán cómo desaparece el estrés.

Ahora les ofrezco un truquito para que fascinen a sus niños al llevarlos a la cama, a ustedes mismas si duermen solas, o, si duermen con su pareja, lo enloquezcan. Sólo tienen que espolvorear sus sábanas y almohadas con talco perfumado para el cuerpo. No le pongan demasiado y notarán que se sentirán como princesas.

Si ponemos en práctica todos estos truquitos, plenas de energía positiva, podremos seguir "pa'lante" y luchar por el éxito de nuestras metas.

Para hidratar tu cara y que luzca viva

Toma un trozo de sandía, hazlo puré, agrégale una cucharadita de miel y aplica la mezcla en tu cara y tu cuello. Luego lávate con agua fresca.

Para combatir el estrés

Aquí les dejo una ñapita*, como decimos en Puerto Rico. El siguiente es otro cariñito contra el estrés, el cual muchas veces desequilibra el metabolismo, provocando exceso de peso. Se trata de una dieta de dos días y, por supuesto, como en todos estos casos, no olviden consultar con su médico antes de ponerla en práctica.

---

* Pilón.

Dieta antiestrés

Día 1

Desayuno

Jugo de naranja (china) o de uva
1 yogur de fruta fresca
1 tostada de pan integral con queso blanco
1 taza de té o café descafeinado

Almuerzo

Ensalada de verduras de hoja verde, como berros o lechuga
Pescado con salsa de tomate natural
Ensalada de frutas
Té de tila

A media tarde

1 vaso de leche semidesnatada (o semidescremada), o
1 yogur

Cena

Arroz integral con mariscos, pescados y verduras
Ensalada de verduras: combinación de calabaza, zanahorias, brócoli, alcachofas, ajo y cebolla
Ensalada de frutas
Té de tila y menta

Día 2

Desayuno

Jugo de naranja
1 kiwi
1 tostada de pan integral con mermelada de frutas
1 taza de té

Almuerzo

Ensalada de lechuga, aguacate y endibias, o
Zanahoria condimentada al gusto
Arroz integral con pimientos verdes y atún
Ensalada de frutas frescas

A media tarde

1 vaso de leche semidesnatada, o
1 yogur

Cena

Ensalada de verduras: espárragos, brócoli, col y alcachofa, con jugo de limón
Sardinas frescas u otro pescado al horno con pimientos
Ensalada de frutas
Té de tila

Muy importante: insisto, bebe bastante agua durante todo el día y toma tu tiempo para comer, no te apresures.

Para reavivar el amor

Un aspecto indispensable de la vida placentera y libre de estrés es el amor.

A continuación te presento un cariñito especial para reavivar el amor entre tú y tu pareja y pasar una noche espectacular. Es una receta que, según dicen, es afrodisiaca. Contiene ingredientes como la raíz de jengibre y la cebolla, que estimulan la circulación en el área genital; el azafrán, muy famoso entre los griegos por sus propiedades afrodisiacas, y la páprika y la menta, que le pondrán un toque de picardía al asunto.

¡Espero que te rinda magníficos resultados! Combínala con muchos mimos y ya verás.

Pollo a la Morocco

Ingredientes

1 libra (1/2 kilo) de pollo (sin grasa ni piel)
1/2 cebolla picada finamente
2 tomates medianos picados en cuadritos
1 cucharadita de comino molido
1/2 cucharadita de jengibre en polvo
1/4 de cucharadita de azafrán
1/2 cucharadita de páprika
3 tazas de agua
2 papas medianas
1/2 taza de zanahorias picadas en ruedas
1/2 taza de zucchini (calabacitas) picadas en trozos
Sal y pimienta al gusto
Aceitunas
Pan sirio o árabe

En una olla grande pon la cebolla, el tomate, el comino, el jengibre, el azafrán, la páprika, sal y pimienta. Mezcla bien. Añade el pollo y revuelve sobre fuego moderado durante cinco minutos. Agrega dos tazas de agua. Deja que hierva treinta minutos, a fuego mediano y tapado.

Una vez cocido el pollo, sácalo de la olla y añade las papas, zanahorias, calabacitas, aceitunas y la otra taza de agua.

Tapa y deja que hierva unos veinticinco minutos o hasta que las papas estén cocidas. Retira del fuego y deja reposar cinco minutos.

Sírvelo en un plato llano* y disfrútalo con el pan ¡y con tu pareja, por supuesto!

¡Hmmm!

---

* Plano.

Cariñito de ajo y menta para el amor

El ajo produce un efecto de calentamiento en el cuerpo y aumenta la energía vital, lo cual puede traducirse en vitalidad sexual. Por su parte, la menta fue la primera planta medicinal que empezó a usarse como afrodisiaco porque es un suave estimulante del sistema nervioso. Si tomamos estos datos en cuenta, veremos por qué la ensalada que aquí les recomiendo rendirá resultados ¡fenomenales!

Espero que les guste.

Ingredientes

3 pepinos medianos
1 1/2 cucharaditas de sal
1 cucharada de menta fresca
1 diente de ajo triturado
1 frasco de 8 onzas de yogur
2 cucharadas de crema de batir
Pimienta

Coloca los pepinos en un colador. Espolvoréalos con sal y déjalos reposar quince minutos. Escúrrelos y sécalos. Combina la menta, el ajo y el orégano en un tazón grande. Agrega el yogur y la crema. Añade el pepino y revuelve. Agrega sal y pimienta a gusto y refrigera hasta que esté fría.

¡Buen provecho!

A continuación presento las recetas espirituales de Víctor Florencio, "el Niño Prodigio".

Recetas para el bienestar espiritual

Espero que mis recetas espirituales sean de su agrado y les den luz y fuerza para salir adelante en la vida. Recuerden que con la fe se mueven todas las montañas del mundo.

Ritual para alejar la "mala suerte"

Este ritual está dirigido a las personas que en ciertos momentos sienten que todo les sale mal y consideran que tienen "mala suerte".

Lo primero que deben hacer es borrar la expresión "yo tengo mala suerte", ya que pronunciar estas palabras atrae malas vibras. Así que, desde hoy, hay que exclamar: "¡YO TENGO BUENA SUERTE!".

Qué necesitas

Ruda
Epazote
Rompe Zaragüey
Quita Maldición
Espanta Muerto
3 dientes de ajo morado
1 tabla de alcanfor
7 gotas de Espíritu de Canela
Veladora a san Alejo
Oración a san Alejo

En un litro y medio de agua pon a hervir todas las hierbas con el ajo (entero y sin pelar) y el alcanfor. Cuando la infusión esté tibia, agrega el espíritu de canela. Reza la oración y pronuncia estas palabras textualmente: "Desde hoy mi cuerpo y mi espíritu están limpios de toda mala influencia y por lo mismo, quedan alejados, conjurados para siempre, la envidia, la traición y los celos. Amén".

Repite estas palabras nueve veces durante el baño que debes darte con la infusión de la cabeza a los pies.

Magia blanca para conseguir empleo y lo más importante: mantenerlo

En la vida llegan buenos y malos momentos, es un constante sube y baja. Una de las etapas más complicadas que pasamos los seres humanos es cuando no conseguimos empleo, o cuando queremos ser reconocidos o ascendidos. He aquí una de las magias que le ha abierto las puertas a muchas personas para conseguir empleo o mejorarlo.

Qué necesitas

Papel pergamino virgen
Novena a san Pancracio
7 velas azules
1 botella de vidrio
Café líquido
Melado de caña
Azúcar de leche
Escarcha de plata
Miel de maple
Ajonjolí
Aceite de palo (copei)
Zumo de albahaca
Herramientas de trabajo

En el papel escribe tu nombre completo y la fecha de nacimiento, y a continuación: "Yo [tu nombre de pila] pido a los buenos seres de luz, en especial a san Pancracio, que se me abran las puertas del trabajo y que pueda mantenerme mucho tiempo en el mismo".

Si ya estás trabajando y tu deseo es un aumento de sueldo o un puesto mejor, escribe los nombres de tu jefe y de la compañía.

Reza la novena durante nueve días. Enciende las velas, una por día, y siempre mueve la botella, con todos los ingredientes mientras la hagas.

Mantén esta botella en un lugar seguro de tu casa. Después de que terminen los nueve días, los martes y los viernes muévela y siempre pídele con devoción a san Pancracio.

Los resultados serán muy beneficiosos para ti.

Ritual para atraer el amor y el matrimonio

Uno de los casos más comunes que se presentan en mi Botánica Anaisa es la falta de suerte en el amor o, más bien, la falta de atracción necesaria para conquistar o retener al ser amado. Por medio de este ritual he logrado cristalizar muchas bodas y uniones. El ritual está dedicado a todas las Diosas del Amor: Anaisa, Ochun, Pomba Yira, Venus, Metrecili Danto, y muchas más. Espero que le saquen provecho y que puedan seguir la cadena de ¡las Dominadoras del Amor!

Qué necesitas

1 pañuelo rojo
Papel pergamino virgen
1 lápiz
1 veladora Las Dominadoras del Amor
21 almendras
Anillos de matrimonio (no tienen que ser de oro)
1 taza de arroz
Ajonjolí
Raíz de pachuli
1 pareja de novios (pequeña, como la usada en los pasteles de boda)
Pétalos de rosas blancas
3 velas rojas pequeñas (sin encender) (es preferible que sean de cera virgen)

De frente a tu dormitorio, señala al fondo y a mano derecha. Pon una mesa en la esquina. Coloca el pañuelo rojo sobre la mesa y en el centro el pergamino con tus peticiones ya escritas con el lápiz. Puedes poner el nombre de la persona que quieres conquistar (o el nombre de quien ya tienes). Enciende la veladora Las Dominadoras del Amor y colócala sobre la mesa.

No enciendas las velas rojas. Cuando la veladora se termine, procede a envolver todo lo restante en el pañuelo rojo que ya tienes en el altar, forma con él una bolsa y amárrala con tres nudos, pidiendo lo que quieras conseguir. Guarda el envoltorio en un lugar alto donde nadie lo toque. Cuando se haya cumplido tu deseo, saca las velas y préndelas.

Posteriormente, regálale a siete amigas que quieran casarse un poco del arroz con pétalos y tres almendras en una bolsita roja. Ellas tendrán que practicar la receta y seguir la cadena del amor.

Esta limpia me fue revelada en un sueño, cuando mi tía comenzó a tener problemas en su hogar con sus hijas y su esposo. Con más de veinte años de casada, sentía que su familia se estaba perdiendo y que entre las deudas y los problemas la llevarían a la locura total. Después de realizar este ritual tres veces, todo le cambió para bien. Pudo ver a sus hijas felizmente casadas y su matrimonio perdura hasta ahora, con la estabilidad que toda pareja desea.

Limpia para la prosperidad, paz en el hogar y abundancia de dinero

Si sientes que te abruman los problemas económicos y en el hogar, practica el siguiente ritual.

Qué necesitas

Ruda
Hierbabuena
Albahaca
Romero
Menta
21 gotas de esencia de citronella
7 gotas de esencia de anís
7 gotas de esencia de vainilla (pura)
Incienso de iglesia

Hierve en tres litros de agua las hojas de las plantas indicadas. De ser posible, consíguelas frescas, mézclalas en la licuadora, extrae el zumo y hiérvelas. Si están secas, sólo ponlas a cocinar. Después de que hiervan, cierne todo el contenido en la cubeta, balde o recipiente con que trapeas el piso. Agrega las esencias. Tu casa deberá estar bien aseada y organizada. Con un trapeador nuevo, limpia de afuera hacia dentro. Repite la oración tres veces mientras realizas la limpia.

Oración

Dios todopoderoso, tú que todo lo puedes, ruego en este día luz para mi hogar y que al hacer esta limpia lleguen la prosperidad y la paz a mi casa. Bendice a todos los que vivimos en ella y envía a los buenos mensajeros para que nos impartan la bendición económica que tanto necesitamos, si así tú lo deseas, Señor. Amén.

Para revivir la pasión de tu pareja (amarre)

Otro caso más común de lo que imaginamos es cuando se presentan problemas con tu pareja que ponen en serio peligro la estabilidad de la relación. Como resultado, aparece la insoportable frialdad que, a su vez, termina por deteriorar tu nidito de amor hasta que llega la indeseable separación. Tomemos en cuenta que nadie es eterno en la vida y que todo lo que comienza acaba. No todas las personas que existen en nuestra vida deben permanecer a nuestro lado por siempre y tal vez en algún momento consideran que deben marcharse. Un poeta escribió:

Si amas a alguien, déjalo ir.
Si no regresa, nunca te amó.
Si vuelve, te amará para siempre.

Esto nos permite reflexionar sobre la libertad que debemos darle a ese ser a la hora de una decisión de tal magnitud. La vida no termina hoy y sólo será el comienzo de algo nuevo, bien sea con el eterno amor o con quien el destino nos depare.

De tal suerte que, amigas y amigos, espero que mi ritual les sirva para recuperar ese amor.

Qué necesitas

1 copa
Papel de estraza
1 olla de aluminio
Panal de abejas
Miel de amor
Miel de rosas
Melado de caña
Azúcar morena y blanca
Piedra imantada
Prespetie
Oro-oro
Aceite de oliva
Mechitas de lámpara
Oración de san Juan de la Conquista

En la copa pon la foto del ser amado junto a la tuya. Escribe en el papel de estraza su nombre siete veces y encima el tuyo. Escribe también la fecha de su nacimiento, si la sabes. Métela al panal de abeja y vierte todos los ingredientes, excepto el aceite. Conforme los viertas, pide: "Así como vienen las abejas al panal, ven a mí [nombre del ser deseado]".

Agrega el aceite de oliva hasta llenar más de la mitad de la olla; enciende la mecha y reza la oración de san Juan de la Conquista durante nueve días. Cuando termines, pon todo en un recipiente y entiérralo en una planta.

Al practicar este ritual pídele permiso a tu ángel guardián y dí: "Si es para mí, que venga; si no, que esta magia blanca sea para atraer a la persona que realmente me conviene y que me va a hacer feliz. Te lo ruego, Señor. Amén".

Víctor Florencio

9. Autoestima, tu mejor herramienta

Ya hemos cuidado nuestra apariencia física con ejercicios, dietas y truquitos de belleza. Es decir, adornamos bien el caparazón que cubre nuestro verdadero yo, que, sin embargo, es lo más importante: el yo que somos, no para los otros, sino para nosotras. El estado de ese yo interior es lo que llamamos autoestima y podemos empezar a medirlo preguntándonos cómo nos sentimos con nosotras mismas: "¿Me siento insegura? ¿Me siento celosa? ¿Siento que soy menos que la persona que está al lado mío? ¿Que no merezco que me quieran y respeten? ¿Estoy convencida de que no voy a conseguir ese trabajo que tanto quiero porque dudo de mis habilidades?".

Me atrevo a afirmar que todas hemos pensado o sentido algo parecido alguna vez, ¿no? Yo, que me considero bastante segura de mí misma, también he sentido en ocasiones mi autoestima baja. Esa sensación nunca ha estado vinculada con mi trabajo, pero sí con mi vida personal, sobre todo a la hora de amar.

Como muestra está la relación que soporté con una pareja. Casi llegó a hacerse costumbre que me hiciera sufrir, diciéndome cosas hirientes, por ejemplo, que las personas se acercaban a mí, no porque quisieran ser mis amigas sino por interés, por lo que yo pudiera darles. Imagínense el efecto de sus palabras. ¡Yo, que le doy tanto valor a la amistad! Y como estos detalles, mil más. Fueran cuales fueran los logros que obtenía en mi trabajo, él los recibía con indiferencia. Criticaba mi perfume, mi forma de vestir y de dirigirme a los demás. Más bien, me pregunto ahora, ¿qué no criticaba?

Pero, amigas, el meollo del asunto es ¿por qué estaba yo envuelta en una relación así? La razón ahora la veo clara: porque mi autoestima estaba muy baja. No era capaz de reclamar respeto y, peor aún, de escapar de esa relación porque estaba tan débil en mi interior que simplemente no sabía qué podía hacer. Por un lado, mi mente me instaba a rebelarme y echar pa'lante, como digo yo: "Giselle, no puedes seguir así; mereces algo mejor. Fíjate en todo lo que has logrado solita: tienes una carrera exitosa y unos hijos hermosos. Además, te ves bien. ¿Qué te pasa, te aterra sentir que es un fracaso dejarlo? ¡No es así!". Pero, por otro lado, me susurraba frases que reflejaban mis miedos: "No tengo derecho a buscar otra vez mi felicidad. Soy menos que otras mujeres porque me he divorciado más de una vez".

Al prestarle mayor atención a las voces de mis miedos, fui cayendo en una relación cada vez más debilitante. Intenté huir, pero, siempre que lo hacía, me invadía una enorme sensación de vacío y mi pareja, que me conocía muy bien, sabía cómo manipularme para atraerme de nuevo. Me hacía mil promesas, y apenas volvía con él, se olvidaba de cumplirlas. En cambio, sí estaba listo, con su arsenal de críticas, para volver a atacar mi autoestima.

Repito esta palabra muchas veces para que no olvidemos su importancia, no sólo en la relación con nuestra pareja, sino en todas las demás. Si nuestra autoestima es sana, tendremos una mejor relación con nuestros seres queridos. Ustedes se preguntarán: ¿"Y Giselle qué hizo, cómo encontró ayuda?". Les contaré.

Después de sufrir mucho y sentirme impotente para terminar de una buena vez por todas con lo que tanto daño me causaba, me convencí de que necesitaba que alguien me hiciera sentir confianza en mí misma. En el programa conocí a la doctora Gladys Granda Rodríguez y me decidí a hacer una cita con ella. Pero el miedo, ese miedo irracional y paralizante a descubrir lo que quizás una ya sabe pero se ha negado ver, me orilló a cancelar esa primera cita. Al fin, después de muchas dudas, me llené de valor y me presenté, con las manos ardientes y sudorosas. Sin embargo, la sesión resultó mejor de lo que pensé. Pronto empezamos a hablar, y poco a poco, cita tras cita, di con cuáles eran las razones de mi inseguridad.

Primero descubrí aspectos de mi niñez que probablemente eran los que me mortificaban. Como ya les comenté, mis padres se divorciaron cuando yo era muy pequeña y la comunicación entre ellos no era sana.

Un día —tendría como nueve años—, escondida detrás de la puerta, escuché a mis papás discutir y, como reacción a tanto reproche mutuo, de los labios de papa salió algo que me dolió mucho y que nunca olvidaré:

—¡Mira, pues dile a Ralph que la adopte!

Pensé que el mundo me caería encima. Ralph era mi padrastro y lo quería mucho, pero mi papa era mi papa. Pasé días oyendo en mi mente esas palabras y llorando a solas el rechazo que sentía por parte de ese ser tan significativo para mí.

Por fortuna, después de mucho tiempo ellos superaron todos sus problemas y hoy día se llevan bien. Pero a mí me costó superar esa sensación de abandono. Así que hace unos meses, en una ocasión en que mi papa me llamó para averiguar cómo estaba, aproveché para tocar el tema. Le conté lo que había sucedido y la tristeza y desesperación que sentí al escucharle decir que lo mejor sería que me adoptara mi padrastro. Él, sorprendido, respondió que nunca supo que lo había escuchado. Ese diálogo fue como una inyección de seguridad y reafirmación. Me explicó por qué había dicho tal cosa y me aclaró que nada tenía que ver con el amor tan profundo que sentía por mí. Conversamos varias horas, lloramos juntos, y luego nos recordamos el uno a la otra lo mucho que nos queremos. Fue muy difícil, pero era el primer paso hacia mi bienestar interno.

También hablé con mi mamá, para quien la experiencia fue más dolorosa porque, como ya comenté, siempre ha vivido entregada a mí y a mi hermana. El sólo pensar que me causó algún daño o preocupación la hizo sufrir. Pero después del intercambio, se sintió aliviada también al poder desahogarse y dejar por fin guardados esos recuerdos sin que nos atormentaran.

Seguí trabajando con la doctora Granda, pero resolver la relación con mi pareja, motivo por el cual fui a visitarla, fue bastante más difícil. Mientras tanto, mejoré la comunicación con mis hijos. Empecé a enseñarles lo que yo estaba por aprender: que nadie tiene derecho a tratarnos mal, que no podemos permitirlo, que en una relación las mujeres debemos ser tratadas como reinas. Así se lo expliqué a mi hija mayor.

De hecho, a medida que seguían mis visitas a la doctora, sentía que se gestaban diferencias en mi carácter: me notaba más fuerte, menos tolerante hacia las acciones injustas conmigo y hacia las palabras hirientes que antes permitía me dijeran. Esta mejoría se afianzó cuando ahondé en mis diálogos conmigo misma. Comprendí que ni yo, ni nadie, era mejor ni peor por haber tomado una decisión quizás equivocada. Que si me había casado y divorciado más de una vez, no tenía por qué sentirme avergonzada. Por supuesto que me hubiera gustado que las cosas hubieran sido de otra manera, pero las circunstancias no lo permitieron. Comprendí que la persona que soy hoy es producto de todas mis experiencias. Al reflexionar, me di cuenta de que tengo cualidades: soy buena trabajadora, buena amiga y, lo más importante, buena madre. También me recordé a mí misma todas lo hermoso que Dios me ha dado y las oportunidades que he recibido. Al fin pude un día agradecerle a mi psicóloga favorita, la doctora Gladys, y comunicarle que me sentía una mujer independiente y fuerte.

Estaba lista para resolver el dilema que me llevó a consultarla. Esa misma noche tomé la decisión de soltar las cadenas que me mantenían unida a una relación que no era positiva para mí, pero tampoco para él porque yo no podía ser como quería que fuera. No fue fácil, pero lo logré. Y aunque todavía pienso en él con cariño porque lo quise y lo estimo mucho, sé que tomé la mejor decisión.

Lo más curioso de todo es que la doctora nunca me dijo lo que debía hacer. Lo descubrí yo, en forma gradual. Y continúo trabajando conmigo misma.

Y, ¿qué creen, amigas?, cada día que pasa me siento mejor. Además de la seguridad de no volver atrás, he mejorado en muchos aspectos. Antes no sabía lo que era estar sola y disfrutar esa soledad sin un compañero. Ahora disfruto mi tiempo. Me he reencontrado con mis buenas amigas a las que había abandonado porque dedicaba mi atención exclusiva a quien las criticaba. Me reencontré con mi familia, porque casi no disponía de tiempo para llamar a mis tíos, primos, y otros familiares queridos.

Desde luego, también me ocupo de hacer cosas por mí y de realizar mis sueños, como el de escribir este libro, que me sirve también como vehículo para darme cuenta, aún más, de los logros que he obtenido gracias a mi empeño y aprendizaje. Ahora soy más clara al comunicarme con otras personas, y me siento más segura de mí misma. Y es que eso se nota a simple vista: cuando nuestra autoestima está alta y fuerte, nos salen mejor las cosas. Inténtenlo: quiéranse un poquito más. Valoren todo lo bueno y bello que tienen. Piensen en sus experiencias como el curso que han tomado en la vida para enfrentarse a las sorpresas que encuentran en el camino. Ahora, gracias a todo lo que han vivido, cada una de ustedes puede decir: "Soy una gran persona".

Otro aspecto relevante para obtener y mantener alta la autoestima es hacer lo que nos causa satisfacción, lo que queremos, lo que alimenta nuestro amor por nosotras mismas. En el caso de las jóvenes, es muy conveniente estimular sus deseos de estudiar, de superarse, porque, cuanto más aprendemos de la cultura y la vida en general, mejor nos sentimos. Somos capaces de enfrentarnos con cualquier situación o a cualquier persona. En la relación con la pareja nos hace sentir más seguras. Autoestima no es otra cosa sino el grado de confianza en una misma.

Si deseamos hacer algo —por ejemplo, mi manicurista desde niña quiso aprender a tocar guitarra—y no lo logramos, es posible que en nuestro interior surja un sentimiento de frustración que a veces no reconocemos, que nos entristece y hasta puede hacernos sentir menos. Pero nunca es tarde para realizar un sueño. Si tenemos la posibilidad, decidámonos a tomar esa clase de guitarra, canto o maquillaje, a leer sobre cómo sobrellevar las situaciones que se presentan en la vida y enfrentar los problemas.

Un factor clave en un aspecto tan significativo de la personalidad como es la autoestima es aprender a expresar todo lo que nos haga sentir mal. A mí me desagrada guardarme las cosas. Cuando algo me duele y me molesta, lo hablo; eso me hace sentir mejor, más segura, al ver que puedo comunicar cuáles son mis sentimientos reales.

De igual manera, no podemos permitir que alguien venga y opine sobre nuestra vida e intente hacernos sentir menos. Si alguien nos hiere, hay que cuestionar: "Dime por qué me agredes o por qué tomas esta actitud conmigo. No tengo ningún interés en hacer lo mismo contigo ni tampoco en darte el derecho de que me ofendas o me trates mal". Para mí, todo eso forma parte de la defensa de nuestra autoestima.

Hasta ahora hemos hablado de este tema en el ámbito personal. Ahora lo conectaré, de manera hipotética, con el ámbito del trabajo, en el cual a veces es difícil mantenerla. Yo suelo decirles a mis hijos: "Quisiera poder afirmar que todo el mundo es bueno en esta vida, pero desgraciadamente no es así. Es necesario aprender a reconocer a esas personas, a enviarles luz, para ver si pueden mejorar su forma de vida porque, según yo, cuando uno hace las cosas bien, las cosas le salen mejor".

Pero si estoy en el trabajo y alguien que menosprecia lo que hago pretende hacerme sentir que no soy valiosa para la empresa y que en cualquier momento, si se requiere despedir a alguien, seguramente yo seré la primera, tendré que ser honesta conmigo misma y ver cuáles son mis valores reales, aquellos de los que ella o él me habla, o los que yo puedo reconocer en mí. Y si debo mejorar algo, ése será el momento para hacerlo. ¿Cómo es que puedo evaluar la situación y actuar con esa madurez? Ustedes podrán darme la respuesta: ¡porque mi autoestima se ha elevado!

¡Les tengo una sorpresa! La doctora en psicología Gladys Granda Rodríguez también quiso comunicarse con ustedes y ofrecerles algunos de los consejos que tanto me ayudaron.

¿Qué es la autoestima?

La autoestima es, en términos sencillos, lo que pensamos de nosotras mismas, por ejemplo: "Soy bonita, soy fea, soy inteligente"... Como es obvio, esta percepción afecta nuestras relaciones con otras personas, nuestro sentido del humor, nuestro comportamiento, e incluso nuestra capacidad de amar, la cual está estrechamente relacionada con nuestra capacidad de amarnos a nosotras mismas.

La autoestima empieza a desarrollarse en el momento en que nacemos. La manera en que lo tratan sus padres es para un niño o niña la señal de cuánto vale. Si lo tratan con cariño y respeto, y le dedican atención y tiempo, el niño o niña se siente importante y, como consecuencia, se genera en su interior un sentido de valor propio positivo. Si, por el contrario, los padres lo rechazan, lo abandonan o lo maltratan, el niño o niña sentirá que no tiene mucho valor, que más bien es un estorbo, y, como resultado, crecerá con una autoestima deficiente.

Las experiencias que vivimos en la etapa de crecimiento influyen también en nuestra autoestima.

Las siguientes circunstancias son ejemplos de experiencias que pueden afectar nuestra autoestima durante los años escolares y la adolescencia:

- Haber soportado burlas en la escuela.
- Haber sufrido experiencias que nos hicieron dudar de nuestra capacidad de ser queridos (en especial por nuestros padres).

- Haber sufrido traumas en edades en las cuales aún no comprendemos situaciones complejas. Esto sucede en los casos de abuso verbal, físico o sexual, porque podemos interpretar que merecemos o buscamos lo que nos sucede y, de esta manera, dañar gravemente nuestra autoestima.
- Haber sufrido un daño a la autoestima durante periodos en los cuales no sabemos defendernos, o no podemos valernos por nosotros mismos.

La buena noticia es que, ya en la edad adulta, si nos lo proponemos, podemos evitar que lastimen nuestra autoestima. Las siguientes preguntas nos ayudarán a darnos cuenta de si tenemos una autoestima baja:

- ¿Generalmente te sientes menos que los demás?
- ¿Permites que te externen comentarios denigrantes sin confrontarlos y evitarlos?
- ¿Te refieres a ti misma con frases denigrantes para hacer reír a otros?
- ¿Te cuesta trabajo tomar decisiones?
- ¿Continúas involucrada en relaciones abusivas y no sabes por qué?
- ¿Te avergüenza expresar tu opinión por miedo a no ser suficientemente inteligente o a no estar en lo correcto?

Si contestas de manera afirmativa a estas preguntas, debes trabajar en elevar tu autoestima, para lo cual te recomendamos poner en práctica las siguientes sugerencias.

Y ahora, ¿qué puedes hacer para mejorar tu autoestima?

A continuación presentamos algunas acciones que te ayudarán a mejorar tu autoestima:

- Entender y aceptar que tus experiencias pueden moldear la manera como piensas de ti misma, pero que puedes cambiar esos pensamientos.
- Empezar a confiar más en ti misma, en tus decisiones, análisis y percepciones (siempre que funcionen en tu favor).
- No aceptar insultos personales, humillaciones ni acusaciones de culpabilidad por parte de nadie. Esa actitud sumisa baja tu autoestima.
- Estar consciente de que eres especial a tu propio modo; que eres un individuo único; que, tal como eres, eres una creación maravillosa.
- Estar consciente de que no hay nadie mejor que tú; sólo hay personas diferentes, no mejores.
- Elogiarte a ti misma por tus triunfos, tus cualidades y tus sueños. Nadie puede hacerlo mejor que tú.

Doctora Gladys Granda Rodríguez

10. Ahora vamos a buscar trabajo

Buscar trabajo en periodos económicos inestables no es tarea fácil. No me extrañaría que muchas de ustedes se encuentren en esas dificultades. Sin embargo, es prioritario pensar en nuestro futuro y en el de nuestra familia y aceptar que en cuestiones de economía hay periodos buenos y malos. Pero, en cualquier caso, ser positivas no es suficiente. Preparémonos de la mejor manera posible para aumentar nuestras probabilidades de obtener éxito a la hora de buscar empleo.

Quienes piensen por primera vez en establecerse en un trabajo serio, que les permita vivir cómodamente, se encontrarán ante una trascendente encrucijada; deberán tomar decisiones con respecto a las siguientes interrogantes: "¿Qué quiero hacer? ¿Quién quiero ser? ¿En qué campo quisiera desarrollar mi potencial y mis talentos? ¿Qué metas deseo alcanzar?".

Las mismas preguntas se las plantean quienes quieren dedicarse a una profesión o actividad distinta de la que practican.

Empecemos por las mujeres que trabajan sin que les guste lo que hacen. Algunas ponen horas de sudor y músculo y reciben un cheque diminuto. Para otras el cheque es robusto a cambio de siglos de insatisfacción y aburrimiento. ¿Qué hacer? ¿Quedarse en el mismo empleo en tanto no encontremos otro, o renunciar y lanzarse al vacío a buscar uno nuevo? Creo que todo depende de las circunstancias de cada una. Por ejemplo, si una mujer no tiene hijos, es muy joven y cuenta con ayuda económica, puede dejar ese trabajo aburrido, pesado, o ese ambiente tenso, y empezar la búsqueda con calma.

Si, en cambio, tiene responsabilidades, como hija, madre, o sostén de otros dependientes, puede considerar conservar su empleo y estudiar para ampliar sus posibilidades futuras. Una amiga muy querida que vive en Puerto Rico tenía dos empleos. Se despertaba, igual que yo, a las cuatro de la mañana, para presentarse en su primer trabajo. En la tarde, después de recoger a su hijo en la escuela, se dirigía a su segundo trabajo. Cuando llegaba a casa, ¡estaba muerta del cansancio! Como no recibía ninguna ayuda económica y era divorciada, cargaba por sí sola con todas las responsabilidades del hogar. Muchas veces hablamos de buscar otras alternativas profesionales.

—¿Por qué no buscas algo que te guste más y donde te paguen lo suficiente? —le preguntaba.

Pero ella suspiraba y evitaba contestarme. Creo que se sentía temerosa, pensando que ésas eran sus únicas opciones. Un día me exasperé y le dije en tono fuerte:

—Tú mereces algo mejor y eres capaz de lograrlo. Lo que te falta es seguridad en ti misma, así que, por favor, busca alternativas.

Por fin, hace unos días mi amiga me llamó súper entusiasmada:

—Acabo de regresar de la universidad; ¡me ofrecieron una beca completa para estudiar administración de empresas!

Mientras hablaba, saltaba de alegría porque eso representaba oportunidades estupendas de trabajo: podría ser gerente de algún negocio, abrir su propia tienda; en fin, el futuro se abría para ella y su hijo.

Sin embargo, la situación de mi amiga, que con una beca puede dedicarse a estudiar tiempo completo, no es común. En la mayoría de los casos hay que trabajar y estudiar al mismo tiempo y ese esfuerzo exige un buen número de sacrificios. Por una parte, implica permanecer en un trabajo mediocre durante unos años, hasta conseguir el título deseado. Por otra, es supremamente difícil atender el hogar y estudiar después de un día de trabajo. Pero, de nuevo, les confieso, amigas, que he visto a muchas mujeres enfrentarse a este reto y triunfar.

Ahora bien, si escogen el camino de trabajar y a la vez estudiar, les sugiero que lo hablen con sus jefes. En la mayoría de los casos, con sólo informarles del proyecto al que se dedicarán, causarán una impresión favorable, incluso es posible que la misma empresa les pague la totalidad o parte de sus estudios. Así que, amigas, sin penas ni inseguridades, pa'lante!

Si ya estamos decididas a cambiar de profesión o actividad, hablemos de las opciones disponibles y cómo desarrollarlas.

En la actualidad existen grandes oportunidades para las personas que quieran dedicarse a una profesión. Por supuesto, están las profesiones tradicionales para mujeres: la enfermería, la pedagogía, la repostería, la costura. También es verdad que hoy día, los horizontes en este sentido se han ampliado para las mujeres, de modo que cada una puede ser ahora lo que quiera.

Por ejemplo, en mi carrera he trabajado con mujeres camarógrafas, libretistas, novelistas, directoras de telenovelas, ingenieras de sonido, ingenieras de luces. En fin, les recomiendo que, al considerar la posibilidad de estudiar, realicen una investigación.

Antes que nada, les sugiero seguir estos pasos:

1. Visiten la universidad más cercana y pidan un folleto en el que se describan las carreras que ofrecen (a medida que investiguen, consulten otras universidades y colegios comunitarios).

2. Después de familiarizarse con los servicio y las carreras que ofrecen, pidan hablar con un consejero que pueda guiarlas. ¿Se dieron cuenta de que les sugiero acudir a la universidad

antes de preguntarles si ya escogieron una profesión? Esto lo hago porque es conveniente analizar varias opciones antes de decidirnos por una profesión, aunque estemos convencidas de que ésa es la que más nos gusta. Hay muchas profesiones que no son muy populares y, sin embargo, pueden resultar de gran interés. Por ejemplo, todas sabemos que Carlos Vives principió como actor para luego descubrir que su vocación era la música. Yo conozco a alguien a quien ustedes quieren mucho también: nuestro Rafael José, quien —como muchas saben— estuvo varios años como animador de "Despierta América" y además es actor y cantante. ¿Pues saben qué título obtuvo Rafael José? No me lo van a creer: el de ¡dentista! Al igual que Carlos Vives y Rafael José, ustedes también pueden tener talentos ocultos, así que investiguen antes de lanzarse a los estudios. Volvamos al consejero: plantéenle diversas preguntas acerca de las profesiones que les interesen, las posibilidades y ambientes de trabajo.

3. Averigüen qué becas o préstamos puede ofrecerles la universidad. Tomen en cuenta que si sus ingresos no son muy altos, el préstamo lo pagarán hasta que terminen la carrera y a un interés muy bajo. Entonces, prepárense para una sorpresa: ¿qué tal si descubren que su profesión idónea es la de detective privado o periodista o capitán de un barco o, por qué no, astronauta?

Les cuento que ustedes también pueden crear su profesión como quien diseña un vestido. No es broma. Hay muchas posibles maneras de hacerlo. Por ejemplo, una persona que estudia para chef puede combinar esta profesión con su interés en los niños y dedicarse a planear comidas para escuelas o instituciones. O bien, alguien con gusto por los deportes, puede considerar muchos caminos. Un amigo mío moría por el béisbol y la pintura; decidido a realizarse en ambos campos, estudió artes plásticas y al graduarse se dedicó a pintar paisajes y personajes del béisbol. Con paciencia y perseverancia, se ha creado una profesión que disfruta, al tiempo que le permite vivir divinamente. Como en todo, ¡hay que usar nuestra imaginación!

En el aspecto económico de la vida de muchas personas priva la incertidumbre. Las empresas no ofrecen trabajo de por vida, y el retiro y la pensión con que nuestros padres hubieran podido contar ya no son un hecho. Ahora vemos que familiares o amigos, que antes confiaban en permanecer en su empleo al menos veinte años, se angustian cuando se presenta una recesión. Y con razón. Cuando menos lo esperen, pueden llamarlos a recursos humanos y mostrarles la puerta de salida.

Pero no nos desanimemos. Estas cosas hay que tratarlas como toro por los cuernos: de frente. Para mejorar nuestras posibilidades de mantener nuestro empleo y conseguir otro en caso de despido, debemos ampliar nuestras habilidades y estar al día respecto de las nuevas tendencias.

Un campo que es indispensable aprender, pulir y mantener en nuestra era es el de la computación. No se puede ser "analfabeta" en informática porque ahora todo está regido por el software, el correo electrónico, los bits y los bytes. Si ven que están un poco fallas en este sentido, les aconsejo tomar un cursito. También pueden acudir a la biblioteca o a una librería por un libro que las inicie en los términos y conceptos básicos, o uno que amplíe y actualice sus conocimientos si ya tienen experiencia.

Otra área es el idioma. Es fundamental hablar al menos dos y, desde luego, uno de los que más conviene —sobre todo si viven en Estados Unidos— es el inglés. Si son bilingües, las posibilidades se multiplican, en especial ahora que el número de hispanos en este país ha aumentado tremendamente.

Otra gran posibilidad es comenzar un negocio propio. Si poseemos una habilidad o talento especial, por ejemplo, para las manualidades o la repostería, podemos abrir un local y establecer un negocio o industria de este tipo. Muchas veces se arranca en pequeño. Lo importante es confiar en nuestras habilidades, investigar lo más posible, y perseverar. Si hay tantas personas que lo han logrado, ¿por qué nosotras no? ¿Cómo creen que empezaron los dueños de grandes negocios? Con uno diminuto, y muchas veces desde su casa.

En Mayagüez, "Fido" creó la sangría más rica y famosa de Puerto Rico y, para mí, del mundo. Fido comenzó esta industria en el garaje de su casa. Luego abrió su kiosquito que han visitado figuras famosas como Marc Anthony, Shakira, Carlos Vives, esta servidora, y muchos más. Ahora la vende en muchas tiendas e incluso la exporta.

Para facilitar y asegurar el éxito en un negocio propio, les aconsejo investigar en su localidad qué organismos asesoran a los empresarios en pequeño. Estas instituciones ofrecen excelentes servicios y en algunos estados incluso facilitan préstamos con condiciones e intereses muy favorables.

He comentado varias veces que soy una persona luchadora, y es algo que aprendí de mi madre. Por eso creo que puedo aconsejarles, consciente y segura de lo que digo, que, aun si pasamos por épocas difíciles, siempre podemos prepararnos, fijarnos metas y, con paciencia y perseverancia, lograrlas. Eso lo palpamos con claridad al ver a personas que, sobrellevando grandes obstáculos, obtienen grandes resultados en sus actividades. Entonces nos damos cuenta de que, casi siempre, las limitaciones nos las imponemos nosotras mismas.

Ahora hablemos del momento en que nuestros esfuerzos están a punto de cumplirse. Hemos investigado, estudiado, buscado, ese trabajo tan deseado. ¡Y lo encontramos! Lo único que falta es la entrevista. Puedo escuchar lo que piensan, amigas: "¿Sólo la entrevista? ¡Ay, Dios mío!". Entiendo a la perfección ese miedo. Muchas de ustedes tal vez se han divorciado recientemente, nunca han buscado empleo y, por tanto, nunca han tenido una entrevista con este fin. Y no están solas. Hay miles de mujeres, sobre todo hispanas, que por años han dependido del sueldo de su compañero y no saben ni cómo cuadrar una chequera o administrar la casa, mucho menos desenvolverse en un medio profesional. Como es lógico, enfrentarse a una entrevista de reclutamiento despierta su pánico. Las entiendo; yo también he tenido que acudir a una cada vez que he solicitado empleo, para discutir mis posibilidades y negociar mi sueldo. Y admito que, aunque he trabajado desde muy niña, ¡todavía me muero del susto!

Muchas veces he debido hacer algo peor que una entrevista: audiciones, que llegan a ser aterradoras y consisten en competir con muchas personas que pueden estar tan capacitadas como yo, o más, para el papel o la posición que me interesa. No es nada fácil; cada vez que acudo a una representa una tortura.

Recuerdo cuando audicioné para la película *Noriega*, que iba a dirigir Oliver Stone, realizador de la famosa *Apocalipsis Now*. Pueden imaginar mis nervios. Pasé dos días aprendiendo la escena que interpretaría en inglés. En la mañana en cuestión, me vestí como el personaje para el que audicionaba, "Vicky", la amante del ex mandatario panameño Manuel Noriega. Me puse una ajustada falda negra y una camisa floreada, y me ricé el cabello. Tempranito, llegué al Hotel Biltmore en Miami, donde sería vista por la directora de una agencia de *castings*. Para aumentar mi angustia, me encontré con mil personas que esperaban en el pasillo y en la sala de la suite mientras repasaban sus diálogos. Por fin hice mi audición y para mi sorpresa recibí un "call back"*. Ahora habría de hacer el mismo numerito, pero frente a *Oliver Stone*. "Ay no! Yo no voy. Mejor me olvido de esto", pensé.

Esa noche no pude comer ni dormir y, para colmo, me dio dolor de estómago. ¡Imagínense lo linda que me veía al levantarme de la cama! Estaba ojerosa y tampoco pude desayunar. En ese lamentable estado me monté en el automóvil y viajé camino al Biltmore enfundada en el mismo atuendo. Esperé unas dos horas, esta vez como parte de un grupo más reducido de personas que también fueron llamadas de nuevo. Era como una eliminatoria.

Por fin llegó mi turno y cuando entré, me encontré de frente con el prestigiado director Oliver Stone. ¡Qué hombre más inte-

---

* Me llamaron de nuevo.

resante e imponente! Con expresión muy seria y sentado tras un escritorio, hacía anotaciones en un cuaderno. También estaba presente el director de *casting*, quien leyó la parte del personaje de Noriega, mientras yo interpretaba la de "Vicky". Todo pareció ir muy bien, excepto que al terminar Oliver Stone me preguntó:

—¿Cuál es el origen del apellido Blondet?

Traicionada por los nervios, le expliqué:

—Mis padres fueron franceses.

A lo que él respondió:

—Lo siento mucho.

Entonces me percaté de lo que dije: que mis padres —no mis tatarabuelos— eran franceses y habían fallecido. ¿Pueden creerlo? De puro susto maté a mis padres, quienes, como se dice, por fortuna estaban vivitos y coleando en Puerto Rico…

Luego vino la espera. En casa me planté al lado del teléfono rezando para que el timbre sonara anunciando que había sido seleccionada. Y la espera rindió frutos: esa tarde me llamó mi agente para informarme que sí, que quedaron bien impresionados conmigo y me querían como la Vicky de la película. Ese momento fue muy especial porque me sentí premiada por mi esfuerzo y mi trabajo.

Aunque, para mi tristeza, el proyecto fue cancelado, para mí fue una gran experiencia. Haber sido escogida me pareció una demostración de que no hay que amilanarse ante nada; todo lo contrario, debemos luchar por lo que soñamos. Las oportunidades existen; lo único que necesitamos es saber reconocerlas y actuar de la forma correcta para no perderlas.

Pienso que una audición para conseguir un papel estelar en una película es similar a una entrevista para obtener empleo. El requisito principal es estar muy bien preparados en todos los sentidos. Primero, reconozcamos nuestra habilidad, talento y conocimientos acerca del puesto al que aspiramos para superar los temores que nos asaltan. Después, analicemos y aclaremos en nuestra mente cuán positiva puede ser nuestra participación en esa empresa. Y no nos olvidemos de preparar un buen currículum.

Para ello, qué mejor que las sugerencias e indicaciones de la señora Elena Brouwer sobre cómo presentar un currículum en forma correcta y cómo lograr el éxito en una entrevista de empleo. Con más de veinte años de experiencia en su campo, la señora Brouwer es consultora en etiqueta y protocolo, certificada por la escuela internacional The Protocol School of Washington. Es consultora de imagen personal y se graduó en la escuela de modelaje Modeling and Finishing School, de Patricia Stevens. Es bilingüe y conduce seminarios de etiqueta. Trabaja como voluntaria para diversas organizaciones.

Cómo elaborar un currículum adecuado

El primer paso en el a veces atemorizante proceso de búsqueda de empleo es elaborar un currículum, el cual debe incluir, de forma concisa y profesional, nuestra experiencia de trabajo, nuestras habilidades y aspiraciones, así como los estudios realizados.

Para presentar un currículum que deslumbre y que despierte en tu posible empleador el deseo de ofrecerte empleo, sigue estas sugerencias:

1. Entrega siempre un currículum original, nunca fotocopias.
2. Verifica que la ortografía sea impecable.
3. Escoge la mejor calidad de papel, de color blanco o crema.
4. Limítate a una página o dos como máximo.
5. Indica tu objetivo (a qué puesto aspiras en la empresa).
6. Nunca mientas ni exageres.
7. No pongas fechas de otros empleos o estudios si ya tienes cierta edad, por ejemplo, si ya eres mayor de cuarenta.
8. Cuando hayas recopilado todos los datos necesarios para tu currículum, pídele a una secretaria u otra persona capacitada que lo elabore a máquina o en computadora.

Un modelo de currículum

Ángela Pérez

1260 Brickell Avenue
Miami, FL 32309
(302) 123-4567

Objetivo

Obtener un puesto como vendedora de trajes de baño.

Resumen de aptitudes

- Dos años de experiencia como vendedora de ropa de niños en Burdine's.
- Voluntaria para ayudar a vestir a las concursantes de Miss Universo.
- Vendedora regional de la compañía Avon.
- Costurera y bordadora de ropa fina.

Educación

- Graduada de la Escuela Secundaria Sagrado Corazón de Miami Beach.
- Cursos intensivos de ventas de FIU.
- Entrenadora de ventas para las empleadas de nuevo ingreso de Avon.
- Experta en presentaciones en Power Point.

Idiomas

Inglés y español

Referencias

Disponibles cuando las soliciten.

¿Cómo lograr el éxito en una entrevista de selección?

Queridas amigas, cuando llega el momento de acudir a esa temida entrevista para obtener empleo, es necesario preparar ciertos aspectos para llegar con actitud positiva y productiva.

Qué evitar

- La ropa muy ceñida o escotada o las faldas muy cortas.
- El exceso de maquillaje. Los colores subidos no son adecuados para el ambiente de trabajo.
- Los perfumes fuertes. Con unas goticas basta.
- Las uñas demasiado largas y pintadas de colores brillantes.

Qué usar o hacer para causar una buena impresión

- Vístete con ropa de ejecutiva, por ejemplo, un traje de dos piezas en colores tradicionales: negro, azul oscuro o gris.
- Asegúrate de que su ropa esté muy limpia y planchada.
- Tus zapatos deberán estar en buenas condiciones y tus medias o pantimedias ser del mismo color o lo más parecido posible.
- Lleva un peinado moderno, con un corte y color profesionales.
- Ponte pocas joyas: el reloj, los aretes y una sortija son suficientes.
- Y siempre lleva consigo el mejor adorno: ¡una bonita sonrisa!

Prepara con anticipación lo que necesitas llevar y saber

- Lleva un currículum a la entrevista, aunque ya hayas entregado uno; podrías necesitarlo.

- Obtén toda la información posible sobre la empresa. Esto demostrará tu interés en trabajar en ella.

Qué hacer en la oficina de la persona que te entrevistará

- Al entrar, sonríe, estréchale la mano con firmeza y mírala a los ojos.
- Espera a que te indiquen dónde sentarte.
- Mantén una postura correcta, sin jugar con las manos ni cruzar las piernas.
- No toques nada de las mesas laterales y deja tu bolsa en el piso o a un lado de tu asiento.
- Dirígete a la persona por su apellido, por ejemplo: señora González o señor López.
- Si la entrevista es en español, siempre trata a la persona de usted y no de tú.
- Escucha bien lo que te pregunten y no te apures en contestar si no entiendes bien lo que te dicen.
- No hagas comentarios negativos de tu último jefe o jefa.
- No temas preguntar en cuánto tiempo te informarán del resultado del proceso de selección.
- Siempre termina tu entrevista con un detalle positivo y agradece su atención al entrevistador o entrevistadora.

Qué hacer después de la entrevista

- Manda una tarjeta de agradecimiento a la persona. Así demostrarás tus buenos modales y este gesto puede representar la diferencia entre obtener o no ese puesto que deseas.

¡Buena suerte!

Elena Brouwer
International Etiquette Centre
954-921-0565 / 305-332-4527

11. Cuidemos nuestra economía

"Cómo voy a cuidar la economía si no puedo ni respirar en mi batalla por pagar las deudas?" Esto se preguntarán algunas de ustedes pensando en los pagos de la hipoteca o la renta de casa y automóvil, luz, agua, teléfono, tarjetas de crédito, libros y escuela de los niños, dinero para enviar a la familia en nuestro país de origen… ¡La lista es interminable! Tanto, que muchas veces, cuando llega la hora de pagar esas cuentas, nos invade una angustia que no nos deja dormir.

Pero no es cuestión de desesperarse, ésa es la peor actitud que podemos asumir. Siempre hay una luz al final del túnel, asegúremonos de tener la fuerza suficiente para vislumbrarla. Todas hemos pasado por crisis económicas y, de una u otra forma, las hemos resuelto o estamos en vías de hacerlo.

Créanme, sé lo que les digo porque lo he vivido: por eso he querido abordar este tema tan importante en este capítulo (después de todo, dicen que cuando los problemas económicos entran por la puerta, el amor sale por la ventana). Aquí veremos cuál es la mejor manera de deshacernos de deudas y hacer que nuestro dinero nos genere satisfacción y seguridad, no angustia.

Tal vez mi caso no sea muy común y corriente, pero deseo que tomen de él lo que pueda servirles como ejemplo. Aunque comencé a trabajar siendo una niña de catorce años y gané mucho dinero, mi juventud no me permitió escuchar a mi mamá que me recomendaba ahorrar. ¡Claro que no! Gastaba casi todo mi dinero en ropa, zapatos, carteras, y en las maquinitas de juegos, las cuales alimentaba con ríos de monedas. Si le hubiera hecho caso a mi mamá, creo que hoy sería millonaria. Podía ahorrar todo porque vivía con ella y no tenía que pagar hipoteca o renta de la casa, luz, agua, teléfono, etcétera.

Ni siquiera puedo achacar la culpa a la falta de responsabilidad propia de mis años de adolescencia. Aun después de casarme, seguí con el mismo derroche. Les confieso que hubo momentos en los que me vi con muchas deudas. La hora de la verdad la sufrí después de mi divorcio. Aparte de mis deudas, heredé las de mi matrimonio. Y es que cuando estaba casada con Harold, como era la encargada de cuadrar la chequera y hacer los pagos, buscaba la manera de pagar todo e intentaba que me sobrara algo para que mis hijos y yo disfrutáramos de algún gustito o lujo. Pero nacarile del oriente*... no se podía. Preocupada, no dormía pensando y pensando hasta que decidí fijarme una meta: "Giselita, vas a terminar con tus deudas antes de que termine el año".

Lo primero que hice fue concentrarme en las tarjetas de crédito. Estos pedazos de plástico pueden ser de gran ayuda —en una emergencia o cuando no deseemos llevar gran cantidad de dinero en efectivo con nosotras—, pero hay que usarlas con mucho cuidado porque al firmar papeles nos olvidamos de que es dinero que luego tendremos que pagar. A fin de mes llegará la dolorosa cuenta, y si no la podemos cubrir completa, los intereses se acumularán y terminaremos pagando el doble por esa blusita que

---

* De ninguna manera.

nos gustó. Es más, puede suceder que se vea ya vieja y, después de regalarla, la sigamos pagando. En este país esto de las tarjetas es peor aún porque nos llegan aprobadas por correo a la casa y lo único que necesitamos para activarlas es levantar el teléfono y llamar a un número que, en números grandotes, nos presentan.

Gracias a esa tentación, me hice de varias tarjetas. Así que si me gustaba un vestido costoso de algún modisto, bastaba exclamar con alegría: "¡Cárguelo a mi tarjeta!". Si veía un auto, precioso pero caro, pues ¿por qué no? Sin sentirlo, la deuda creció hasta que un día me llegó una cuenta gigantesca. Además, las circunstancias se complicaron porque, justo por esa época, había dejado de trabajar debido a uno de mis embarazos. No podía seguir así. Con firmeza, decidí guardar la tarjeta de crédito en un cajón del clóset y pagar las deudas una por una. Abonaba lo máximo que podía porque cuando cubrimos el mínimo en realidad pagamos intereses, y esa deuda no se termina nunca. Apenas empecé a ganar algo de dinero en los diferentes trabajos que realicé, lo utilicé estrictamente para pagar las deudas. Qué sensación de alivio sentía cuando liquidaba a una de mis "enemigas". Y aunque volví a hacer uso de la tarjeta de crédito, había aprendido la lección: "no excederse".

Lo mejor de esta experiencia es que empecé a ahorrar. ¡Conozco tantos casos de artistas famosos que amasaron fortunas durante muchos años de trabajo y vivieron en la riqueza con mil lujos y glamour que a todos maravillaban! ¡Cuántas veces suspiramos al verlos en fotografías o vídeos disfrutando en mansiones palaciegas, manejando fabulosos autos deportivos último modelo, o luciendo sus carteras de marca de hasta dos mil dólares! Sin embargo, ¡qué triste verlos más tarde en la completa ruina! Eso le sucedió a la famosa cantante cubana "La Lupe", quien gozó de riqueza y reconocimiento, pero, al despilfarrar todo lo material, perdió también a los que ella creía sus amigos y murió sin un centavo y totalmente desamparada.

Esos casos tristes me hicieron reflexionar. ¿Sería ése mi futuro: seguir firmando tarjetas, seguir gastando mi bienestar futuro y el de mis hijos? "No", me dije, "eso no puede ser." Después de reflexionar en ello, di con la manera de mejorar en este sentido. Decidí empezar siendo razonable —si tus objetivos son demasiado altos, acabarás por no hacer nada— y comencé por ahorrar diez por ciento de lo que ganaba, porcentaje que aumenté poco a poco, hasta que logré convertir ese ahorro en un hábito y en una cuentecita, si no fabulosa, sí alentadora. Si nos proponemos ahorrar, lo lograremos. Lo que requerimos es organización y disciplina.

Además del ahorro, estaba convencida de que había otras maneras de asegurar un patrimonio para mi familia. Entonces me di a observar a artistas que han sabido manejar sus recursos económicos, como el famoso John Travolta. Después de rodar las exitosas películas *Saturday Night Fever* y *Grease*, John se quedó sin trabajo durante muchos años. ¡Quién lo creyera!, no? Sin embargo, supo invertir su dinero. Ahorró y, de manera gradual, se dedicó a adquirir propiedades. Con esas inversiones alcanzó una estabilidad financiera que le permitió esperar la llegada de una nueva oportunidad artística. Aunque no le pagaban lo que merecía una figura como él, John aceptó el papel. Resultó lo que suelo decir: a veces uno tiene que perder para ganar. La película era *Pulp Fiction*, la cual le devolvió el reconocimiento como actor, ahora con mayor madurez y credibilidad.

Con esta clase de ejemplos, me propuse realizar una inversión, por pequeña que fuera. De este modo compré mi casa y me adentré en la que considero la forma mejor y más segura de invertir: la adquisición de propiedades. (En el siguiente capítulo hablaremos de este aspecto con mayor detalle.)

Como ven, por fortuna, no sólo pude salir del agujero en que yo misma me había situado, sino que mejoré mi situación económica de manera sustancial. Por tanto, siento que estoy autorizada para recomendarles lo siguiente:

- No permitan que la falta de dinero las presione hasta el punto de no ser capaces de establecer una meta concreta y trabajar todos los días para lograrla.

- Piensen en cómo desean que sea su vida en unos años —que además llegan volando—, y enfoquen su energía en esa visión.
- Luchen incansablemente por la estabilidad y la seguridad financieras, tomando en cuenta siempre dos palabras mágicas: ahorro e inversión.

Yo lo he logrado, amigas, sola y con tres hijos, y si yo puedo hacerlo, ¡ustedes también!

Pero no iba a dar consejos sólo yo, ¿verdad? Solicité la opinión de alguien que sabe mucho de estos temas, quien puede ayudarnos a organizar nuestras ideas y ha sido muy amable en proporcionarnos una fórmula sencilla para que todas podamos salir adelante. Por favor, ¡no se atormenten! Las dejo, amigas, con Fernando Orfila, experto en la materia, quien trabaja en Univisión, donde ustedes lo han visto varias veces en "Despierta América". Fernando también escribe para Univision.com. y ahí pueden comunicarse con él.

Cómo manejar con éxito el aspecto económico

En lo que respecta a cómo manejar el dinero, muchas personas piensan que es una tarea difícil y la dejan de lado. No se conceden la más mínima posibilidad de hacerse responsables de este importante aspecto de su vida y adoptan una actitud de impotencia: "¿Qué puedo hacer yo, si no sé de esas cosas?"

La respuesta es sólo una palabra: "Mucho". Sí, es mucho lo que podemos lograr en este sentido, aun si no nos especializamos en el tema del bolsillo. No se trata de una ciencia, simplemente, de sentido común. Todos hemos manejado dinero desde niños cuando guardábamos centavos para comprar caramelos, por ejem-plo. Sin embargo, en la edad adulta, muchos hemos preferido disfrutar la vida ahora y de pronto nos encontramos sin ahorros, sin casa y sin una estabilidad económica. De modo que ¡pongamos manos a la obra, empecemos a edificar o apuntalar nuestro presente y nuestro futuro; con algo de esfuerzo podremos lograrlo! Para ello, a continuación presentamos algunas sugerencias. ¡Síguelas!

¿Cuánto tenemos?

En un cuaderno, apunta cada gasto que hagas. Al final del mes, suma los gastos y réstalos de tu ingreso mensual. Si los gastos son inferiores a los ingresos, ¡vas bien!

Sin embargo, antes de cantar victoria, asegúrate de que el dinero sobrante se encuentre en forma contante y sonante en tu cuenta corriente o de ahorros, o, al menos —aunque no lo recomiendo— en un jarrón de la cocina.

Pero, ¡atención!, si los gastos son superiores a los ingresos, o sea, si están en rojo, los problemas han comenzado y tienes que actuar.

¿Qué hacer si la cuenta está en rojo?

- Corta los gastos en todo rubro que no sea estrictamente necesario.
- Elimina compras de objetos que creemos necesitar pero que, pensándolo mejor, podemos prescindir de ellos.
- Elabora una lista de todas tus deudas y coloca al lado de cada cifra el interés que pagas por ella. Así sabrás cuál debes pagar primero.

¿Cómo eliminar deudas?

El siguiente es un caso práctico, el cual desarrollamos para explicar con mayor claridad el proceso de eliminación de deudas.

Digamos que tienes tres deudas: por una pagas siete por ciento, por otra nueve y por la tercera quince por ciento de interés.

Lo más acertado —desde luego, todo depende de la situación personal de cada uno— es saldar el monto mínimo de las cuentas que causan menor interés y pagar más dinero a las que mayor interés cobran. Por ejemplo, si contamos con doscientos dólares al mes para pagar cuentas, podríamos repartirlos así: veinticinco a la deuda con menor interés; veinticinco a la que le sigue, y ciento cincuenta a la de mayor interés. Una vez que termines de pagar la cuenta de mayor interés, continúa con el mismo procedimiento. Paga las dos cuentas que te quedan de esta manera: veinticinco dólares a la deuda con menor interés y ciento setenta y cinco a la que causa mayor interés. Al final del plan, terminarás pagando doscientos dólares a la cuenta con menor interés (que para entonces deberá ser la única que te quede). Ahora bien, un punto fundamental que deberás respetar es que, cuando saldes una cuenta, el dinero que ya no vayas a utilizar para ella lo dediques a pagar las otras cuentas (recuerda que ese dinero no te sobra y no puedes gastarlo a tu antojo). Si quieres estar libre de deudas, como para toda empresa importante, necesitas invertir en ello uno de los grandes tesoros del ser humano: ¡mucha fuerza de voluntad!

Ya salimos de deudas; ahora, a planear el futuro

Si ya diste el primer paso, que es liquidar tus deudas, podrás orientarte al segundo: decidir qué deseas para tu futuro. ¿Educación para tus hijos? ¿Tener una casa propia? ¿Arrrancar un pequeño negocio?

a. Si una de tus metas es que tus hijos estudien la universidad, investiga los planes de financiamiento que existen. Por ejemplo, los llamados 529 College Savings Plans son auspiciados por cada uno de los estados de la Unión Americana y permiten pagar la matrícula de estudios en forma adelantada. En cada estado el plan tiene un formato diferente, así que lo mejor será que te pongas en contacto con tu gobierno local. En esencia, los planes establecen un precio fijo del costo de la universidad (estatal). El monto por pagar depende de la edad de los hijos y hay varios planes para elegir. Unos ofrecen un pago mensual hasta la fecha de inicio de la carrera. Otros brindan la oportunidad de cubrir un monto único al inicio del plan. Otros más ofrecen una serie de pagos anuales (según las opciones que elijas y el estado donde vivas).

b. Si tu meta es comprar una vivienda, deberás saber cuánto has ahorrado. El primer paso es averiguar si tenemos dinero suficiente para el enganche (*down payment*). El segundo es investigar sobre los distintos planes de pago. Ya sin deudas, tu crédito deberá haber mejorado y así podrás escoger el plan más práctico en tu caso. Aquí volvemos al tema principal: no gastar más de lo que podemos afrontar. Ésa es la razón principal por la que nos metemos en problemas. Entonces, si buscas una vivienda, hazlo en zonas al alcance de tus posibilidades. Es mejor ser dueño de una casa chica pero que puedas pagar, que poseer una mansión para pagar la cual no sabes si tendrás dinero mañana (o, peor aún, si pasarás muchos años de tu vida comiendo arroz blanco porque no alcanza para más).

Conclusión

Manejar dinero no es difícil. Lo duro es evitar autoengañarse. *Hay que vivir dentro de nuestras posibilidades.* Y les dejo dos dichos para recordar:

"A pobre viene quien gasta más de lo que tiene."
(Elrefranero.com).

"Quien gasta y no gana, ¿de qué comerá mañana?"
(Elrefranero.com).

Los seguros

La compra de los bienes raíces siempre está vinculada con el aspecto de los seguros. Por lo general no contamos con todo el dinero necesario para pagar la propiedad en efectivo y, por ende, tenemos que recurrir a solicitar un préstamo.

Una persona puede ser dueña legítima de una vivienda sin contratar un seguro, pero para hacerlo deberá liquidarla en efectivo. La razón es que cuando nosotros invertimos en el mercado inmobiliario por medio de un préstamo, en realidad no somos los dueños de la propiedad hasta que terminamos de pagar nuestra deuda: el préstamo hipotecario.

En Estados Unidos, son dos los tipos básicos de seguros relacionados con las hipotecas:

- El Private Mortgage Insurance (PMI), también conocido como el seguro de garantía de que se pagará la propiedad. Este tipo de cobertura se impone automáticamente cuando el pago inicial, o *down payment*, es menor de veinte por ciento del valor de la propiedad que se adquiere o cuando refinanciamos y nos queda una plusvalía menor de veinte por ciento del valor de la propiedad). Este tipo de póliza protege al prestamista del dinero, por si no logramos cubrir los pagos de la hipoteca (hasta que comience el proceso de embargo de la propiedad).
- El de vida, que protege a la persona nombrada como deudor en el contrato del préstamo. Con este tipo de cobertura, si la persona fallece, el seguro paga la totalidad del préstamo y los herederos reciben la vivienda. Algunas empresas también incluyen en esta cobertura accidentes y enfermedades graves que dejan a la persona imposibilitada para trabajar; sin embargo, todo depende de la empresa y de su política.

El primer seguro que analizamos es obligatorio, en tanto que el segundo, el de vida, no lo es. Para evaluar si vale la pena contratarlo, debe tomarse en cuenta la situación específica de la persona (edad, tipo de trabajo, estado de salud, etcétera). Muchas veces, en cuanto compramos una propiedad comenzamos a recibir por correo ofertas de este tipo de seguro, pero antes de firmar cualquier contrato es fundamental investigar si ofrecen un buen precio, si la cobertura es la adecuada (es posible que consigas una mejor cobertura por el mismo dinero comprado con otra aseguradora) y si en realidad lo necesitas (muchos trabajadores están protegidos con seguro de vida en su empleo).

Ya compré ¿y ahora?

La mayoría de las instituciones de crédito o prestamistas te obligará a contratar un seguro sobre la propiedad (la estructura) para proteger su interés. Ya que aún no terminas de pagar la vivienda que compraste, en los papeles ésta pertenece al banco.

En Estados Unidos se maneja el conocido Homeowners Insurance (seguro de propiedad), el cual está formado por tres partes fundamentales:

- Cobertura de la estructura: ésta protege la propiedad en sí misma. El seguro protege la casa de distintos incidentes, que se estipulan directamente en la póliza. De ahí la importancia de leer la póliza punto por punto, para comparar las ofertas que te hagan las distintas empresas (alguna podría incluir algún punto extra). Además, en ciertas zonas se requieren seguros complementarios para inundaciones, terremotos y huracanes. Este agregado al seguro protege la casa en eventos especiales.
- Cobertura de tu propiedad dentro de la casa: ésta protege tus objetos personales dentro de la vivienda. Para lograr una buena cobertura, debes preparar una relación de todos los objetos y su valor aproximado. Muchas empresas de seguros tienen modelos de estas relaciones que puedes usar para asegurarte de incluir la mayoría de tus posesiones.
- Cobertura económica de daños: por último, el seguro debe incluir una cláusula sobre la asistencia económica para cubrir tus gastos si tuvieras que dejar tu casa por los daños recibidos.

Fernando Orfila

12. Invierte y ganarás

Queridas amigas, ha llegado el momento de hablar sobre cómo podemos ser dueñas de nuestro futuro. Así que si están acostadas leyendo antes de dormir, prepárense porque van a soñar, como me pasó a mí, con la posibilidad de echar pa'lante convirtiéndose en inversionistas. Algunas pensarán: "Ja, ja, qué graciosa es Giselle. Si no tengo dónde caerme muerta. Si este mes estoy atrasada en el pago de la casa, ¿cómo voy a pensar en invertir?". Pues no importa que sus cuentas estén en cero ahora. Lo que requieren para adentrarse en el mundo de las inversiones es tener empeño, ser un poquito atrevidas, y ya verán.

Con esto no quiero decir que se vuelvan locas ahora y arriesguen todo su patrimonio —de por sí escaso— en cualquier aventura descabellada. ¡No! Les contaré lo que yo aprendí y cómo eso me ayudó a adquirir una gran seguridad que me permite contemplar el futuro con mayor tranquilidad.

Sin duda, hay muchas formas de invertir y unas implican más riesgos que otras. En la actualidad la inversión en la bolsa de valores ha adquirido gran popularidad, pero, dado que desconozco ese ámbito, he preferido irme por un camino menos arriesgado: la inversión en propiedades.

"Sí, claro, eso es obvio", reaccionarán muchas de mis amigas lectoras, "pero si ése ha sido el sueño de toda mi vida: ¡comprar mi propia casa! Estoy cansada de atormentarme por tener que reunir para el alquiler de esta vivienda o apartamento, pagando una cantidad mensual que sólo favorece al dueño."

Pues les tengo una buena noticia: los bancos ofrecen planes para préstamos hipotecarios en los que en muchas ocasiones no es necesario poner un centavo de inmediato, es decir, como enganche. Lo que deberán hacer es averiguar un poco más sobre las diferentes opciones disponibles.

En mi caso, me di cuenta de todo lo que podía lograr cuando comencé a buscar una casa en Miami después de mi divorcio. Pensé las cosas muy bien y tomé en cuenta consejos anteriores:

- Comprar a precio de preconstrucción (o en obra negra) porque cuando la urbanización* empieza a construirse ya el comprador habrá ganado unos cuantos miles de dólares.
- Considerar la ubicación de la propiedad. Debe encontrarse en un lugar céntrico.
- Verificar, desde luego, la seriedad de la empresa con la que se está negociando.

Seguí esos consejos y compré mi casa por planos porque ni siquiera habían limpiado el terreno donde la construirían. Eso me dio la oportunidad de ahorrar el dinero que necesitaría para el pronto*, el cual fue por una cantidad muy baja. Como pasaron casi dos años antes de que mi casa estuviera terminada, no tuve que pagar nada hasta ese momento, sólo mil dólares para reser-

---

* Fraccionamiento o unidad habitacional.

* Enganche.

varla y poco a poco pagos por cantidades mínimas hasta el día del cierre o de la firma de documentos de compraventa. Parece mentira, amigas, pero de esta manera tan cómoda compré mi casita. ¡Ni yo misma podía creerlo!

Después de este proceso tan fácil, pensé en adquirir un apartamento en la playa para alquilarlo, de modo que solito se pagara. Me parecía buena idea porque, si surgía una emergencia o necesitaba pagar los gastos de universidad de mis niños, podría vender esa propiedad por una cantidad de dinero mayor de la que hubiera ganado en un banco, por la plusvalía de los bienes inmuebles.

Siempre he admirado a personas famosas que se han concentrado en la compra de propiedades, como la actriz estadounidense Courtney Cox. En una entrevista, ella contó que había comprado varias y las alquilaba. Estos artistas son los más listos; no olvidemos que la historia muestra cómo muchos otros gozaron de mucha fama y dinero pero no los supieron manejar y terminaron su vida solos y paupérrimos.

Pero ocupémonos de nuestro caso. Muchas mujeres casadas cuyo marido las sostiene, piensan que su seguridad económica es infinita. Pero, amigas, ojo con esa confianza. Según investigaciones realizadas, prácticamente toda mujer se verá obligada, en algún momento de su vida, a mantenerse, ya sea porque se divorció, enviudó, o jamás se casó (y no olvidemos que en estos tiempos de crisis, el marido puede de pronto quedarse sin empleo). Así que no hay excusa. Aun si están casadas y gozan de una posición económica holgada, pueden invertir en el futuro.

Yo no sólo hice realidad el sueño de comprar mi apartamento en la playa, el cual tengo alquilado, sino que pude adquirir otras propiedades, y eso para mí es parte fundamental de mi seguridad. Yo soy responsable, en primerísimo lugar, de mis hijos y, esté sola o acompañada, necesito contar con los recursos para mantenerlos con dignidad y darles una buena educación. También tomo provisiones para una vejez —aunque para que llegue faltan ciento ochenta y cinco años— tranquila, en la que no dependa de nadie en el aspecto económico. Y, por supuesto, solemos pensar que siempre estaremos saludables, y ojalá así sea, pero nunca se sabe y el dinero sirve para obtener la mejor atención en casos de emergencias y enfermedades.

Ahora bien, reconozco que todas contamos con recursos económicos diferentes, por lo que, además de hablarles de lo que yo he conseguido en el aspecto financiero de mi vida, decidí presentarles a una persona experta en el tema.

Jane Morales, consultora y agente de bienes raíces, nos aportará ideas sobre cómo convertirnos en dueñas, no de una, sino de muchas propiedades. ¿Se imaginan qué divino sería que pudieran dedicarse a administrar las casas o apartamentos que han comprado (no hablo de propiedades caras) y contar con un ingreso extra cada mes? Y mientras tanto, recuerden que su inversión crecerá en valor.

Fíjense bien en lo que recomienda Jane Morales, una mujer increíble, muy joven y emprendedora, de quien podemos aprender muchísimo.

Las bondades de los bienes raíces

El mundo de los bienes raíces... Vaya que es fascinante y con un gran potencial de riqueza para quien decide sumergirse en él. Cuando Giselle me solicitó que colaborara en este capítulo, me sentí muy contenta porque yo vivo este tema con gran pasión. Tanto que no le veo fin al potencial que ofrece la rama de los bienes raíces.

Para que tengan una idea de cómo vivo el tema, baste contarles que mi querido esposo Álvaro y yo nos hemos mudado cinco veces en los tres años que llevamos casados. Ahora, con una casa familiar y un bebé, hemos decidido utilizar el dinero ganado en las operaciones de compraventa de nuestras viviendas para adquirir propiedades con fines de inversión.

Colaborar en este libro es una gran oportunidad de presentar una guía para que tú puedas dar el primer paso hacia el logro de la meta de comprar una propiedad.

En lo personal, decidí que las bienes raíces tendrían que ser parte de mi vida alrededor de los quince años. Fue entonces cuando me di cuenta de que éste es un negocio sin fin, pero sí con fines de lucro. La pasión por este mundo la heredé de mis padres... más bien, de mi madre, que podría pasar la vida entera comprando propiedades. Al igual que mami y una servidora, muchas personas nacen con olfato para encontrar las mejores propiedades o proyectos de inversión inmobiliaria. Se trata de un don maravilloso, siempre y cuando no vivamos con miedo a comprar. Los que no nacen con el instinto de saber cuál es la propiedad idónea no tienen por qué sufrir... para eso existe el agente de bienes raíces que nos ayuda a encontrarla. Eso sí, escoge bien a ese agente y comprueba que sea un profesional sumamente serio y de confianza.

Por supuesto, a la hora de entrar en el ámbito de los bienes raíces, hay que eliminar los miedos. Mi suegro, un sevillano que ha hecho fortuna en él, suele decir que con los ladrillos nunca se pierde dinero. Añado a esta maravillosa frase que no se pierde dinero, siempre y cuando encontremos una buena propiedad. Gracias a Dios, mi suegro también nació con el instinto y nunca ha enfrentado problemas para dar con el bien inmueble clave. Recalco, si no naciste con el instinto, busca un agente de bienes raíces bueno y honrado.

Ahora, ¿cómo comenzar este proceso que en muchas personas puede causar un temor horroroso combinado con un fuerte dolor de estómago? Es más sencillo de lo que piensas y vamos a echarle valor que las recompensas de una transacción bien realizada son maravillosas.

Ante todo, si sueñas con comprar una propiedad, ¡te felicito! No te preocupes que, si lo haces, éste será un paso magnífico en tu vida. Además, estarás en muy buena compañía, ya que casi dos tercios de las familias en Estados Unidos poseen su propio hogar. Esto se debe, en gran medida, a que, aunque no lo creas, en este país es posible comprar una propiedad con poco dinero en efectivo.

A todas éstas, te preguntarás: "¿Por qué comprar una propiedad?". Ser dueño de su casa es aún uno de los más grandes anhelos de muchas personas. Es un sueño alcanzable y que nos regala grandes ventajas. Con la compra de tu propiedad cobrarás un sentimiento de seguridad y estabilidad que no te proporciona cualquier otro proyecto. Para muchas personas, adquirir su casa es sinónimo de éxito personal y financiero. De igual forma, nada se compara con la comodidad de poder vivir en tu propio hogar o disfrutar de los ingresos generados por un bien adquirido con fines de inversión. Tu hogar es considerado una gran inversión que ofrece un sinnúmero de ventajas emocionales y fiscales.

¿Por qué fiscales? Muy sencillo, a la hora de deducir gastos en el cálculo de los impuestos, los intereses que debas pagar por el préstamo hipotecario y los impuestos de propiedad son parte de los beneficios.

Otro aspecto importante relacionado con la propiedad de un hogar o un bien inmueble de inversión es que, sin duda, constituye uno de los principales recursos para establecer una base financiera sólida. Además del beneficio personal que representa ser dueño de su propiedad, nuestras comunidades también se benefician. ¿Cómo? Es muy simple: cuantas más personas son dueñas de su propio hogar, las comunidades se mantienen en mejor estado y más personas se preocupan por conservar su esplendor y sus condiciones.

En fin, ser dueña de tu casa genera recompensas, entre ellas, satisfacción personal, sentido de comunidad, ahorros de sus impuestos, estabilidad para ti y tu familia y una gran inversión para el futuro.

Sin embargo, para muchas personas poseer una propiedad continúa siendo una meta fuera de su alcance ya que no logran ahorrar el monto de dinero requerido por un banco tradicional a la hora de solicitar su préstamo. Estas personas no saben que la luz brilla al final del camino y que no siempre tenemos que contar con el veinte por ciento del valor de la propiedad para entregar al banco. ¿Qué podemos concluir con ello? Que la falta de información adecuada nos lleva a estacarnos y no realizar nuestros sueños de poseer una propiedad.

Tradicionalmente los bancos requieren de los compradores veinte por ciento del valor de la propiedad en efectivo. De tal forma, se aseguran de que, después de entregar una cantidad tan grande, el comprador no se arriesgará a dejar de pagar su propiedad. Cuando las personas leen esta información en los periódicos renuncian de inmediato a la posibilidad de compra. La verdad es que al que algo quiere, algo le cuesta. Por tanto, tenemos que insistir en convertir nuestros sueños en realidad y no darnos por vencidos por lo que leemos.

La solución es sencilla:

Levanta el teléfono y comunícate con varios bancos e instituciones hipotecarias. Insiste, insiste, insiste. Pregunta, pregunta, pregunta. Hay un gran número de estas entidades que están dispuestas a otorgar un préstamo contra sólo tres o cinco por ciento del valor de la propiedad. Algunos pedirán un buen historial crediticio y otros un seguro sobre la hipoteca, pero posibilidades siempre hay.

No te des por vencida. De hecho, cada día son más populares los préstamos de noventa y cinco y noventa y siete por ciento del valor de la propiedad y los bancos están dispuestos a trabajar contigo. Esto es excelente para quien aspira a comprar una propiedad, pero le es difícil ahorrar para el depósito.

Antes de poder comprar una propiedad deberás tomar varias decisiones para que el proceso fluya con tranquilidad, entre ellas, si en realidad estás preparada, ya que muchas veces hay que ser paciente no sólo para encontrar una buena propiedad sino también para contratar el préstamo que más te convenga. Para determinar si estás lista para adquirir una propiedad, revisa los pasos que siguen las instituciones hipotecarias a la hora de aprobar tu préstamo. Recuerda que al solicitar uno deberás firmar una serie de documentos en los que te comprometes a cumplir con los pagos mensuales requeridos. Cuando llega a este punto, la institución da por hecho que estás dispuesta a asumir la responsabilidad de no dejar pasar un pago. De igual forma, sabe que ni a ti ni a la institución les conviene que te otorguen un préstamo cuyos pagos mensuales no puedas cubrir.

Para decidir si podrás pagar la hipoteca, la institución hipotecaria investigará tus datos personales. Este proceso se llama "evaluación del préstamo" o, en inglés, *underwriting*. Mediante estos datos se establece un historial de la manera en la que has pagado tus deudas, la probabilidad de que las pagues en el futuro y, considerando las que ahora tienes, la probabilidad de que puedas pagar una hipoteca. Los bancos se apoyan en lineamientos generales para examinar estos datos. Puesto que la situación financiera de cada persona es distinta, dichos lineamientos son flexibles y un historial fuerte en un área puede ayudarte a balancear otro más débil.

Tu situación laboral es uno de los puntos importantes al solicitar un préstamo. Un trabajo estable y continuo te ayuda a cumplir con el compromiso de pagarlo. Si has trabajado de manera continua por un periodo de dos años o más, se considera que cuentas con un empleo fijo.

Tu capacidad de pago de tus deudas a lo largo de los años es una muestra de cómo las pagarás en el futuro. Al solicitar un préstamo, se requiere que declares todas tus deudas, tus pagos mensuales y el número de meses o años que te faltan para saldarlas. Para comprobar los datos que declares y determinar la forma en la que has liquidado tus deudas, el banco solicitará un historial de crédito.

Las compañías que proporcionan informes de crédito obtienen la información de varias fuentes, como las instituciones financieras que te hayan otorgado un préstamo para tu automóvil y las compañías de las cuales cuentes con tarjetas de crédito.

Es sumamente importante que declares todas tus deudas, así como cualquier dificultad que hayas tenido para pagarlas. Los informes de crédito cuentan con todos los datos relacionados con tu situación financiera y los proporcionarán a las instituciones que estudien concederte un préstamo.

De una forma u otra, al comprar una propiedad, deberás usar tus propios fondos para el pago inicial o enganche, conocido en inglés como *down payment*, cuyo monto varía, aunque en muchos casos puede ser de cinco por ciento del precio de compra.

También necesitarás fondos para el cierre del contrato, que variarán dependiendo de tu lugar de residencia. En ocasiones el dueño actual de la propiedad estará dispuesto a cubrir parte de dichos costos de cierre.

No olvides negociar este punto a la hora de presentar un contrato de compra.

Si deseas adquirir una propiedad pero no tienes absolutamente nada de dinero ahorrado, piénsalo dos veces ya que quizá no sea el momento adecuado para una operación de tal envergadura, por la falta de seguridad a la hora de solicitar un préstamo. Si estás en este caso, te recomiendo que primero consultes si tu banco o institución hipotecaria ofrece algún programa de hipotecas adecuado para la condición de tus finanzas. De no tener éxito como resultado de la consulta, lo mejor es abrir una cuenta y comenzar a ahorrar parte de tu salario. Así reunirás una suma disponible en caso de que encuentres una propiedad de tu agrado y tu historial lucirá mejor ante la institución hipotecaria.

El pago mensual de la hipoteca dependerá del préstamo, la duración de la hipoteca, es decir, el número de años para los que se otorga, y el porcentaje de interés. La cantidad que necesitarás pedir al banco equivale al precio de compra menos el enganche. La institución financiera a la que solicites el préstamo te ayudará a calcular los pagos mensuales sobre una hipoteca a treinta o quince años con la tasa de interés que te ofrezca. Considera que muchas veces calcularán únicamente los pagos de tu mensualidad hipotecaria con el interés, y deberás pedir que en el total de la mensualidad incluyan los impuestos sobre la propiedad y el costo de los seguros que deberás mantener.

Según el ingreso total de todos los miembros de la familia que vivan contigo, podrías calificar para algún programa especial de ayuda. Estos programas flexibilizan los requisitos comunes, de manera que podrías ser acreedora de una hipoteca por un monto mayor.

En cuanto al precio de la casa que puedes adquirir, la manera más fácil de saberlo es ponerte en contacto con una institución hipotecaria que estudie tu historial financiero. Muchas casas financieras estarán dispuestas a darte un estimado de la cantidad de la hipoteca que pueden ofrecerte. La realización de tu estudio personal no te obliga a pagar ningún cargo por la solicitud ni a solicitar el préstamo hipotecario.

Esta investigación por parte de la institución sólo presenta un estimado de tu poder adquisitivo y tampoco obliga al prestador a ofrecerte un préstamo. Tú deberás decidir la cantidad del mismo, el pago mensual que te parezca más cómodo, así como el tipo de hipoteca que te convenga.

El enganche reducirá la cantidad que necesitarás pedir prestada, de modo que, cuanto más dinero puedas dar en efectivo, menor será la cantidad de tu préstamo y menores los pagos de la hipoteca. Si das menos de veinte por ciento del pago inicial, el prestador te hará comprar un seguro de hipoteca privado, que lo protege en caso de que no cumplas con los pagos de hipoteca. El costo del seguro se sumará a los pagos mensuales de la hipoteca y a los gastos de cierre. Con este seguro podrás comprar tu casa en menos tiempo ya que no tendrás que ahorrar para dar un enganche de veinte por ciento.

Algunos tipos de hipotecas exigen menos de veinte por ciento como pago inicial, sin requerir el mencionado seguro de hipoteca. Las otorgan instituciones del gobierno federal, como la Asociación Federal de Viviendas, también conocida como FHA, o la Administración de Veteranos, o VA. Por lo regular, los gobiernos de los estados ofrecen hipotecas especiales para compradores de ingresos moderados que utilizan programas de seguros de hipoteca patrocinados por el propio gobierno.

Al obtener una tarjeta de crédito o préstamo para automóvil, sabes que obtener la mejor tasa de interés es parte importante de tu decisión. Cuanto más baja sea, menor será el pago mensual y mayor poder adquisitivo tendrás. Podemos concluir, entonces, que con un interés más bajo podrás tomar más dinero prestado, a cambio de un pago mensual aproximadamente igual.

Al comparar préstamos, encontrarás que el interés que te cotiza una institución financiera puede cambiar a diario. Por tal razón es crucial investigar y pedir que te garanticen el interés que ofrecen en ese momento. Así contarás con un porcentaje de interés específico hasta el día de cierre del contrato. Cuando solicites un préstamo hipotecario, procura establecer una fecha para dicho cierre de contrato.

Si el periodo de garantía del interés caduca antes de esta fecha, tu banco no tiene la obligación de ofrecerte la misma tasa negociada con anterioridad. Si las tasas están a la baja, quizá te convenga esperar hasta el último momento antes de asegurar el interés deseado.

El periodo de pago de tu hipoteca afectará directamente tus pagos mensuales. Con la misma cantidad de principal hipotecario, encontrarás que, cuanto más corto sea el periodo de pago, más altos serán tus pagos mensuales y menor el interés total que pagarás por la vida del préstamo. Por otro lado, cuanto más largo sea dicho periodo, más bajos serán los pagos mensuales, pero más intereses pagarás por el préstamo.

Algunas comunidades cuentan con programas especiales de ayuda a quienes compran una casa por primera vez, que les permiten recibir regalos en efectivo de familiares u obtener un préstamo de una organización comunitaria sin fines de lucro o una agencia de gobierno para costear parte del enganche y los gastos de cierre.

Otros grupos ofrecen subsidios o fondos no reembolsables que puedes utilizar para estos gastos de compra.

Si no calificas para un préstamo hipotecario tradicional, es recomendable que recurras a prestadores que ofrezcan préstamos hipotecarios especiales como éstos. Si consigues uno de este tipo, podrás usar un mayor porcentaje de tu ingreso para aplicarlo a los gastos mensuales de tu vivienda, y no se te exigirá, como en otros casos, tener dos meses de dinero en reserva el día del cierre. Si no cuentas con un historial de crédito tradicional, puedes demostrar que éste es bueno por medio de tus recibos de alquiler de vivienda y servicios públicos.

Si ya leíste toda la información que aquí presentamos y obtuviste tu informe de crédito, es posible que estés preparada para empezar el proceso de compra. En ese caso, llama a un profesional de bienes raíces para que te muestre casas en la zona que desees.

Asimismo, haz una cita con un funcionario encargado de préstamos hipotecarios en una institución financiera. Pídele a tu agente de bienes raíces que te recomiende alguna institución reconocida y confiable, o bien, búscala en la sección amarilla de la guía telefónica.

Deberás armarte de paciencia. Se requiere tiempo para que tú y tu agente de bienes raíces encuentren una casa que esté al alcance de tu presupuesto. Se necesita tiempo para hacer la solicitud de préstamo y para que el proceso de aprobación siga su curso. Tomará todavía más tiempo procesar los documentos y cerrar el préstamo.

A pesar de estas gestiones, al terminar los trámites, tú y tu familia sentirán que han logrado vencer una complicación que a la larga resultó ser más sencilla de lo que esperaban. ¡Entonces serás dueña de una propiedad y habrás realizado un sueño importante en tu vida!

Para realizar esta meta el factor de mayor importancia es la determinación. No pierdas tu tiempo porque los días pasan muy rápido. Visualiza esa propiedad, ya sea como tu hogar o como una inversión. Hazla tuya y siéntete dueña de la propiedad que visualizaste. Sigue mis recomendaciones y únete al grupo de dueños de bienes inmuebles. Ya verás que te sentirás lista para comprar tu segunda propiedad con fines de inversión. Pero para desarrollar ese tema, Giselle tendría que darme otro capítulo de su libro. Bueno, puede ser que en el próximo hablemos un poquito sobre el tema.

De todas formas, me encantaría que te comunicaras conmigo para ver qué tal te resultó el plan que te he presentado y si materializaste tu sueño dorado de comprar una propiedad. ¡Suerte!

Jane Mabel Morales, MBA
Consultora y agente de bienes raíces
www.janemorales.com
jane@janemorales.com
305-323-8973

¡Gracias, Jane! Sin duda, un aspecto de gran valor, ligado al de las inversiones, es el del financiamiento especial. Para hablar de ello, invité a Fernando Orfila, gran experto en el tema.

¿Qué hacer cuando los créditos hipotecarios están muy escasos o tienen tasas de interés prohibitivas?

El ahorro

La compra de vivienda en nuestros países por lo general representa un proceso de ahorro de varios años. En contraposición con el sistema de crédito que opera en Estados Unidos, a la hora de comprar casas, América Latina se enfrenta al problema de la inflación recurrente. Una hipoteca a largo plazo resulta muy cara para muchas familias por el interés que se cobra y por la inseguridad económica en general (es muy difícil apostar a dónde irá la economía de aquí a treinta años en los países latinoamericanos).

Dado lo anterior, el ahorro es uno de los puntos principales para la compra de vivienda. Las familias ahorran todo lo posible con el fin de reunir un monto suficiente para comprar una propiedad. Muchas veces se comienza con sólo un terreno en las afueras de la ciudad, pensando en edificar una casa de manera gradual. Primero se construyen la cocina, un baño y un cuarto y poco a poco se agregan habitaciones, según sea necesario.

Viviendas familiares

La situación económica prevaleciente en América Latina fomenta el traspaso de la vivienda de los padres a los hijos. O bien, si poseen un terreno grande, en el fondo de la casa principal se levanta una secundaria para los recién casados.

El papel del gobierno

Al igual que en Estados Unidos, el papel del gobierno en la asistencia a las personas de bajos recursos es muy fuerte. Muchos programas gubernamentales ayudan en la compra de la primera vivienda, por lo general en terrenos ubicados fuera del centro de la ciudad.

Planes de prepago

En algunos países de América Latina operan planes de prepago de vivienda (o *lay-away*), conocidos como autofinanciamiento. El proceso es el siguiente: las familias se enlistan en los programas financiados por constructoras o empresas privadas y comienzan a pagar por una vivienda que todavía no tienen. La empresa se compromete a entregarles dicha vivienda después de un determinado número de años. Los programas varían de país en país, pero por lo general consideran préstamos de diez a veinte años y la vivienda (si uno no se retrasa en ningún pago) se entrega entre los tres y los diez años posteriores al inicio del plan.

El aspecto positivo de este tipo de programas es que, por lo general, no se necesita dinero para el enganche, pronto o pago inicial (*down payment*), que en muchos países es de 20 a 30 por ciento. El aspecto negativo es que mientras hacemos los pagos para comprar la propiedad tenemos que rentar en algún lado (por lo que podría pensarse que estamos pagando doble).

El autofinanciamiento opera por medio de empresas privadas; por eso es fundamental que antes de firmar contrato con alguna empresa te asegures de cuán confiable es. Así evitarás ser víctima de estafas; se sabe de muchos casos en los que estas compañías cobran el dinero y desaparecen sin dejar rastros.

Al manejar este tipo de programas, la constructora financia directamente sus desarrollos con el dinero de los futuros propietarios. Por lo regular es necesario pagar una cuota de inscripción y la cuota mensual (que incluye el pago por la propiedad, un seguro de vida y los costos administrativos del programa).

Fernando Orfila

13. Ahora pensemos en el amor: no hay nada más rico

El amor es la base de todos los aspectos de la vida, es un elemento que, como el aire y el agua, resulta esencial para el ser humano. Si nuestras relaciones amorosas van bien, podremos enfocar todo de una forma más positiva. Sin embargo, después de que un amor acaba, quedamos heridas, y creemos que no volveremos a sentir esas mariposas en el estómago o esa mezcla de alegría y miedo que nos producía la pareja tan amada. Entonces nos preguntamos: "¿Volveré a cantar, a sonreír, a ver el mundo con colores brillantes junto a un nuevo amor?".

Como muchas de ustedes, yo también he vivido las delicias del amor pero también sus amarguras. Después de una experiencia dolorosa o de un divorcio, he sentido miedo a fracasar de nuevo. Pero, como les conté, ya no pienso en el divorcio como un fracaso sino como un paso más hacia la realización de esta persona, Giselle, que ahora soy. Intento aprender de mis experiencias y seguir adelante para emprender la nueva búsqueda.

Así que, amigas, ¡listas para comenzar de nuevo! Con el corazón remendadito, pero con la cabeza en alto, irradiando seguridad en nosotras mismas, elaboremos un plan que incluya reglas que debemos seguir desde el principio.

En el proceso de la conquista estamos dispuestas a hacer lo que sea con tal de atrapar a quien pensamos será nuestro príncipe. Pero, en realidad, desde el momento de conocer al presunto candidato hasta cuando ya estemos en plena conquista, debemos esforzarnos por detectar aquellos detalles clave indicadores de posibles problemas futuros.

Si aparecen demasiados, tal vez debamos reconsiderar nuestro interés por esa persona.

¿Qué detalles considerar cuando recién conoces a una persona?

1. *Verlo como es en realidad.* Cuando un romance empieza, todo es precioso, el hombre es un amor: te escribe poemas; te canta en plena calle; te llama a toda hora; lo que haces le parece bello: qué lindo te ríes, qué bien te queda esa ropa. Pero, con el paso del tiempo, viene la realidad, es inevitable. Entonces le molesta la falda que te pusiste; te ríes demasiado alto; ya no tiene tiempo para llamarte por teléfono...

   No nos molestará que cambie algunas cosas, por ejemplo, que no llame tanto, si sigue siendo la misma persona amorosa, respetuosa, si sigue reuniendo las cualidades que son las verdaderamente importantes.

2. *Darse tiempo para conocerlo.* Es esencial interactuar con su familia y sus amistades, ver cómo se comporta con su madre. Si es irrespetuoso con ella, ¿cómo va a ser contigo? Si no le importa compartir las fechas importantes, ¿por qué las compartiría contigo? Considera a sus amigos y cómo son; bien dicen: "Dime con quién andas y te diré quién eres". Nada más cierto. No es que las amistades de uno deban ser perfectas, pero, para que seas afín con esa persona, tiene que haber algo en común.

3. *Pensar con la cabeza.* A veces, al conocer a alguien, sin pensar, nos dejamos llevar por la emoción: "No importa, vivimos en una cueva". Pero, dado el caso, ¿estás dispuesta a vivir en esas circunstancias? No, por muy frío que parezca, hay que analizarlo todo. Si el hombre es divorciado, ¿cómo es su relación con su ex mujer?, porque esto afectará la de ustedes y puede incluso acabarla. Si tiene hijos, ¿cómo te llevas con ellos? ¿Podrás tratarlos como si fueran tuyos? Toma en cuenta que son parte fundamental de la vida de tu pareja. ¿Qué cosas le exige el trabajo? ¿Te gusta lo que hace? ¿Estás de acuerdo? ¿Puedes sacrificarte tú? ¿Hasta qué punto? Obviamente, él no deberá darse cuenta de todo lo que nosotras nos planteamos, pues saldría corriendo. Son preguntas que necesitas formularte y contestar con honestidad y frialdad. Tú deberás dominar lo que te mantendrá unida a esa pareja. Si para ti es importante que él tenga una posición económica estable, no te sientas mal por eso. Lo es y punto. La persona que escojas para estar a tu lado deberá cumplir con ese requisito, por más frívolo que parezca. Y así en todos los aspectos.

4. *Analizar su personalidad.* ¿Qué detalles que formarán siempre parte de su personalidad te agradan o no? Para mí es fundamental que tenga sentido del humor porque me gusta ver la vida así; pienso que si la situación está difícil, mañana mejorará. Y me gusta que el hombre que esté al lado mío sea así, no soporto a una persona pesimista; aunque posea muchas otras cualidades, esta característica me saca de quicio, me atormenta.

5. *Fijar prioridades entre las cosas que me agradan.* ¿Quiero que sea alto, que tenga buen humor, un buen trabajo? Prepara una lista y pon en los primeros lugares los factores que de verdad son esenciales para ti. ¿Son cosas que cambiarán al pasar el tiempo? Pregúntale a tu mamá cómo fue su relación con tu papá. Pregúntale a una amiga que lleve muchos años en su relación de pareja cómo ha sido ésta. Indaga cuánto ha cambiado su convivencia. Y, por supuesto, reflexiona en cuánta respon-

sabilidad tiene una en el cambio de su pareja; recuerda, hay que cuidar la relación.

Reglas para una buena relación de pareja

Regla 1. Respetarnos mutuamente

Ese respeto comienza con nuestro físico. Claro, como princesa del siglo XXI, lógico es que queramos lucir un corte moderno, unas uñas bien pintadas y un *look* al gusto propio. Pero esa atención al físico no debe ser motivo de angustia. Por ejemplo, una amiga mía que salía con un muchacho guapísimo me llamó hace poco para consultarme un problema: él la invitó a ir a la playa. Pues la invitación se le convirtió en un desastre:

—Es que tengo unos chichitos que son una vergüenza. ¿Qué puedo hacer?

Yo entiendo que con tantos gyms y entrenadores personales y todas estas modas, hay chicas con cuerpos perfectos. Pero le dije:

—Nada. No te preocupes, porque no tienes nada que cambiar. Si está interesado en ti, estoy segura de que un chichito no va a cambiar su interés. Y si es así, mejor. Antes de que te comprometas más.

La verdad es que somos seres únicos y no podemos olvidar que la belleza es relativa. Cada oveja con su pareja y no hay que disfrazarse de la oveja que pensamos le va gustar al otro. Y si no fíjense en Cristina Saralegui y su esposo Marcos Ávila. Menciono este caso porque ella es unos años mayor que él y, como ella misma cuenta, él no era un hombre rico cuando se enamoraron. Pero fíjense que se llevan estupendamente bien; se han complementado. Después de varios años juntos, ella dice que, en gran medida, él es responsable de muchas de las cosas materiales y profesionales que Cristina ha logrado hoy día. Yo la admiro por eso: porque es una mujer única, muy segura de sí misma y con la voluntad de abrir puertas para que las mujeres como ustedes y como yo veamos en ella un ejemplo de superación a seguir. Te quiero, Cristina.

Regla 2. Aceptarnos como somos

Además del respeto al físico, escribamos con letras grandes en nuestro plan que debemos aceptar a nuestra pareja como es, con sus cualidades y defectos, y no como quisiéramos que fuera. Y lo mismo debemos exigir para nosotros: que no intenten cambiarnos. Por ejemplo, si durante las primeras citas ustedes se dan cuenta de que al supuesto príncipe le gusta tomarse sus días libres con sus amigos, habrán de decidir si aceptarán esa situación ya casados, pues lo más probable es que no cambie. En mi caso, siempre dejé de hacer las cosas que quería, como compartir con mis amigas un día de compras, porque a mi pareja le gustaba que estuviera siempre a su disposición. De manera que él sí podía tomarse su tiempo libre para jugar baloncesto o béisbol, o para realizar cualquier actividad de su interés sin mí, pero ¡líbreme Dios si yo planificaba cosas sin él!

Regla 3. No intentar cambiar a la otra persona

Hay que estar conscientes de que nadie cambia y que no tenemos una varita mágica para cambiar a una persona. Fernando Arau suele decirme que hay una diferencia vital entre el hombre y la mujer. Él, cuando se casa con una mujer, lo que quiere es que nunca cambie ("Me encanta esta mujer, ojalá que nunca cambie") y ella lo hace pensando que va a cambiarlo a él ("Ay, es divino; no me gusta... pero seguramente después de que me case lo voy a cambiar"). Eso no es así, no es posible, encaremos la realidad.

¿Qué sucede con las parejas que se relacionan con este tipo de expectativas? La mujer que él no quería que cambiara en absoluto se vuelve posesiva, se descuida, porque "lo tiene seguro"; antes se perfumaba de pies a cabeza cuando lo veía, ahora él llega a casa del trabajo y la encuentra desaliñada, sin bañarse, porque no "ha tenido tiempo". ¡No hay excusas! Por su parte, el hombre al que pretendían cambiar, hace su soberana voluntad y no modifica ninguno de los "detallitos" que a ella le disgustan.

Regla 4. Cuidar el aspecto de los celos

No olviden medir el nivel de los celos, los cuales pueden ser destructivos en una relación. Esto pude comprobarlo cuando grabé una telenovela en Puerto Rico. Mi pareja era tan celoso que no podía participar en escenas de besos con mi pareja en la ficción, porque ahí estaba él vigilándome, limitándome, desconfiando de mí. Y aunque les aseguro que eran escenas muy conservadoras —quizás un beso fuerte pero nada más—, me exigió llamar al productor para pedirle que eliminara las escenas de amor que a él no le gustaban. ¡Y lo peor fue que lo permití!

Estos casos pueden presentarse en relación con otras circunstancias, no sólo las de tipo laboral. Por ejemplo, yo soy muy cariñosa con todo el mundo y esto ha sido fuente de malentendidos injustos. Así que, amigas, ojo con el celoso.

Regla 5. Saber cuándo es esencial cambiar o, al menos, intentarlo

Mi mensaje no es, en absoluto, que debamos justificar y acostumbrarnos a nuestros defectos. Muchas personas actúan en forma egoísta o pretenciosa y no hacen ningún intento de mejorar, aduciendo simplemente: "Así soy". Yo les sugiero: escuchen y usen su intuición para saber cuándo deben hacer un esfuerzo por cambiar. Por supuesto, no hay que hacer a un lado la individualidad, la personalidad, pero sí proponerse, en la medida de lo posible, aportar a la relación lo que el otro necesita y espera.

Por ejemplo, yo siempre he sido muy celosa. En una ocasión, mientras el que era mi pareja miraba por televisión a una mujer bella y sexy, yo estudiaba cada uno de sus gestos. De pronto, descubrí que él levantaba una ceja. ¡Quién dijo furia! Interpreté lo de la ceja como una señal de atracción y lo acusé de infiel, de faltarme al respeto. Después de otras situaciones parecidas, me calmé y llegué a la conclusión de que no había motivo de armar ningún lío. Si él me había elegido a mí, yo debía estar segura de mí misma y de su amor.

Regla 6. Vigilar el aspecto profesional

Tomemos en cuenta nuestra profesión, la cual también es un reflejo de quienes somos. De manera que, aun durante los primeros días de "amor tierno", prestemos atención a detalles que señalan si el príncipe que hemos encontrado nos ayudará a realizar nuestras metas o a limitarlas. Por ejemplo, si la "encantada" es bióloga y su nueva pareja le prohíbe tener lombrices en un acuario, esa prohibición debe analizarse en serio para asegurar que el futuro esposo no piensa acabar con la bióloga.

En mi caso, mi profesión me exige estar en contacto con muchas personas y si mi pareja no puede aceptar ciertas situaciones que se presentan, nuestra relación no puede progresar. En una ocasión un famoso cantante puertorriqueño al que adoro me invitó a la inauguración de su restaurante. Yo, feliz y emocionada por la invitación, se lo comenté a mi pareja y él, muerto de celos, se enojó conmigo. Tuvimos tremenda pelea y como resultado no fui. Lo que todavía me pregunto es ¿cómo no me di cuenta de que era nocivo para mí sostener una relación con una pareja que no me aceptaba como soy?

Regla 7. Considerar nuestras demás relaciones

Al principiar la búsqueda también debemos estar decididas a no aceptar que nos limiten en lo que se refiere a nuestras relaciones con otros seres queridos, como familiares, amigos o compañeros de trabajo.

Durante un tiempo tuve como pareja a una persona que no quería compartirme con mis hijos. ¡A mí, para quien ellos son la luz de mis ojos! Pues así fue. Él quería estar solo conmigo. Solitos a disfrutar un día en la playa. Solitos a comer a Miami Beach. Solitos a ver televisión. Solitos al cine. Total, que yo estaba sacrificando a mis hijos y abandonando a mis amigos, hasta que un día me dije: "No más". Hablé de la situación con el doctor Arroyo, consejero familiar y colaborador de "Despierta América". Él me ayudó a tomar mi decisión. Me hizo despertar y tomar conciencia de que mi razón sabía lo que debía hacer, pero mis emociones no lo permitían.

Ahora bien, este asunto tiene dos vías y nosotras debemos cuidarnos de no intervenir más de la cuenta en las relaciones de nuestra pareja con las demás personas en su vida. Por ejemplo, mi matrimonio con el padre de mis hijos más pequeños, que tanta felicidad me causó en un principio, sufrió mucho por su relación con su ex pareja. Harold era un ser humano increíble, pero no había podido resolver sus problemas con ella. Yo intentaba solucionarlos, pero lo que conseguí fue crear algunos para mí. Me sentía en medio del torbellino y, claro, eso complicó nuestra relación. Como resultado, lo que era un amor muy lindo se perdió en un conflicto interminable.

Regla 8. Cuidar las emociones

Las emociones pueden generar efectos positivos o negativos en nuestra relación, así que debemos estar pendientes de no caer en el tipo de trampas que nos impiden controlarlas.

Yo he permitido que sea mi corazón el que tome las riendas, y no la cabeza. Y es que a veces las mujeres nos dejamos atrapar en una relación por pena o por agradecimiento. Precisamente esto lo viví cuando grabé en Venezuela la novela "Cantaré para ti", junto con Guillermo Dávila. Ahí encontré a un actor a quien conocí cuando era niña y que había sido un galán bello y muy cotizado, pero entonces se encontraba enfermo y con problemas económicos. ¿Y qué hizo Giselle? Llevada por la lástima, empezamos una relación y conseguí que le dieran un papel en la misma novela. La situación se fue complicando. Era tan celoso, que no podía hablar siquiera con Guillermo Dávila; algo difícil porque éramos coprotagonistas. En poco tiempo el galán lastimero vivía de mí. La empresa me daba un auto, pero era él quien lo usaba. Manejaba mi dinero y, de hecho, se quedó con mis ahorros porque, según me dijo sin vergüenza alguna: "De algo tengo que vivir". ¿Moraleja? No le des a nadie el derecho de manipularte por ningún motivo.

Regla 9. Formularnos todo tipo de preguntas

Quizá piensen que exagero, pero verán que no es así. Cuando decidamos que estamos listas para iniciar un romance, hagamos un plan, escribamos un cuestionario para saber cómo queremos que sea ese hombre, tanto en el aspecto físico como en el interior.

Para mí, por ejemplo, es de enorme importancia que le gusten los niños porque yo tengo tres, que son mi adoración. Que no use drogas. Que tenga sentido del humor. Que sea trabajador. Que sea respetuoso. Que me quiera como soy y apoye mis proyectos.

¿Qué quieres tú? En tu mente o en un papel, describe a ese hombre con el que quisieras compartir tu vida, y plantéate las preguntas que sean necesarias:

- ¿Qué me molesta?
    - Bebe un poco.
      ¿Estoy dispuesta a aceptar eso?
    - Le fascina ir a las discotecas solo con sus amigos.
      ¿Es algo con lo que puedo vivir?
    - No quiere a mi familia.
      ¿Hasta qué punto puedo aceptar eso?
- ¿Cómo sería mi vida con él?
- ¿Me hace sentir feliz?
- ¿Me deja ser como soy?
- ¿Me apoya en mi profesión?

Regla 10. Ten el criterio suficiente para saber cuándo olvidarte de alguna regla

¿Qué sucede si conoces al hombre que piensas es el gran amor de tu vida y no cumple con alguno de los requisitos o las reglas que te has impuesto? Sencillamente, ¡olvídalo! y éntrale con ganas a la relación. No olvidemos que, para ser felices, muchas veces es necesario ceder o adaptarse (siempre y cuando no nos vayamos a los extremos).

Hasta aquí llegamos con las reglas que sugiero que sigan y que son producto de mis experiencias. Ustedes pueden desarrollar algunas más que sean adecuadas para su caso particular, ya que todas tenemos necesidades singulares.

¿Les confieso algo? En este capítulo he querido proyectar mi fe en que podemos encontrar y mantener un amor lindo, un amor que nos haga agradecerle a la vida todos sus dones. Nos mentimos a nosotras mismas si afirmamos que preferimos quedarnos solas.

El ser humano nació para vivir en compañía y cuando no la tenemos, siempre —aunque no lo aceptemos— buscamos y exploramos con ilusión a ver si aparece ese compañero que anhelamos.

Y, cuando lo encontremos, no nos hagamos las sordas para no oír la verdad. Hay que analizar, meditar, pensar, para no repetir patrones.

Lo que yo quiero para ustedes y para mí es lo que dice Jacy Velázquez en su canción "No necesito un hombre": que para ser felices no podemos depender de un hombre. Que lo que necesitamos es alguien que nos sepa amar, con un amor real y verdadero, y nos acepte como somos.

Así que ahora, ¡a disfrutar! Ya que estamos listas para enamorarnos de nuevo y gozar una linda relación, hagámoslo con conciencia, con honestidad. Merecemos lo mejor; por consiguiente, no aceptemos menos.

Demos oportunidad a nuestra intuición de dejarnos saber qué piensa sobre ese machazo que se ha aparecido en nuestro camino. Ya lo mencioné, tal vez parezca una exageración, pero no lo es. Se trata de nuestra vida. Si bien es verdad el dicho "Mejor solas que mal acompañadas", ¡preferimos estar acompañadas y encantadas! ¡Buena suerte!

Con respecto a este tema que para algunas resultará fundamental, solicité la opinión del doctor Rubén Arroyo, quien me ayudó a reflexionar y buscar un poco más dentro de mí para descubrir qué era lo que en realidad quería.

¡Adelante!

Terroristas de oportunidades

Darse licencia para el amor significa exponerse a correr riesgos. Toda oportunidad de amar es colocarse en brazos de lo impredecible. Cada experiencia relacional entre una pareja que termina en separación dejará una estela de pérdidas y ganancias emocionales. Lo uno o lo otro dependerá de la madurez y actitud con que se interprete y se confronte la experiencia. Hay actitudes y factores que actúan como terroristas de oportunidades para el amor, mismos que analizaremos a continuación.

Terrorista 1. Definición del propio ser como "fracasado"

Cada crisis que se atraviesa no es otra cosa que una oportunidad. Aprender de la vivencia supone optar por la alternativa de crecer con lo aprendido. Sin embargo, otras personas sobreviven a una relación, pero quedan marcadas en su interior con una fuerza negativa existencialmente devastadora.

Algunos interpretan la ausencia de éxito en la relación como una falla y llegan al extremo de definirse como "fracasados". Éstos se pondrán a la defensiva ante toda oportunidad de volver a amar. El fantasma de otro probable "fracaso" no les permitirá dar una oportunidad libre y legítima a su potencial de amar y ser amado.

Terrorista 2. El pasado que controla al presente

La vida de todo ser humano es como un "portafolios" de fotografías, cada uno de los cuales incluye fotografías y negativos. Cuando concentramos nuestra atención en estos últimos, corremos el riesgo de no disfrutar las fotografías. Después de una decepción amorosa habrá algunos negativos en el portafolios del equipaje de tu vida, pero siempre podrás decidir qué controlará tus decisiones, si ellos o las fotografías. Es injusto para una persona permitir que el pasado sea el terrorista de su presente. Si ya el pasado te robó el ayer, ¿por qué entregarle tu presente? Sólo una vez en la vida tendrás la edad que tienes ahora. Si vives tu presente preocupada por el pasado, jamás te abrirás al futuro pues no estás viviendo tu presente. En otras palabras, los supuestos fracasos amorosos del ayer pueden ser una fuente insuperable de invaluable información para tu futuro cuando usas el ayer como inspiración para madurar y no como la cárcel emocional que te condena al miedo a enamorarte de nuevo.

Terrorista 3. El temor controlador

El temor es una emoción legítima que cumple una función: nos mantiene en alerta ante la expectativa de un posible dolor. Sin embargo, si domina nuestra capacidad de elegir y anula nuestro derecho de elegir con libertad, podría constituir un enemigo implacable de nuestras posibilidades. Conozco a personas que, presintiendo que pueden llegar a amar a alguien, se las arreglan para "sabotear" la relación y salir huyendo con excusas tan poco válidas que ponen en evidencia su temor a exponerse a que el amor las haga más vulnerables al dolor. Porque saben que amar duele.

Es el mensaje que interiorizaron con experiencias anteriores.

Si al llegar a esta parte del libro de Giselle adviertes que has entregado demasiado tus oportunidades del presente a tu pasado, mira a este último con indignación y firmeza y dile: "No te entrego ni un solo día más de mi vida". ¡Adueñate de tu presente y proyéctate con optimismo hacia tu futuro!

Terrorista 4. Identidad fragmentada

Otro de los terroristas contra el amor es la identidad fragmentada que sobrevivió a la experiencia de amar. En mi consulta he atendido a innumerables personas cuya identidad estuvo definida por lo que la otra persona opinaba de ella. Así, las relaciones en las que predominaba el abuso verbal y emocional se convirtieron en diseñadoras de una identidad distorsionada y aprendida.

- "Tú no sirves como mujer."
- "Poco hombre."
- "Si yo te dejo, ¿quién cargará contigo?"
- "No llegarás a ninguna parte sin mí."

Si estas frases o algunas parecidas te resultan familiares, seguramente te expusiste a contaminantes de la identidad como ellas. Cuando frases como las anteriores se convierten en los conceptos en los cuales te basas para definir quién y cómo eres, llevarás por dentro al enemigo de volver a amar.

Sería absolutamente desastroso que construyeras la definición de tu "yo" sobre la única base de lo que otra persona dice de ti. El ser tu "yo real" puede convertirse en un "yo equivocado" si adoptas como tuyo el veneno que otro te inyectó. Es necesario que te expongas a un proceso de "descontaminación emocional" si es que aspiras a una oportunidad justa de un futuro para el amor.

Confronta las "frases tóxicas" que tienes en tu mente:

- ¿De verdad se parecen a ti?
- ¿Se ajustan a la realidad?
- ¿Definen con certeza tu carácter? ¿Tu conducta? ¿Tu vida?

Con toda probabilidad descubrirás que tu identidad ha sido manipulada. Tú eres quien dices que eres, no quien otro dijo que eras.

Terrorista 5. El veneno del "otro"

El veneno del "otro" puede resultar fatal y si te dejas contaminar por él, tu autoestima lo pagará. Sentirás que no serás apropiada para nadie; que no mereces ser feliz; que nadie pondrá la vista en ti y sólo te atraerán los perdedores. Concluirás equivocadamente que no mereces algo mejor y no te darás permiso para pretenderlo. Pero ¡ya! Ordena a los terroristas del pasado, el temor y la autoestima disminuida, que se sujeten a tu voluntad. Porque, te sientas como te sientas, nunca perderás la libertad de elegir cómo reaccionar a la manera en que te sientes. Elige adueñarte de tu presente y levanta las alas ante las posibilidades del amor de tu futuro.

Doctor Rubén L. Arroyo

14. La primera cita

¿Se acuerdan de la primera vez que encontraron al hombre con quien habían soñado o les gustaba tanto? Ante eso, ¿tiemblan de horror o de placer? A mí, ¡hasta las pestañas me tiemblan pensando en esas vivencias! Siendo muy jovencita, mi mamá me arregló una cita a ciegas con el hijo de un amigo suyo que vivía en el interior de la isla y que, según recordaba, era ¡belloooo! A la hora prevista, yo estaba listísima. Durante la semana me probé mil perfumes y barnices para uñas, y ese día envolví mi pelo en un dubi-dubi, una especie de enrollado sujeto con unas hebillas para que quedara liso. Casi muero del susto al escuchar:

—Giselita, aquí está "Pedrito".

Miré por última vez en el espejo de mi coqueta las *leggins* de moda, mis labios con el brillito *kissing potion* con sabor a fresa, y mi pelo más lacio que el de una japonesa. Mi última mirada fue de éxtasis a mis tacones de cinco pulgadas de altura.

Despacito, caminé hasta la sala, donde mi mamá y mi padrastro hablaban con el "bello". Me asomé, y horror: "Pedrito" medía dos pies menos que yo y tenía el pelo más liso que el mío, largo, y con una pollina* que le tapaba medio ojo. Salí corriendo para mi cuarto y llamé a mami.

—Yo no voy a salir con él —le dije desesperada—. Me llega al hombro, ¿no lo ves?, y parece que trae una peluca puesta.

—Mija, no te apures. Es de lo más simpático.

—Mami, dile que me siento mal, que estoy vomitando, que tú no me dejas salir. Por favor.

Pero mami no iba a dejar a Pedrito plantado.

—Ponte unas sandalias bajitas. Ese muchacho viajó como tres horas para venir a buscarte y tú no me vas a hacer quedar mal.

Cuando al fin salí, los ojos de "Pedrito" se agrandaron de emoción al verme y los míos de angustia al darme cuenta de que, aun con sandalias, le llevaba la cabeza. Esto era vital para una jovencita inmadura. Pero lo peor no fue su físico. Ya instalada en su auto amarillo, éste empezó a hacer un ruido ensordecedor.

—Es la polea —gritó—, está dañada y necesito cambiarla.

Seguidos por ese ruido de pollos y gatos que hubiera acabado con los esfuerzos del galán más romántico, salimos rumbo a un restaurante en el viejo San Juan. Estacionó en un lugar divino conocido como Los Balcones y yo pensé: "Hmmmm, me va a traer acá, qué chévere". Pero, ¡ilusa de mí! Lo que hizo fue llevarme caminando cuesta abajo como una milla para llegar al restaurante porque pensaba que no encontraría parqueo. La conversación entre los dos fue una locura. Él hablaba de tuercas, caballos y hierbas, y como yo no sabía nada de esos temas, comía muchísimo. Hasta eso lamenté, porque el regreso al auto era ahora cuesta arriba. Como se imaginarán, ésa fue la primera y última vez que vi a "Pedrito".

Recomendaciones para la primera cita

De la experiencia con Pedrito aprendí varias cosas, que con los años fui depurando, y ahora comparto con ustedes.

---

* Flequillo.

No exageren en el arreglo personal

Tomen las cosas con calma. Para la primera cita, especialmente si la víctima —¡qué digo!— el candidato no es conocido, no hay que irse a ningún extremo. Nada de tacones altísimos, zapatos nuevos para amansar, ropa apretada o estrafalaria. Escojan una vestimenta que las haga lucir bonitas, elegantes, pero cómodas. No les vaya a suceder lo que a una amiga mía que quería verse delgada y se puso una faja tan apretada que se le salían las lágrimas. Ella pensó que las miradas intensas de su candidato al son de Marc Anthony confirmaban el éxito de la noche (y de la faja). Al día siguiente una de esas mensajeras que nunca faltan le preguntó qué había pasado porque Joaquín, el machazo con quien salió, le comentó que había pasado el peor rato de su vida. "Imagínate" —le dijo—, "esa mujer se pasó la noche llorando con los ojos brotados como una ahorcada."

No se pongan nada demasiado atrevido

En mi opinión, tampoco es buena idea. Una amiga mía estaba loca por un libretista, un hombre serio e inteligente a quien conoció durante la grabación de "Morelia". La primera noche que salieron, ella estaba en las nubes. "¿Qué me pondré?", nos preguntaba a todos en el estudio. Como tenía fama de ser muy tímida en el vestir, un camarógrafo le contestó medio en broma: "Niña, ¡ponte bien sexy!". ¡Para qué fue eso! Después supimos que en el restaurante de Coconut Grove al que fueron, una mujer envuelta en velos transparentes había acaparado todas las miradas. Viendo que el libretista no repetía la invitación, mi amiga me pidió que le preguntara cómo era su pareja ideal. "Las mujeres exóticas viven en mi imaginación", respondió con el ceño fruncido y los ojos puestos en mi amiga. "Para mi realidad, me gusta una mujer de carne y hueso vestida para este siglo." ¿Con eso dijo todo, no creen? La idea, en mi opinión, es vernos femeninas, no demasiado atrevidas. Si uno se equivoca en lo que decide ponerse, la tensión que nos causan las situaciones incómodas en que nos colocamos nos impide comunicarnos, a veces del todo, con el candidato. Hay que relajarse y pensar que es un nuevo amigo el que conoceremos.

Cuiden el perfume y el maquillaje

Cuando era más joven me encantaba vaciarme frascos de perfume encima, pero con el tiempo me he dado cuenta de que lo mejor es usar uno muy rico y que unas gotas son suficientes. Eso mismo les sugiero, amigas, no vaya a ser que mareen al candidato, o, peor aún, si es alérgico, lo manden al hospital por intoxicación. Tampoco se pongan demasiado lápiz labial. Mis amigos me cuentan que odian que usemos mucho porque parece que en vez de labios tuviéramos una cáscara de plástico, y les horroriza la idea de que les manchemos la ropa o les pintemos toda la cara.

Lleguen o estén listas a tiempo para las citas

Es indispensable. A los hombres les molesta esperar, sobre todo cuando están nerviosos por la primera cita. Tampoco es bueno que cuando vengan a buscarnos estemos esperando detrás de la puerta. Debemos "darnos puesto"*, como decía mi abuela, y abrir sólo después de que el candidato haya tocado el timbre. Hay que dejarlos que sean corteses.

Analicen con discreción al interfecto

No olvidemos que la primera cita es una oportunidad para analizar al señor Perfecto. Desde el momento en que toca el timbre hasta la entrada al auto ya ha debido darnos datos. ¿Fue galante? ¿Nos abrió la puerta del carro, o se sentó primero y luego nos miró como preguntando: "Cuándo te vas a sentar"? Para algunas de ustedes unos detalles serán más importantes que otros, pero de eso se trata: de ver si esa persona de verdad nos agrada. Por ejemplo,

---

* Darnos nuestro lugar.

para mí es fundamental que un hombre se vea limpiecito, con las uñas bien cortadas y aseadas. Recuerden lo que hablamos sobre las señales que, aunque pequeñas, revelan el lado sombrío de la persona, el cual se ocultará en la primera cita.

Presten atención a la conversación

De ahora en adelante deberán cuidar este punto. Cuando ya estén frente a frente, a la luz romántica de una vela, o en los asientos de un cine esperando a que comience la película, piensen en el tema que les conviene tocar. Recuerden los aspectos que no les gustaban de sus parejas anteriores y hagan preguntas para averiguar cómo piensa este candidato acerca del mismo asunto. Sólo que, ¡óiganme, que no es un interrogatorio al estilo prisionero de guerra! No hay que ser extremistas, o nuestro hombre saldrá corriendo. Lo que quiero decir es que una pregunta puede ser discreta y reveladora. Si quieren saber algo sobre sus familiares y su relación con ellos para dilucidar cómo podría comportarse con los de ustedes, cuéntenle: "¡Ay! Mi mamá organiza unos almuerzos deliciosos los domingos. Todos mis hermanos con sus cónyuges e hijos van y lo pasamos de lo mejor". Ahí, hagan una pausa para que él diga algo al respecto. Así podrán tener una idea de la capacidad del candidato de mantener buenas relaciones familiares. Ahora bien, hay que ser honesta desde el principio, especialmente en cuanto a cuestiones básicas. Por ejemplo, si somos divorciadas, o si tenemos niños, es mejor decirlo muy pronto. Si el candidato no vuelve a llamarnos, mejor. Peor sería que esto se convirtiera en un problema después.

Veamos el caso de una amiga mía; ocultó a su novio durante más de un año la existencia de su hijo. Los líos en que se enredaba para esconder al pobre muchachito eran ridículos. Que no contestara el teléfono. Que se escondiera en el clóset cuando sonara el timbre. ¡Y pensar que los trucos no sirvieron de nada! La relación nunca progresó y el novio terminó casándose con una mujer que tenía, no un niño como ella, sino tres. Recuerden que si somos madres, lo seremos siempre, y nadie puede cri-ticarnos ni castigarnos por eso.

Cuiden lo que hablan

Es necesario prestar atención durante la conversación porque ellos también querrán saber de nosotras. Por lo general les interesará enterarse de cómo ha sido nuestra vida amorosa. Aquí lo ideal es ser honestas, pero sin dar más detalles de la cuenta. Amigas, créanme, por experiencia sé que nunca olvidarán los detalles y se los echarán en cara en cada discusión que lleguen a tener en el futuro. Cantaletas como éstas las oirán a menudo: "¿Qué piensas que soy como fulano que te soportaba tu mala educación?". Lo mejor es explicar los problemas con la ex pareja a grandes rasgos, por ejemplo: "Éramos muy jóvenes y no sabíamos solucionar conflictos". Este mismo consejo se aplica a nosotras porque tampoco nos hace falta saber todos los detalles de la vida amorosa de él. ¿Para qué? Es mejor concentrarnos en escuchar, motivándolo para que hable y hable mientras nosotras aprendemos más sobre su persona.

Disfruten todo lo que puedan esa primera cita

¡Qué lindo cuando todo marcha de maravilla esa primera vez! Les cuento que con el papá de mis dos hijos menores fue muy emocionante. Yo estaba pintando una pared del apartamento que tenía en el área de Guaynabo, en Puerto Rico, con mi pequeña Andrea. De pronto sonó el teléfono y mi hija contestó. Era Harold, que tenía entradas para el teatro esa noche y me invitaba a acompañarlo. Por supuesto, le dije que sí, y empecé a brincar de la emoción. Solíamos hablar en el canal donde ambos trabajábamos, pero nunca me había invitado a salir. Dejé la pared a medio pintar, tapé la lata y salí corriendo. Llevé a Andrea a casa de mi mamá y fui directo al salón de belleza en calidad de emergencia. Me arreglé las uñas, me hice un pedicure y un peinado, todo al mismo tiempo. A las ocho de la noche, Harold llegó puntual. Bajé el ascensor y cuando lo vi casi me desmayo de la emoción. Ahí estaba él, guapísimo: alto, delgado con esos ojos enormes que lo hacen parecer como quien no rompe un plato, bien perfumado. Éste sí que era bello. En el auto puso música instrumental de Kenny G., que me encanta. Al terminar la función me llevó a cenar al Greenhouse, en el condado, sitio a donde todo el mundo va después del teatro. Ahí me enteré de que tenía las entradas desde hacía más de una semana, pero no se había atrevido a invitarme. Recuerdo que ordenamos un solo plato de ravioles para los dos. Muy romántico, ¿no? De ahí me llevó a un lugar en el viejo San Juan, un pub llamado "Las Violetas," y pidió una copa de vino para cada uno. La mía me duró horas. Luego fuimos a la discoteca "Isadora", que a esa hora de la madrugada estaba casi vacía. Hablamos en una esquina sentados, hasta que me invitó a bailar a la pista al ritmo de la que sería nuestra canción: "Te Amo", de Franco de Vita. ¿Cómo negarlo? Fue una noche hermosa en la que nos enamoramos. Llegué a mi casa como a las cuatro de la mañana. Y sin un beso, amigas, sólo el deseo de besarnos. A partir de entonces, nos llamábamos todas las noches y nos veíamos casi todos los días. Poco tiempo después nos casamos. ¿Se dan cuenta de cómo nunca podemos saber cuándo esa primera cita será con nuestro futuro marido? Así que cuidemos todos los detalles.

¿Estás lista? ¡Sal por él!

En ocasiones somos nosotras las interesadas en lograr esa primera cita. En este caso el dilema adquiere enormes proporciones: ¿dónde encontrar hombres que sean adecuados para ti? Sé que tengo cualidades y que estoy preparada para una relación de pareja, pero, ¿cómo conocer a la persona idónea?

En primer lugar, acostúmbrate a asistir a lugares frecuentados por gente del tipo o el nivel que te interesa. Por ejemplo, si te atrae el mundo intelectual, el ámbito de la cultura, buenos sitios serían las presentaciones de libros, las exposiciones de arte y las exhibiciones de películas de arte. ¿Que te gustan los deportes? Ve a partidos de tenis, inscríbete en una clase de golf o en un gimnasio. Si deseas entablar contacto con un hombre a quien le guste disfrutar en familia, inscríbete a un club deportivo y social y sal a caminar a parques o algunos centros comerciales. Si te inclinas por las buenas causas, inscríbete a algún club como los Rotarios o el Club de Leones, o bien, en el grupo de actividades de beneficencia de tu comunidad o iglesia. Si estás en un proceso de búsqueda espiritual o de superación, únete a un grupo de personas que sueñen con lo mismo. De esta manera aumentarán las probabilidades de que te topes con el ser con quien puedes compartir el amor. Pero la respuesta no es, en absoluto, hacerte asidua de las discotecas o los bares porque, por lo general, los hombres van ahí a buscar a una muchacha que les guste para salir y no necesariamente para una relación seria. Si tú lo que quieres es divertirte un rato, ve a una discoteca, pero si deseas algo más serio, opta por un lugar donde puedas ver a una persona que comparta tus aspiraciones.

Digamos que ya lo conociste, que ya entablaste una conversación con él (hay mujeres que tienen la iniciativa para ello; en lo personal, yo nunca he podido), que incluso han salido ya algunas veces. Una pregunta que salta a la mente enseguida es: ¿cómo detectar si algo va en serio? Observa el interés que muestra: ¿te llama todos los días?, ¿se preocupa por tus cosas, por tus motivaciones y planes futuros?, ¿es atento y cariñoso?

Un aspecto fundamental para mí es si manifiesta deseos de conocer a mis hijos, a mi familia. Ahí te percatas de que no busca una relación efímera contigo.

La siguiente es una excelente medida para evitar salir lastimada en una nueva relación: mantén los oídos bien abiertos, ve las cosas con claridad y no te ilusiones demasiado antes de tiempo. Si la intuición te dice: "No, esta persona no escucha lo que sientes, no se interesa lo suficiente", si en el fondo de tu corazón sabes que no es tu pareja, no hagas lo que muchas, no ignores las señales y ¡para afuera! No pierdas el tiempo que es precioso.

Para el tema de la primera cita solicité la colaboración de la sexóloga Silvina Belmonte, quien nos ha visitado en "Despierta América".

La primera cita

La primera cita es la más importante en la vida de una pareja, porque de ella puede surgir un gran amor y la posibilidad de una vida juntos, o una gran decepción. A continuación presento algunas sugerencias a seguir para esa primera cita.

Si no conoces a la persona

- Procura que se lleve a cabo en un lugar que sea familiar para ti.
- Intenta contar con transporte propio. Así no dependerás de él, en caso de que se presente algún percance desagradable.
- Lleva dinero y tu teléfono celular si tienes uno.
- Procura que no sea muy tarde por la noche.

Qué hacer, lo conozcas o no

- Actúa con seguridad y muéstrate relajada.
- Préstale atención. No mires constantemente a tu alrededor o a cada persona que entre al restaurante o al lugar donde se encuentren.
- Habla de los aspectos positivos de tu personalidad. Cuéntale de tus actividades, pasatiempos, ideas e intereses.
- Dale tiempo a que se exprese. No monopolices la conversación.

Qué evitar

- No tomes más de la cuenta. Recuerda que mucho alcohol baja las defensas y las inhibiciones; si esto te sucede, puedes decir cosas o actuar de manera que le cause una mala impresión.

- No atiendas al celular. Es una falta de respeto.
- No hables de cosas negativas o depresivas. Nada de problemas de trabajo, financieros o familiares.
- Mucho cuidado con el tema de los "ex". Lo menos que queremos escuchar en una primera cita es acerca de otros.
- No hables de casarse y tener familia. Recuerda que los hombres, si bien en el fondo buscan lo mismo, cuando escuchan estas palabras en forma prematura, tienden a salir corriendo.
- No fomentes ni permitas que se te induzca a sostener conversaciones de alto contenido sexual.
- Un encuentro sexual prematuro puede (no siempre) arruinar la posibilidad de una relación duradera.

Detalles que revelan si un hombre es problemático

- No te presta atención; mira a su alrededor y a otras mujeres.
- No te mira a los ojos.
- Cuando le preguntas algo, evade la pregunta.
- Monopoliza la conversación, hablando de su dinero, sus conquistas y sus triunfos.
- Demuestra estar interesado únicamente en el sexo.

Si te lanza estas señales, ¡alerta roja!, lo más probable es que esté involucrado con alguien más.

Compatibilidad

Desde la primera cita es posible empezar a evaluar el grado de compatibilidad con la otra persona. La pasión y la química duran un cierto tiempo y para que una relación prospere y brinde felicidad, debe haber cosas en común entre los dos.

Las siguientes son áreas de compatibilidad que puedes analizar:

- Religión, actitud moral, filosofía de la vida. ¿Coincide contigo en estos temas fundamentales?
- Valores estéticos: ¿qué es importante para ti? ¿Que sea alto, bajito, de nariz pequeña, etcétera?
- Estilo social: ¿le gusta salir, compartir? ¿O es más bien ermitaño?
- Estado físico: ¿está muy preocupado por el aspecto físico y la juventud eterna? ¿O, todo lo contrario, no se preocupa por su salud y su estado físico?
- Intereses intelectuales y culturales: ¿tienen un nivel educativo similar? ¿Comparten intereses culturales?
- Metas profesionales y financieras: ¿cuál es su actitud con respecto al éxito profesional y financiero? ¿Tiene la virtud del ahorro o es muy gastador?
- Pasatiempos e intereses personales: ¿pueden combinarse con los tuyos o son diametralmente opuestos?
- Intimidad: ¿cuál es su actitud sobre la sexualidad? ¿Es hábil para expresar y comunicar emociones?

Cuando hablo de analizar estas áreas, no quiero decir que lo ametralles a preguntas, lo asustarías. No, todo con sutileza y te enterarás de más de lo que crees.

Doctora Silvina Belmonte

¡Pero todavía no terminamos! Para complementar lo que hemos visto ahora con la energía del universo, las mentes gemelas de Nelly y Norelia, mentalistas y astrólogas, nos hablan de las características de nuestro signo zodiacal y nos brindan sugerencias para conquistar a un hombre.

¡Suerte!

Secretos para conquistar a un hombre según tu signo zodiacal

La conquistadora ariana

Seduces sin preámbulos y mezclas el romanticismo con la pasión. Cuanto más rápido comience la relación, mejor. Tu mirada es intimidante y conquistadora. Deja la coquetería para quien en verdad te guste. Evita caer en discusiones tontas. Defiende tus puntos de vista con moderación. Para que ambos saboreen el momento, no te lances como desesperada. No hables de tus relaciones pasadas; la sinceridad excesiva puede intimidar. Vístete de rojo. Luce un buen escote con accesorios que contrasten con tu atuendo, pequeños y discretos. Maquíllate de manera sutil y natural en tonos tierra. Usa el cabello suelto, bien peinado y un perfume de flores frescas. Como toque mágico lleva un granate pequeño colgado de tu ropa interior. Activará tu deseo sexual y atraerá a tu pareja.

Tauro, la más paciente y tranquila

Eres tranquila y paciente. Cuando alguien te gusta, te preparas de forma especial para la primera cita. Cuidado con parecer actuada y premeditada. Combinas la indiferencia con una seductora solemnidad. Eso le fascina a los hombres, pero ¡no exageres! Sé sincera, no aparentes lo que no eres. Aunque te encanta el dinero, evita hacerlo obvio. Intenta conocerlo más a fondo. Muéstrale lo bien que la pasas con él y que eres inteligente. Al hombre de hoy le agrada una mujer bonita y a la vez capaz e independiente. Vístete de verde con tela de caída sutil y accesorios modernos. Maquíllate de modo suave, natural y fresco. Aplícate polvo, sombras de varios colores, delineador y mucha máscara en las pestañas. Lleva el cabello como lo usas a diario. Usa un perfume con aroma profundo y fuerte, de madera y sándalo. Como toque mágico, lleva una malaquita cerca de tu corazón; atraerá la tranquilidad y armonía que necesitas para estar calmada y atraer a tu pareja.

La nerviosa y complicada geminiana

Complicada, creas conflictos en tu mente porque te cuesta tomar una decisión, en especial en el amor. Eres encantadora y conversas mucho para atraer y conquistar a quien te deslumbra. Cuida lo que dices. Hazle pensar que su opinión es muy importante para ti. Domina tus nervios. Sé natural, como lo eres con otras personas. Evita mentir. Puedes ser una gran seductora; no tienes problema en expresar tus sentimientos. Haz uso de tu maravilloso sentido del humor. Vístete de amarillo ocre de forma casual-formal, con un conjunto de dos piezas, de falda o pantalón, que te haga lucir moderna, cómoda y relajada. Mezcla tonos y colores, con accesorios discretos y modernos. Toma un baño de burbujas, toca música de fondo y usa la aromaterapia. Maquíllate como lo haces a diario. Usa un perfume ligero, de fragancias frutales. Péinate de modo diferente. Como toque mágico, usa como accesorio, como dije en la pulsera o en la cadena, un cuarzo o un ámbar.

La romántica y sensible Cáncer

Eres tan cambiante como la Luna, tu astro regente. Pasas de la alegría a la tristeza, de la rabia a la dulzura. Te atoras en los amores del pasado y te cuesta volver a enamorarte. Eres femenina, tierna, sensible, soñadora y muy familiar. Vístete de colores claros o pasteles como el blanco y el celeste. Al escoger qué usar ese día especial, opta por un modelito sencillo, pero discreto, refinado, femenino y elegante. Compleméntalo con un chal. Agrégale un toque más agresivo y sexy a tu atuendo, tal vez una abertura en la falda, un escote pronunciado en la espalda o exhibe los hombros. Usa accesorios llamativos: unos aretes grandes y pesados o un collar enrollado al cuello. Para que te veas natural, usa una base y un rubor bronceados y un lápiz labial mate. Evita las sombras y resalta tus pestañas. Usa el cabello de modo que puedas colocarte algún gancho o peineta. Usa un perfume de aroma fresco y sofisticado, de clavel o rosa. Como toque mágico usa un cuarzo cristal, el cual sanará tus heridas y te ayudará a renovarte.

La egocéntrica leoncita

Te agrada ser el centro de atención, más aún si te interesa un hombre. Independiente, se te dificulta involucrarte en una relación estable; como te gusta dominar, buscas hombres de carácter fuerte pero que puedas manejar. Para conquistar a tu presa te conviertes en la leona que llevas dentro. Prueba ser más humilde, menos agresiva, a veces te ves tan altiva que temen acercarse a ti. Siempre serás la que brille, pero puedes ser discreta. Actúa con naturalidad, recuerda que con el elegido compartirás tu vida y tu hogar. Demuestra que eres noble y servicial, coqueta y encantadora. Vístete de amarillo o dorado, con un modelo súper moderno; de un solo color. Usa tacones altos. Deja la espalda al descubierto. Lleva accessorios llamativos y muy finos. Maquíllate con colores fuertes, accentuando el tono de los labios. Usa sombras suaves, una línea gruesa debajo de los ojos y el cabello suelto. Aplícate un perfume fuerte, de aroma definido y denso. Como toque mágico lleva tu piedra zodiacal, lluvia de oro, en tu cartera o monedero.

La cerebral y exigente Virgo

Aunque eres muy sensible, causas una impresión diferente en el primer encuentro. En el amor eres pasiva y discreta. Te cuesta mostrar tus sentimientos. Eres paciente y esperas a que el elegido se decida a declararte su amor. Piensas que las personas se enamoran con la cabeza, no con el corazón. Sé más humana y alegre, menos fría, distante y estricta contigo misma; pero no dejes de ser tú. Mientras otras mujeres sólo se preocuparían por su vestuario o su cabello, tú te ocuparás de cómo lucen tus manos y tus uñas, las cuales estarán perfectamente cuidadas y pintadas. Procura que tu piel luzca sana y brillante. Lleva un modelo que te haga ver elegante pero no demasiado formal, de tono tierra. Elige una fragancia acorde con tu personalidad, sutil y elegante. Maquíllate muy suave, con los colores de la tierra. Si no deseas usar labial, aplícate brillo, así tus labios lucirán naturales pero impecables. Como toque mágico lleva un jaspe en tu cartera o en el pantalón.

La entregada y amorosa Libra

Buscas a tu media naranja de forma pasiva, con calma. Te es difícil estar sola y te involucras con hombres que no te convienen. Te enamoras más del amor que de la persona. Sé más selectiva, te evitarás sufrimientos. Er es diplomática aunque sincera, insegura aunque experta en la seducción. Conquistas con alegría, coquetería, romanticismo y sensibilidad, escuchando con atención e inteligencia. Le será difícil escapar. Sé mediadora y positiva. Ponte un modelito en cualquier tono de azul —tu color— o en negro, con accesorios llamativos, zapatos actuales y femeninos. Maquíllate con un poco de brillo. Píntate los labios en tonos color piel y resalta tus ojos con un estilo dramático. No exageres. Péinate con estilo clásico, pero con un toque contemporáneo; cambia el tono de tu cabello. Usa una fragancia densa, femenina, sofisticada y sensual, de rosas. Como toque mágico y armónico, lleva un jade colgado al cuello y pendiendo de una cadena de plata.

Escorpio: pura pasión

Astuta, con una intuición fuerte, te acercarás y ganarás su confianza y en poco tiempo sabrás todo sobre él. Oculta tus celos. Demuéstrale que es el único que te agrada y al que frecuentas. No lo cargues con problemas y quejas. Aprovecha cada momento para saber más de él. Hazle ver cómo eres tú y lo que esperas de tu pareja. Si llegase a manifestar desde el primer momento su interés en llevarte a la cama, no huyas sin explicaciones. Elige un atuendo, de dos piezas combinadas —colores oscuros con tonos vino o rojo—, de corte recto. Calza zapatos cerrados, botas o botines. Lleva un accesorio pequeño de oro o plata con algún símbolo significativo. Aplícate un poco de polvo, brillo en los labios y máscara para alargar las pestañas. Deja tu cabello al natural y ponle mucho brillo de silicón. Hazte un corte moderno. Usa un perfume sutil y suave, de aroma floral. Como toque mágico escoge una amatista, que te ayudará a transformar las energías negativas en positivas, te purificará, clarificará y armonizará.

La espontánea y libre sagitariana

Para ti el amor es un todo. Cuando amas de verdad es porque ya has tenido bastantes aventuras como para reconocer enseguida al hombre con quien quieres compartir tu vida. Eres cálida, noble y sincera, aunque insegura. Despliega tu personalidad avasallante e irresistible. En el sexo te mostrarás como una experta. Te gustan las relaciones difíciles de consolidar, mas no imposibles. Seduces mostrándote como una mujer libre, sin complicaciones, moderna y femenina. Es difícil que te conozca a fondo, contigo siempre habrá sorpresas. Sé tú misma. Vístete de morado o violeta combinado con negro, con un modelo juvenil, de dos piezas y accesorios originales. Maquíllate de forma natural destacando tus ojos con un tono gris o pardo. Con una sombra deja tus cejas más gruesas y definidas. Lleva el cabello suelto, con un poco de brillo y un aerosol con aroma, o con un moño suelto, como hecho al descuido. Aplícate una fragancia de flores fuertes o silvestres. Como toque mágico, elige el ojo de tigre; te ayudará a fortalecer tus intenciones.

Capricornio: la más seria y distante

Metódica, te gusta asumir el control de tu vida sentimental. Tomas en serio las relaciones. Calculas los pasos que darás. Te aseguras de conocer bien a ese hombre, para decidir si lo alientas a que se declare o lo enfrías para que se aleje. Eres algo dura y es difícil que te enamores a ciegas. Para conquistar, controlas a tu "víctima". Eres paciente; si no lo seduces en un principio, no te darás por vencida. Relájate y no exageres. Escúchalo con atención. Vístete de ocre, mostaza o beige, con un atuendo clásico y conservador, con accesorios discretos y a la moda. Usa zapatos contrastantes. Maquíllate con tonos tierra y claros, resaltando el labial y las mejillas. Arréglate manos y pies; date un masaje de relajación. Lleva el cabello detrás de las orejas o en cola de caballo. Usa un perfume sutil con base de madera. Como toque mágico lleva una turmalina negra; te ayudará a superar los acontecimientos regidos por el caos o el lío mental con respecto a esa nueva relación.

La aventurera acuariana

Esperas que la persona en quien fijas tu atención sea auténtica y no te aburra. Eres un sinfín de emociones juntas, resulta difícil conocerte. Para la pareja funcionas como un bálsamo, estimulante y relajante. Para conquistar, experimentas nuevos métodos y juegas bajo tus propias reglas. Intenta frenar tus ímpetus. Hazle ver que no sólo sueñas con tener una relación amorosa, sino un compañero. Tu conversación animada y cargada de anécdotas lo volverá loco. Pero, recuerda, ¡él también tiene derecho a hablar! Vístete de verde o azul con un estilo fresco y accesorios sencillos y pequeños. Maquíllate para verte juvenil y madura a la vez. Lleva el cabello natural, un tanto despeinado. Aplícate una fragancia ligera pero penetrante. Como toque mágico, usa una piedra de lapislázuli para que te ayude a desbloquear la mente de los problemas del día y marque el camino a seguir en tu conquista sentimental.

La intuitiva y espiritual pececita

Romántica aunque observadora, analizas la personalidad del hombre, para saber qué tipo de persona es. Eres receptiva, con profunda percepción extrasensorial. Te fascina ser seducida. Para seducir, te vales de tácticas de vampiresa. Presta atención a tu intuición. Si ves más de una señal de alerta, huye. Intenta no ser complicada e indecisa y muestra tu lado suave y animado. No lo presiones ni te portes como niña malcriada. Vístete sexy con colores suaves, zapatos de tacón alto pero cómodos y pulseras de metal de distintos colores. Lleva el cabello suelto o recogido con un estilo moderno. Aplícate un maquillaje bronceado uniforme, mucho rímel, delineador, brillo y labial color piel o dorado. Usa un agua de colonia suave con base de madera y sándalo. Como toque mágico lleva una aguamarina; te ayudará a obtener la serenidad y paz interior que necesitas para estar tranquila en la primera cita, en toda la relación que estás por iniciar, y en otros aspectos de tu vida.

Nelly y Norelia, las Mentes Gemelas

15. Llegó la hora del encuentro cercano

Bueno amigas, sobrevivimos a la primera cita. Hemos cenado en restaurantes, bailado en discotecas, paseado por South Beach o Coconut Grove, por las calles de Nueva York, o cualquiera que sea nuestro sitio de residencia. Hemos conversado en lugares románticos como la orilla del mar, o un jardín en noche de luna llena. Entonces, para algunas de ustedes, ¡llegó la hora del encuentro cercano!

Aunque para otras, dicho encuentro debe tomar más tiempo, la decisión siempre nos obligará a plantearnos preguntas: ¿cómo saber cuándo estamos listas? ¿Cuánto es más tiempo? ¿Cómo prepararnos para esta vivencia?

Octavio Paz, el gran poeta mexicano, describe muy bien esa sensación de soledad e incertidumbre en su poema "Dos Cuerpos":

Dos cuerpos frente a frente
Son a veces dos olas
Y la noche es océano.

Amigas, ¿no han sentido lo que describe el poema ante la decisión de dejar que nuestro cuerpo se encuentre con el de ese otro ser? Les confieso que me he sentido como él describe, una olita en ese mar de emociones. Tal vez por ello pienso que debemos tomar un tiempo para conocer mejor a la persona con quien compartiremos algo verdaderamente íntimo.

Una razón principal para tomar las cosas con calma es que ese encuentro de cuerpos ofrece más riquezas cuando ocurre después de que hemos tenido oportunidad de sentirnos apreciadas por quienes somos y confiadas en la delicadeza de nuestra pareja.

Además, esperar un poco trae otros beneficios. En primer lugar, aumenta la expectativa con respecto a ese momento y alarga el proceso del enamoramiento. No pretendo fomentar lo que hacían las mujeres del siglo pasado, mantener la distancia hasta el matrimonio. Sabemos que, al no ceder la virginidad, al pobre enamorado no le quedaba sino ponerse de rodillas y ofrecer un brillantazo. Por supuesto, esto contribuía a apresurar uniones matrimoniales, aunque la pareja no tuviera mucho en común. No, más bien creo que un tiempo prudente ayuda a crear la expectativa que eleva el goce que todo proceso ofrece. Por ejemplo, si queremos ir a Brasil, ¿acaso no sería más emocionante viajar después de haber suspirado un buen rato por sus bosques, sus playas y la alegría de su gente, de haber soñado y planeado, que desear ir y ¡zas!, aparece el paquete de viaje completo?

En segundo lugar, esperar tiene un lado positivo que concierne a la imagen que el hombre se forja de una. Aunque es verdad que estamos en el siglo XXI, que hemos avanzado un trecho enorme como mujeres modernas, inteligentes y triunfadoras, parece que muchos hombres siguen pensando igual que lo hacían en el siglo pasado. Muchos consideran todavía que una mujer que se entrega rápidamente es de "cascos ligeros" y, más adelante, si siguen juntos, en cualquier discusión le echan en cara cómo pueden confiar en ella si se acostó con él casi sin conocerlo. Una amiga a la que adoro vivió algo parecido. Puertorriqueña crecida en Nueva York, es bella, alta, delgada, con una personalidad muy alegre; le fascina el baile y hace amigos con facilidad. Hace unos tres años, fue a un famoso club neoyorquino con sus amigos de trabajo. Un joven la invitó a bailar. "Daniel" y mi amiga conversaron toda la noche y al llegar la madrugada estaban acarameladísimos. Como resultado, pasaron la noche en el apartamento de ella. No volvieron a separarse. Se veían y llamaban todos los días. Pero ella tenía mil compromisos con la agencia de publicidad donde trabajaba y siempre acudía a reuniones o actividades con clientes, cosa que al novio no le hacía ninguna gracia. Pronto empezaron los problemas. "Daniel" la atormentaba llamándola por el celular y cuando mi amiga le preguntaba por qué no confiaba en ella, él le gritaba que quién podría garantizarle que le era fiel si la primera vez que salieron se fueron a la cama. Los celos crecieron, la vida juntos se convirtió en un sueño imposible, y la relación terminó. Esto significa que hay que andar con pies de plomo y estar bien seguras de ese príncipe que tanto nos gusta, antes de lanzarnos al océano del amor.

Pero en este caso, luego de mucho considerarlo, si ya han decidido que llegó el momento de juntar esas dos olitas, la preparación debe ser total.

Principiemos por el aspecto físico. Saben ya que esa noche cenarán en un restaurante romántico, tal vez con vista al mar si vives en la playa. La probabilidad del encuentro es alta; a fin y al cabo en eso, definitivamente, las mujeres somos quienes tomamos la decisión. Por consiguiente, arréglense de acuerdo con sus planes. Para lavarse el cabello, escojan un champú con un aroma rico y un acondicionador que permita que, cuando él pase la mano por tu cabeza, se deslice. Para el cuerpo usen un jabón humectante y de un olor cautivante como vainilla o lavanda. Si saben que a él le gusta la mujer con las uñas pintadas de rojo, pues a la carga: manicure y pedicure con el vibrante "Sangre de Rubí". Como es obvio, las piernas deben estar bien afeitadas y el cuerpo sedoso por la crema. También asegúrense de no comer alimentos pesados durante el día. Nada de cerdo. Nada de chorizo. ¡No querrán que la digestión les haga pasar alguna pena! Una de mis compañeras en la telenovela "Morelia" no siguió este consejo. En el momento preciso de la noche cumbre, su estómago empezó a sonar como un gato atrapado. ¡La vergüenza que pasó! Por fortuna ya se conocían lo suficiente para no incomodarse y reírse (brevemente) del percance. Para terminar, acuérdense lo que hablamos de la ropa y del perfume: ¡moderación!

Pero no todo es lindo en estos encuentros. Cito de nuevo a Octavio Paz en el mismo poema, en una estrofa inquietante:

Dos cuerpos frente a frente
Son a veces navajas
Y la noche relámpago.

En efecto, no podemos negar que, de no ser cuidadosas, pueden esperarnos tormentas tristes. Pero no se asusten más de la cuenta. Este tipo de peligros se forjan en la ignorancia. La realidad es que no podemos seguir avergonzándonos al hablar de temas como el sexo, porque es parte esencial de nuestra vida. Hay que protegerse de embarazos no deseados y de las infecciones sexualmente transmisibles, para lo cual debemos usar pastillas anticonceptivas y asegurarnos de que la pareja use un condón profiláctico. Podremos estar en la cumbre del abrazo y los juegos previos, pero si no hay condón, no hay sexo. Nada de aceptar excusas como: "Yo no tengo nada" o "¿Me acusas de estar enfermo?", o la promesa inútil: "No va a pasar nada si no llegamos al clímax".

El condón es siempre indispensable, ya que el sida se transmite por el contacto de los fluidos corporales. Lo mismo sucede con las enfermedades venéreas, que pueden evitarse con un simple capuchoncito.

Todos estos temas ya los hablé con mi hija adolescente y empiezo a abordarlos con mi otra hija. Un embarazo no deseado puede acabar con muchos sueños, impedir que se siga estudiando y limitar el futuro. No vale la pena que ni las adolescentes ni las adultas nos arriesguemos sin estar protegidas. Neida Sandoval me dijo algo que siempre les repito a mis hijos: "Se necesita sólo una vez para que tu vida cambie para siempre". Así que, en esta ocasión, hay que asegurarnos lo más posible de lo que hacemos.

Si ya tomamos todas las precauciones necesarias y efectuamos los preparativos en el ámbito del peinado, la vestimenta, las cremas, el maquillaje, etcétera, dediquémonos a disfrutar el momento, que en verdad es único. Consientan a ese otro ser, háblenle con suavidad como si estuvieran en un barquito meciéndose en el mar. Pregúntenle qué le gusta, y díganle lo que les agrada a ustedes. Cuando adquieran más confianza, inventen juegos para la intimidad. Recuerden que también es posible expresar la personalidad en este encuentro íntimo.

Estoy convencida de que la raíz de un encuentro feliz es la buena comunicación, sin la cual es muy probable que la relación no continúe por mucho tiempo. Como de todo encuentro intenso nacen creaciones, de este encuentro cercanísimo pueden surgir amistades tiernas, dolores, risas, amores bravos y mansos, y, en especial, cuando deseada, una hermosa posibilidad: niños, adoptivos o biológicos, ¿acaso no da lo mismo?

Aquí les dejo unas palabras de la poeta colombiana Laura Victoria, quien, en la última estrofa de su poema "En secreto", resume el océano de emociones y creaciones del que hablamos en este capítulo.

Ven, acércate más,
Para tu cuerpo
Seré una azul ondulación de llama,
Y si tu ardor entre mi nieve prende,
Y si mi nieve entre tu fuego cuaja,
Verás mi cuerpo convertirse en cuna
Para que el hijo de tus sueños nazca.

¿Qué les parece? Después de confesarme un poco con ustedes, ya que considero que éste es un tema muy privado pero necesario, necesitamos la opinión de una experta. La brillante sexóloga

Silvina Belmonte tiene algunas sugerencias para nosotras a este respecto.

El primer encuentro sexual

Es un placer responder a la solicitud de Giselle de hablarles, queridas amigas, de ese momento mágico que puede significar el inicio de una relación duradera y satisfactoria, o el fin de algo que pudo ser hermoso: el primer encuentro sexual. A continuación responderé algunos de los cuestionamientos más comunes al respecto.

¿Cuándo?

Ni muy pronto ni muy tarde. Por un lado, esperar mucho para el encuentro sexual puede crear demasiadas expectativas, lo que terminaría por arruinar el encuentro de amor. Por otro lado, lanzarse muy rápido sería problemático porque las mujeres tendemos a ser muy emocionales. Cuando abrimos nuestra intimidad, nos sentimos comprometidas de alguna manera y nos cegamos a ciertas cosas que podrían ser evidencia de futuras dificultades.

El momento ideal es cuando ambos se sientan lo suficiente cómodos el uno con el otro.

¿Cuál es la mejor atmósfera que puedo crear?

- Prepara un ambiente cómodo con luz tenue y sensual.
- Utiliza velas (pero no tantas que den la impresión de que estás en una iglesia).
- Usa una fragancia ambiental.
- Pon música suave y romántica.
- Prepara una botella de vino o de champán y, si quieres, un plato de fresas.

- Deja las sábanas de seda para otra ocasión. Un lindo juego de algodón dará más encanto al encuentro.
- Asegúrate de ordenar tu apartamento y, en particular, tu recámara.
- Prepara los condones; ponlos en una canasta con tus aceites para masaje.

¿Qué debo ponerme?

- Tu lencería debe ser sencilla: un conjunto de encaje negro o blanco es ideal.

¿Cuáles son los pasos a seguir?

- No vayas directo al grano.
- Sedúcelo con tus palabras, invítalo a bailar un bolero.
- Combina besos suaves con apasionados e indúcelo a recorrer tu cuerpo sin apuros.
- Date y dale tiempo para que este primer encuentro sea el inicio de una hermosa vida íntima.
- Entrégate y disfruta.
- Habla con él antes y después del sexo.

Doctora Silvina Belmonte

Consejos muy útiles los de Silvina Belmonte, ¿verdad, amigas mías?

Ahora les tengo ¡otra agradable sorpresa! Las Mentes Gemelas regresan para darnos sus consejos cósmicos para esa noche inolvidable, ese momento mágico, en particular para nosotras, las mujeres románticas.

Veamos qué nos aconsejan.

Secretos para el primer encuentro sexual según tu signo zodiacal

La conquistadora ariana

Demuestra tu energía y tu creatividad sexual; expresa lo que deseas del sexo, muéstrale que eres una experta, sin agresividad. Permite que te seduzca, aunque al final termine siendo el seducido. Hazle saber lo que prefieres en la cama. Toma su mano entre las tuyas y llévala a ese lugar especial; dile qué es lo que quieres y si no te atreves, indícale cómo hacerlo. No estés exageradamente pendiente del orgasmo. Ésta es una ocasión para dar y recibir. Aprende a alcanzar un equilibrio. Y para arder consumidos por la pasión, enciende velas que representan tu elemento, el fuego.

Tauro, la más paciente y tranquila

Sé tú misma; deja fluir tu sensibilidad. A él le fascinarán tu feminidad, sensualidad y capacidad de vivir el amor plenamente. No le hagas saber que eres posesiva. Expresa tus fantasías sexuales, con límites. Con una actitud entre conservadora y liberal, deja lo más emocionante para otros encuentros; que descubra poco a poco que eres insaciable. Como tu zona erógena es la piel, invítalo a experimentar distintas sensaciones táctiles, lentas y excitantes. Evita analizar el sexo. Las preguntas "¿por qué?", "¿para qué?", "¿qué consecuencias traerá?" te confundirán. Sé flexible, libérate.

La nerviosa y complicada geminiana

Déjate llevar. No planees nada pues el momento podría perder su encanto. Muéstrale que para ti el sexo no tiene límites. Relájate y deja que sea el dueño de la situación. Provócalo para que acaricie tus zonas más sensibles: los senos y los brazos. No sólo sentirás placeer tú, sino que él llegará al éxtasis. Si, en la cumbre de la pasión, ansías que te mime, da tú el primer paso: mímalo, acarícialo, pégate a su cuerpo y pídeselo. Tal vez si no se lo pides, no lo haga; recuerda que aún no te conoce bien.

La romántica y sensible Cáncer

Deja que tome la iniciativa y te despoje de la ropa. Desvístelo tú también con lentitud; disfruta cada momento. Si va demasiado rápido, aléjate, míralo a los ojos y sonríe. Tómale la mano y llévala a tu boca. Coloca tu mano sobre su pecho. Al acercarse, tocarse y sentirse, se conocerán más. Roza tus caderas y tu vientre contra sus piernas; si no entiende el mensaje, acaríciate estas zonas. Al terminar el encuentro íntimo, míralo, bésale los labios y orejas y acurrúcate en sus brazos. Antes o después de hacer el amor, toma un baño de burbujas o sumérgete en un jacuzzi con tu pareja.

La egocéntrica leoncita

La primera vez que hagan el amor no llegará muy pronto, ya que no te entregas con facilidad. Olvídate de las apariencias, el orgullo o el deseo de ser la mejor. Muéstrate suave, grácil, tierna, delicada y sutil. Así, cuando te conviertas en la leona que en realidad eres, quedará maravillado y excitado al ver que estás llena de sorpresas, con un fuego interno capaz de derretirlo. Combina caricias delicadas con mordiscos apasionados y sensuales a su cuello. Eres excelente en los juegos previos. Pregúntale qué le atrajo de ti y pídele que te responda con suavidad. La impresión que se lleven de esa noche de pasión será la que los una o los separe.

Virgo, cerebral y exigente

Desde el primer encuentro has demostrado con ahínco que estás llena de pudor sexual. Aleja de tu mente los bloqueos y deja de lado los problemas diarios. Permite que te guíe como si fueras una adolescente virgen. Evita que tu cerebro se interponga con tus emociones. Como te fascina que te mimen y te colmen de caricias, dile con palabras suaves lo mucho que te gustan sus besos. Ese comentario logrará que te lleve a la cima del placer. Y como él también debe disfrutar, explora su cuerpo por completo, de preferencia con la punta de la lengua. Tienes un potencial sexual increíble, sólo que a veces no sabes usarlo. Es hora de que cambies.

La entregada y amorosa Libra

Para ti lo ideal es el sexo dulce, amoroso y tranquilo. Espera que él te guíe, suave y pausado, con caricias de pies a cabeza. Al ver esa actitud, se adaptará a tu ritmo y tú te entregarás por completo y brindarás lo mejor de ti. Tu punto erógeno es la palma de las manos. Coloca tus dedos sobre su pecho y recorre lentamente de su cuello al final de su abdomen. Después del éxtasis procuren descansar tú entre sus brazos o él entre los tuyos; crearán tal conexión que al despertarse lo único que querrá será hacerte el amor una vez más. Tus detalles lo emocionarán y atraparán tanto que le resultará imposible escapar aunque quisiera alejarse de ti.

Escorpio: pura pasión

Eres la mujer más erótica del Zodiaco. Para ti los tabúes no existen. Desbordas creatividad en el sexo. Demuéstrale tu erotismo reprimido. Bésalo con pasión; explora el interior de su boca, intercambien sensaciones desconocidas. Con los labios entreabiertos recorre su pecho y su abdomen hasta llegar a su parte más íntima; bésalo en la boca mientras la acaricias. Ya sumido en el placer, sorpréndelo con una exploración profunda. Acaricia tus partes íntimas para que él, con la boca, haga el mismo recorrido. Excitados, fúndanse en un abrazo y en un sinfín de sensaciones. ¡Jueguen mucho!

La espontánea y libre sagitariana

Deja que las cosas fluyan con espontaneidad. Envuélvelo en un mar de pasión con tu mirada profunda y sensual. Muestra tu dulzura mezclada con rudeza y tu magnetismo sexual. La pasión lo encenderá. No te satures de sexo con él, cuando te apagas es difícil recargarte. Tus zonas erógenas son los muslos y las caderas. Tócalos con las puntas de tus dedos para que él los bese y acaricie. Explora su cuerpo y sujeta sus glúteos con fuerza; responderá con locura. Invítalo a descubrir tu piel con lentitud. Si intenta desvestirte muy pronto, dile en silencio que no. Así estará más ansioso por descubrir qué hay debajo de tu ropa.

Capricornio: la más seria y distante

Tómense su tiempo para que sus cuerpos rompan las barreras mentales y se conozcan. Aleja todo pensamiento de tu mente, disfruta el momento, el aquí y el ahora. Si se acerca pronto al final, tómalo de la mano, llévala a tu boca, bésala y musítale que te gustaría prolongar la agonía de la pasión. Experimenta, aprenderás cosas que no imaginas. No te reprimas. En la cama buscas amor, compañía y comprensión. Por tanto, conversen, coméntale con dulzura lo que sentiste, pégate a él. Le encantará descubrir que bajo tu temperamento frío habita una mujer llena de pasión.

La aventurera acuariana

Muestra tu extraordinaria creatividad sexual, se sorprenderá. Sé innovadora. No te precipites pero tampoco te intimides. Eres una mezcla explosiva. Muéstrate misteriosa al principio. Susúrrale todo lo que vivirá contigo esa noche. Mantén contacto físico continuo con él. Por momentos permite que tome la batuta. Se maravillará al ver tu fogosidad. Eres toda tacto, así que toma sus manos, ponlas sobre tus senos y muéstrale qué camino recorrer. Ante tu osadía, hará lo que le indicas y te mostrará cómo provocarle más placer.

La intuitiva y espiritual pececita

Para disfrutar como a ti te gusta, haz lo que tu pareja te pida, dentro de los límites de lo apropiado para ti. La parte que te rige en el aspecto sexual son los pies. Recorre con ellos sus piernas hasta el inicio de sus glúteos. Pídele que pase la punta de su lengua por tus pies. Pasarás de seducida a seductora y ambos disfrutarán por igual. Si pasas la noche con él, en la mañana tomen un baño juntos. Vierte sales y pétalos de flores en la bañera, enciende incienso y velas. Disfruten ese mágico momento e incítalo a hacer el amor ahí mismo.

Nelly y Norelia, las Mentes Gemelas

16. ¿Juntos para siempre?

¡Estamos al borde de aceptar un anillo! ¿Cómo tomar la decisión de unir nuestras vidas de nuevo con una persona amada? Un sí a esa unión puede representar una caída en un abismo o, por el contrario, un paso hacia una tierra fértil colmada de todo lo que la vida nos brinda: esperanza y desilusión, risa y llanto, triunfo y fracaso, y, en este caso, lo más importante: ¡una cosecha infinita de solidaridad y amor! Sí, amigas, esa tierra no existe sólo en las novelas. Ya vimos cómo podemos saber quiénes somos, cómo conseguir nuestras metas y conquistar a ese compañero que sepa apoyarnos y querernos como merecemos. Estamos más conscientes de lo que el matrimonio significa y de que necesitamos valor para vivirlo. Hemos aprendido que, al aceptar una unión tan íntima, corremos un riesgo, pero esta vez estamos dispuestas a ello porque nos sentimos seguras de lo que queremos. También estamos más convencidas que nunca de que tenemos derecho a ser felices.

Como muchas de ustedes, en un futuro yo también contemplaré esa decisión: ¿juntos para siempre? Aunque todavía no he llegado a ese punto, si tuviera que hacerlo mañana estaría tranquila, confiada en que he analizado bien los pros y los contras de la relación y los he puesto en una balanza para poder tomar la decisión adecuada. Desde luego, espero que esta nueva unión sea para siempre. Pienso que no nacimos para estar solas. No hay nada más bonito que el matrimonio, que tener una familia bonita. Ésa ha sido, repito, mi mayor ilusión desde la niñez.

Por las experiencias vividas, siento que —ya era hora— he adquirido la madurez necesaria para reconocer, cuando llegue, al hombre con quiero compartir el resto de mi vida, y para proponerme no cometer los mismos errores —si puede llamárseles así—, o por lo menos evitar pasar por lo mismo que viví.

Estoy optimista e ilusionada en que tendré con quien compartir las vivencias agradables y las que no lo sean tanto. Pero, si he de ser sincera, si no se presenta, también estoy tranquila. Tengo a mis hijos, una familia bella, una vida plena, un buen trabajo, grandes amigos —no muchos, pero no necesito más; o sea, no es que no quiera tener más, es que los que tengo me llenan muchísimo—, buenos compañeros de trabajo.

Muchas veces me preguntan si no temo que alguien se acerque a mí por mi fama. Mi respuesta es que poseo las cualidades suficientes para que una persona se enamore de mí por mí misma y no por lo que yo tenga o deje de tener.

Lo que he observado es que muchas veces los hombres se sienten intimidados por el hecho de que soy una mujer que se ha labrado un camino, que es inteligente e independiente. Y es que vivimos en una sociedad que no ha progresado mucho, en la cual prevalece un alto grado de machismo, en la que el hombre está acostumbrado a ser quien lleva las riendas de todo. Aunque, por supuesto, hay excepciones, al hombre no le agrada, en lo más íntimo de su ser, que la mujer gane dinero, que tenga una buena profesión, que sea reconocida y, sobre todo, que se desenvuelva en este medio que hace que la gente, porque ve a la persona en televisión, la considere más bonita todavía, con un encanto especial. Esto me parece una ventaja para mí y no un obstáculo porque, como yo quiero a mi lado a un hombre que esté muy seguro de sí mismo, los que no tengan esa cualidad no se acercarán.

En mi caso —al igual que sucede con un sinnúmero de mujeres—, el asunto más difícil al tomar la decisión de casarme otra vez es el hecho de que tengo a mis niños, que son mi prioridad número uno. Por tanto, para tomar esa decisión necesito considerar muchos factores. Sé que tengo el derecho de ser feliz, pero mi felicidad no puede opacar la de ellos.

¿Qué pasos debo dar para tomar esta decisión tan importante?

1. *Recuerden que nuestra intuición (también llamada corazón) es nuestra brújula de oro.* Hemos pulido esa valiosa brújula al ahondar en nuestro yo interno, reforzar nuestra autoestima, reafirmar nuestro cuerpo y nuestra mente, reflexionar en nuestros errores y aciertos, y escuchar consejos sobre cómo elegir al compañero que nos conviene. Aun así, nadie nos obliga a tomar ninguna decisión. Si tenemos la menor duda, dediquemos un tiempo para, en un momento de autorreflexión, escuchar a nuestro corazón. Y esperemos. No hay nada mejor que dejar reposar las cosas. A veces ignoramos —e incluso justificamos— los mensajes que nos llegan por medio de nuestra intuición. Por ejemplo, como les conté, yo ignoré en varias relaciones las señales de que mi pareja era dominante. Si bien esas tendencias nunca se esfumaron —todo lo contrario, aumentaron—, yo seguí enterrando las protestas de mi corazón. Pero como ya estamos en alerta para no repetir modelos, esta vez sí "abriremos" nuestras orejas como puertas de catedral para escuchar los mensajes que nos envía nuestra intuición.

2. *Seamos totalmente honestas con nosotras mismas y reconozcamos que nadie es perfecto.* Tal vez piensen que me repito y me contradigo, pero insisto en que debemos estar conscientes, a la hora de tomar la decisión, de nuestros defectos y de los que estamos dispuestas a aceptar en nuestra pareja. Y él

tendrá que hacer lo mismo. Los defectos y las virtudes son relativos: a lo mejor nosotras no consideramos como defectos algunos aspectos de nuestra personalidad, pero ellos sí, y viceversa. Lo importante es que cada uno los reconozca y sepa si quiere y puede vivir con esos llamados defectos. En mi caso, yo tiendo a ser celosa con mi pareja, de manera que debo ser franca con mi futuro compañero y confesarle este "pequeño" detalle para ayudarnos mutuamente a resolverlo.

3. *No transformemos la mejor cualidad de la pareja en un defecto insoportable.* Muchas de nosotras hemos visto cómo un candidato a pareja admira en la mujer su carácter extrovertido. No obstante, a medida que la relación o el matrimonio perdura, esa extroversión se convierte, a los ojos de la misma pareja, en un defecto destructivo. Se escuchan las quejas: "Hablas con todo el mundo menos conmigo", "Le dedicas tu tiempo a todos menos a mí"... Atención con esa tendencia, la cual es la raíz de muchos fracasos. Examinen su caso con cuidado, ya que muchas veces escogemos una pareja con las cualidades que nosotras no poseemos. Tal vez ésta sea una de las grandes ventajas del matrimonio: encontrar en una pareja la cualidad que hace falta para complementar la personalidad de la otra. Pero si, en vez de emplear esa fricción para suavizar los excesos de una cualidad, somos débiles y suprimimos esa cualidad del todo, sufrirán nuestra autoestima, nuestra pareja y nuestro matrimonio. Yo he pasado por esto en algunas relaciones. Después de atraer a alguien por mi imagen extrovertida y dedicada a mi trabajo con mi público, algunas parejas han querido limitarme precisamente en esos aspectos. Entonces, firmes para continuar siendo quienes somos, o más aún, mejores de lo que somos al pulir nuestros excesos en la fricción amorosa con nuestra pareja.

4. *Las opiniones y consejos de los demás pueden servirnos en algunos casos para llegar a nuestras propias conclusiones.* Ahora bien, escuchemos con gran cuidado. Para precisar la

calidad de una opinión o consejo, analicemos los motivos que pueden llevar a esa persona a brindarlo. ¿Tiene algún interés personal en nuestra decisión? ¿Es una persona objetiva? ¿Tiene ideas demasiado fijas y no es capaz de ver a nuestro candidato con objetividad? ¿Está profetizando con base en sus ideas fijas? ¿Pasa esa persona por un mal rato y no son claros sus raciocinios? ¿Hay un asunto no solucionado en su vida que por algún motivo nuestro candidato se lo recuerda? (Por ejemplo, si sufrió una desilusión con un cantante y le contamos que a eso se dedica nuestro candidato, nos asustará hablando de todos los malos ratos que le esperan a la compañera de un cantante.) Algunos pueden informarnos sobre algún aspecto desconocido de ese candidato y, si el asunto se aclara, nos daremos cuenta de si en verdad era importante para el futuro. Por otro lado, hay personas que, sin nosotras saberlo, no nos quieren bien o, sencillamente, piensan y viven de una forma muy diferente. Por ejemplo, una artista famosa y sexy pensaba que después de dos divorcios nunca encontraría el amor verdadero. Se enamoró de un hombre unos años menor que ella y sólo por ese detalle sus amigos y familiares pronosticaron que el matrimonio fracasaría porque él no estaba en el mismo nivel económico y social de ella. Pero esta artista escuchó a su intuición y decidió que ese hombre al que todos veían inferior a ella la hacía sentir la dueña del mundo, ofreciéndole apoyo, estabilidad y amor verdadero. Se casaron, tuvieron una hija y llevan muchos años juntos disfrutando de la verdadera felicidad.

5. *En caso de duda, siempre podemos recurrir a un profesional.* Acuérdense de mi experiencia con la doctora Granda y cómo me ayudó a considerar la vida con mayor claridad. Lo mismo les sugiero, amigas: consulten con un profesional para así esclarecer cualquier duda que les quede antes de dar ese paso crucial.

6. *Si tienen hijos, consúltenlos también.* En mi caso, además de considerar mis sentimientos y mi forma de pensar, también me es muy importante saber lo que mis hijos piensan. Me

planteo, y les planteo, una serie de preguntas: "¿Cómo se llevarán con esta nueva pareja? ¿Hay respeto y cariño entre las dos partes?". Entonces, sin olvidar que la decisión siempre debe ser mía, escucho sus respuestas, prestando gran atención a sus sentimientos. De todas maneras, la relación entre los hijos y la nueva pareja no es fácil, por lo que deberá ser un proceso lento. Tampoco tenemos prisa, pero anhelamos jugar en esta lotería de la vida con la ventaja de tener asegurados tres de los cinco números.

7. *Pensemos en nosotras mismas, en lo que queremos de nuestra pareja y de nuestra vida.* Así estaremos seguras de que lograremos emprender una nueva aventura con la persona adecuada para nosotras.

Yo siento que el camino hacia esa tierra fértil en armonía, comprensión y amor está a la vuelta de la esquina. Esta vez no voy a desviarme de él, porque siempre he soñado más con esa felicidad que con ser una persona famosa. Gracias a Dios he recibido muchas bendiciones en el ámbito profesional, pero también he soñado con tener una familia estable con un compañero que esté a mi lado hasta el último minuto de mi vida.

Mientras tanto, disfruto de mis hijos, que son la luz de mis ojos y me mantienen bastante ocupada, de mi bella familia, de mis amigos, a muchos de los cuales considero mis hermanos, y de mi trabajo, que me trae satisfacciones diarias y nuevos retos. Les confieso que, a este respecto, es una gran alegría sentir el cariño de ustedes cuando me encuentran en la calle, el gym o el salón de belleza, en un mall o en un restaurante. Con el apoyo de todos, y si Dios me lo permite, pienso seguir esforzándome por el éxito. Lo mismo les deseo a todas ustedes, así que miremos hacia delante, "pa'trás" ¡ni para coger impulso!

Para este capítulo solicité la valiosa colaboración del doctor Rubén Arroyo, la cual presento a continuación.

Permaneciendo enamorados

Sin conocer las diferencias fundamentales entre los estilos de comunicación hombre-mujer, será muy accidentada la ruta de acercamiento entre los mundos de una pareja.

Toda relación que logre el éxito en construir el puente fundamental de la comunicación tendrá garantizada la mitad de la pelea. Es decir, una comunicación inefectiva tarde o temprano se convertirá en una lucha de poderes para identificar quién es capaz de lastimar más a quién o en una conversación en círculos intentando convencerse de quién es más culpable de los dos. Esto no logrará sino convertir a ambos en parte del problema y no de la solución.

Cuando la pareja no logra una sana comunicación, los problemas terminan por convertirlos en enemigos. En cambio, si su comunicación es efectiva, descubrirán que sus enemigos reales son los mencionados problemas, mientras que ellos serán dos amigos que unen sus fuerzas para vencerlos. Sin embargo, si optan por ignorar sus diferencias básicas, el esfuerzo bien intencionado podría acabar en frustración.

Uno de los señalamientos más comunes es la afirmación de parte de muchas mujeres de que su pareja "casi no habla". Ella es la que toma la iniciativa en las conversaciones y quien por lo general provoca el seguimiento.

El resultado a largo plazo es una irritante frustración que los distancia con lentitud.

¿Cómo corregimos esto?

La comunicación femenina es rica en descripciones y adjetivos. Además, se ve adornada por un contenido emocional constante. La mujer suele ser detallista en sus expresiones. Es por eso que podría hablar veinte minutos sobre las últimas cortinas que compró y expresar la misma emoción del día de la adquisición.

En cambio, en la generalidad de las casos, la comunicación masculina es menos descriptiva. Consta de frases más directas y menos coloridas. Para el hombre, las cortinas son tan sólo unas cortinas. Ya él dijo todo lo que tenía que decir acerca de eso.

El cerebro de la mujer suele ser capaz de estar en función y expresión en diferentes escenarios a la vez: puede tener en un brazo a un bebé, mover con la otra mano lo que está cocinando, abrir el refrigerador con una pierna, acordarse de que puso ropa en la lavadora y, a todo esto, mantener una conversación por el teléfono que sostiene entre el cuello y el hombro.

Su cerebro mantiene la capacidad de expresión simultánea en diversos escenarios.

Por su parte, el cerebro masculino parece tener la inclinación a una expresión unifocal. La mayoría de los hombres se confundiría al involucrarse en los múltiples quehaceres domésticos.

Si una pareja pierde de vista estas diferencias, crearía las condiciones para establecer discusiones innecesarias. Si disfrutan las diferencias, si las toman con un sano sentido del humor y colaboran con las "supuestas" deficiencias en la comunicación de su pareja, podrían compensar y complementar lo restante.

Muchos piensan que permanecer enamorados es complicado. Sin embargo, no tiene por qué ser así. Es importante revisar aquellas aparentemente elementales tonterías que le dieron sentido, dirección y calor a la relación. No permitan que el mundo de las responsabilidades y deberes sofoque los detalles pequeños que tienen que ver con ustedes como pareja: la cartita de amor; la postal que llega sin que se trate de una fecha especial; el elogio tierno; el reconocimiento de las cosas buenas. El pequeño pero diario espacio de comunicación acerca del amor y las cosas que les unen, será la combinación que les permitirá mantener lazos emocionales presentes.

Añade a lo anterior un grado suficiente de paciencia ante las características de tu pareja que no podrás cambiar con facilidad, mientras trabajas en las tuyas que te corresponde cambiar.

Nunca olvides que la pareja perfecta es aquella que no espera que su pareja lo sea. Gran parte de lo que somos es aprendido. La personalidad no es estática, inmóvil o inflexible. Por tanto, ninguno puede escudarse detrás de las frases "yo soy así", "tú me conociste así", "tú me tragas así", ya que sólo lograrán posponer el crecimiento del individuo y, en consecuencia, el progreso de la relación. Toda conducta aprendida puede ser sustituida por otra conducta apropiada. Corresponde a la pareja identificarla y determinar su sustitución, para lo cual se requiere madurez, sinceridad y determinación.

Es importante desarrollar una estrategia efectiva cuando se trata de compartir temas incómodos que exigen confrontación. No debemos correr riesgos al permitir que algunos temas los distancien o se pospongan sin resolverlos porque descubren que siempre que intentan abordarlos terminan enfrascados en una discusión. Para esto, deben combinarse dos conceptos de comunicación eficaz para momentos de tensión. Me refiero al amor y la verdad.

En momentos de carga emocional no es sano intentar comunicarse. Las emociones predominarán sobre la razón. Lo único que conseguirán será lastimarse y la comunicación se convertirá en una competencia de quién lastimará más a quién. Para que la verdad sea efectiva debe expresarse con amor. Esto implica tomar en cuenta cuándo decir lo que tengo que decir, cómo decirlo y en qué tono decirlo.

Una verdad mal expresada posee tanto poder destructor como una mentira. Así que cómo lo dices será tan importante como lo que dices. Por otro lado, ninguna pareja debe permitirse acumular problemas sin discutirlos ni resolverlos. La acumulación de preocupaciones creará un estado interior de frustración que lentamente intoxicará la relación con resentimientos y amarguras. De ahí la importancia de no posponer preocupaciones legítimas.

El amor no es tan sólo un sentimiento. Es una decisión. No pierdas esto de vista porque habrá momentos en que puede darte la impresión de que no estás enamorada. Las emociones cambian día a día, lo mismo que los estados de ánimo. De ahí que no pueda dependerse de cómo te sientes para tomar decisiones con respecto a tu pareja.

No esperes a sentir cosas que es correcto hacer para entonces hacerlas. Un beso. Un abrazo. Una caricia. Estas cosas sólo hay que hacerlas y con ello provocaremos la emoción que debe acompañarlas. Como ves, el amor puede ser nutrido, estimulado y provocado. Dependerá de cada uno la disposición de hacerlo.

No permitas que los enemigos del amor —por ejemplo, la costumbre, la indiferencia y la obstinación— estrangulen tu capacidad de amar y ser amado. Por el contrario, permítete la oportunidad de descubrir y compartir la oportunidad incomparable de levantar las armas del amor. Abrázate a tu potencial de permanecer enamorada.

Doctor Rubén L. Arroyo

17. ¿Te das cuenta de que tú puedes?

Sí, amigas, por esta vez hemos llegado al final de nuestra aventura juntas. Digo por esta vez porque sabemos que, gracias a Dios, la aventura de la vida continúa y hay que proponerse luchar con constancia por el triunfo en todos los aspectos. Aunque mi estilo de vida parezca glamoroso, en realidad es muy parecido al de ustedes y yo también debo invertir toda mi energía en intentar ser feliz y hacer felices a mis seres queridos.

Después de este diálogo sincero en el que hemos analizado nuestras emociones, estoy segura de que se habrán dado cuenta de que todo lo que necesitan para triunfar o "echar pa'lante", como me gusta decir a mí, está en su interior. De modo que ustedes, y sólo ustedes, al quererse y aceptarse como son, al reconocer los talentos o habilidades que Dios les dio, pueden lograr el éxito y las metas que se han fijado.

Saben ya que debemos desechar esos sentimientos de culpa: "Que trabajo y no estoy veinticuatro horas con mis pequeños. Que me divorcié porque ya no amaba a mi pareja. Que estoy gordita y me siento insegura de mí misma"... Esos y otros sentimientos más nos invadirán en algún momento de nuestra vida, pues, al igual que miles de mujeres, quisiéramos que todo fuera *perfecto*. Pero reflexionemos: ¿perfecto para quién? Lo que está bien para uno no necesariamente lo está para el vecino. Así que, de ahora en adelante, seamos más positivas. Si descubrimos en nosotras un sentimiento o emoción negativos, o realizamos alguna acción incorrecta o inconveniente, no nos angustiemos. Más bien, pongamos manos a la obra y, con las herramientas que ya tenemos, emprendamos la tarea de superarlos. Y ¡siéntanse orgullosas de ser mujeres! Demuestren al mundo que son personas seguras y llenas de amor por su propio ser y por las personas que las rodean.

En este libro hemos hablado de cómo ponernos bonitas por fuera y por dentro; cómo mejorar nuestra economía; cómo conseguir trabajo, y hasta cómo tener buen sexo con ese hombre especial.

Creo que este último tema, que por lo general es tratado de manera superficial, es crucial, ya que se trata de un momento único con nuestra pareja. Es una vivencia que debemos cuidar porque, además de ser una forma maravillosa de expresar amor y respeto, la intimidad es algo exclusivo de la pareja. Sólo los miembros de la pareja se entregan por completo a demostrarse amor y darse placer. Entonces, ¡disfrutemos el momento y sus múltiples frutos!

En este viaje que hemos realizado juntas yo también he aprendido. He aprendido que no hay que asustarse ante lo que nos sucede. Mi actitud ha sido siempre echar pa'lante, reconocer las posibilidades y oportunidades a mi alcance. Deseo fervientemente que todas ustedes, al leer este libro, se sientan motivadas, con fuerza, acompañadas. Porque a veces, cuando tenemos preocupaciones y problemas, nos sentimos solas, pensamos que nadie está sufriendo o pasando por lo mismo. Vemos a otras personas seguras de sí mismas, bonitas, y creemos que son perfectas y su vida lo es también. Pero no, todas experimentamos las mismas ansiedades, los mismos conflictos.

Lo importante es que pongamos todo de nuestra parte, que nos llenemos de energía y salgamos adelante porque —no me canso de repetirlo— ¡sí se puede! Yo lo he hecho, he logrado todo lo que he querido y siempre, como digo, con los pies en la tierra, tampoco se trata de que nos volvamos locas.

Por mi trabajo, es fácil vivir en un mundo de fantasía; yo procuro mantenerme consciente de quién soy y quiénes son las personas que están a mi lado, las que me quieren y a las que yo quiero. Continuamente reflexiono en hacia dónde voy, por qué deseo las cosas y cómo pienso progresar en esta vida.

Al escribir este libro me fijé como propósito que todas ustedes, amigas mías, aprendieran en sus páginas algo esencial: que, cualquiera que sea la preocupación que nos agobie —por ejemplo, cómo sentirnos mejor con nosotras mismas—, podemos resolverla. Contamos con las herramientas para lograrlo, con elementos que, unidos, hacen un todo: desde aspectos frívolos, como el maquillaje y cómo vestirte, hasta asuntos esenciales: la manera de elevar nuestra autoestima y el manejo de situaciones dolorosas, como la separación o el divorcio de una persona con quien soñabas estar toda la vida y no fue así.

Espero que con lo aquí aprendido ustedes, mujeres hispanas, se sientan más motivadas y seguras de que pueden lograr sus sueños.

Este libro ha sido una experiencia reveladora. En él he hablado un poco de lo que he aprendido en la vida, y sé que si mañana vuelvo a revisarlo, probablemente escribiría algo más porque todos los días aprendemos de nuestras vivencias. Pero no hay que tener miedo, hay que enfrentarlas con mucho positivismo. Mi posición es: "Dios no me ha abandonado hasta ahora, ¿por qué lo va a hacer en este momento que lo necesito, como siempre?". No, vamos pa'lante, señoras, sí se puede, sí pueden lograrlo, ya verán.

Aquí he recordado aspectos de mi vida que tenía guardados en el baúl de los recuerdos, y que al comentarlos con ustedes me han llenado de emoción. Reviví momentos tiernos como cuando tuve a Andrea, mi hija mayor, y no podía creer que esa criaturita era mía; otros nostálgicos, como el recuerdo de mi niñez solita con mi mamá, viéndola luchar para que yo tuviera una vida mejor; algunos tristes, como cuando les comenté que hubo momentos en los que no tomé las decisiones correctas. No obstante, me propongo no recordar ese tipo de situaciones arrepintiéndome de ellas o considerándolas como fracasos. Más bien, pensaré que son experiencias que se convirtieron en positivas por formar parte de lo que me ha hecho ser la Giselle de hoy.

Y lo mismo quiero que hagan ustedes. Cuando las encuentro durante mis quehaceres en Miami, o en otras ciudades en mis viajes de trabajo o de vacaciones, y ustedes se me acercan y me hablan de sus problemas, les digo que me dejan pensando en lo valientes que son, en lo mucho que las admiro y en el deseo que tengo de poder ayudarlas aunque sea un poco con estos consejos.

Y es que todos nos ayudamos mutuamente. Fíjense que para realizar este libro he tenido la fortuna de contar con la ayuda de ángeles, es decir, los profesionales que desde el primer momento que les comenté lo que deseaba lograr con él, me brindaron su colaboración.

Sammy se emocionó sobremanera porque admira mucho a la mujer; piensa que todas son bellas y quiere que todas se sientan y se vean así.

Mi adorada doctora Gladys Granda Rodríguez ha sido un gran apoyo en esta etapa de mi vida y una motivación importante para escribir este libro y compartir con ustedes algunas de las cositas que aprendí con ella.

El doctor Rubén L. Arroyo, otro ángel, con su dulzura y sus palabras sabias, debe de haber llegado directamente al corazón de ustedes, como sucedió conmigo.

Nuestra sexóloga Silvina Belmonte también me dio un sí inmediato cuando le hablé de este sueño y nos orientó en ese difícil arte de amar en todos los niveles.

Elena Brouwer, nuestra experta en etiqueta, compartió con nosotras las herramientas necesarias para que a la hora de buscar trabajo vayamos preparadas y obtengamos el éxito en esa entrevista.

Alma Ben David, una amiga única, compartió amorosamente los secretitos que usa conmigo para que ustedes tampoco gasten mucho dinero y tengan un guardarropa ideal.

Jane Morales, mujer increíble e intrépida como nosotras, quien ha sabido desarrollarse como nosotras queremos, como esposa y madre trabajadora, nos indicó la manera en que podemos cumplir el sueño de tener nuestra propia casa y de invertir en bienes inmuebles.

Fernando Orfila, un angelito muy importante, organizó nuestras deudas hasta desaparecerlas.

Nuestra nutricionista Claudia González, quien de inmediato aceptó, puso manos a la obra para darnos una buena idea de cómo ponernos en forma y hasta una ñapita para nuestros hijos y pareja.

René Ferrait, nuestro ex Menudo, quien ahora es todo un entrenador y luce un cuerpazo, nos presentó una rutina sencilla para mantenernos en forma.

Víctor Florencio, mejor conocido como "el Niño Prodigio", quien desde los cinco años de edad empezó a tener visiones, compartió con nosotras sus recetas espirituales.

El juez Eddie A. Ríos, a quien agradezco por su amistad y sus consultas.

José Rosa, un ángel que tiene un profundo amor por los niños.

Y no olvidemos a Nelly y Norelia, las Mentes Gemelas, que nos orientaron, mediante la astrología, en el campo del amor.

Entonces, amigas, no hay excusa. ¡A realizar un cambio en nuestras vidas!, ahora que se dieron cuenta de algo que yo pienso todos los días: *¡sí se puede*!

Me gustaría dejarlas con un poema de la poeta panameña Berta Alicia Peralta, quien describe lo que cada una de nosotras es: única.

La única mujer

La única mujer que puede ser
Es la que sabe que el sol para su vida empieza ahora.

La que no derrama lágrimas sino dardos para
Sembrar la alambrada de su territorio.

La que no comete ruegos.
La que opina y levanta su cabeza y agita su cuerpo
Y es tierna sin vergüenza y dura sin odios.

La que desaprende el alfabeto de la sumisión
Y camina erguida.
La que no le teme a la soledad porque siempre ha estado sola.
La que deja pasar los alaridos grotescos de la violencia
Y la ejecuta sin gracia
La que se libera en el amor pleno,
La que ama.

La única mujer que puede ser la única
Es la que dolorida y limpia decide por sí misma
Salir de su prehistoria.

Y yo, Giselle, las quiero mucho y les deseo ¡SUERTE!